JN287552

# Global Business Strategy
# グローバルビジネス戦略

東京 白桃書房 神田

## 東京大学知的資産経営総括寄付講座シリーズ（全3巻）
## まえがき

　「東京大学知的資産経営総括寄付講座シリーズ」は2007年10月より2011年9月までの間東京大学に設置された知的資産経営総括寄付講座による研究成果のハイライトをまとめたものである。寄付講座の研究対象となった知的資産とは，企業会計上のバランスシートに乗らない無形資産であり，知的な活動に関与しかつ将来的に会社に収益をもたらすことが期待されるものを総じて指す。そこには「人材，技術，知的財産，組織力，経営理念，顧客等とのネットワーク」など，目に見えないが企業価値に結びつく要素が含まれる。知的資産をマネジメント（経営）するということは，このような企業価値を高める知的資産を効率よく生み出し，その知的資産を企業の収益のために上手に活用することを意味する。知識社会における企業の価値と競争力の向上を図るためには，この知的資産が果たす役割が極めて大きい。このため従来企業会計上の視点から，知的資産を如何にして評価して開示するかということが議論されてきた。しかし知的資産が組織の価値や競争力に結びつく過程は複雑で，組織が優れた知的資産を保有していても，その知的資産が競争力や収益に結びつかないことはしばしば観察される。つまるところ知的資産はそれ単独で競争力や収益を生むものではないのである。現在の企業が競争力を発揮し収益を得ていくためには，イノベーションを実現していくことが必須であり，そこで重要なのは，保有する知的資産を用いてイノベーションを起こしていくための様々なマネジメントを実践できるかどうかではないだろうか。

　この寄付講座における活動は，この知的資産が組織の競争力や収益に結びつくメカニズムを学際的に探究し，そこで必要なイノベーションマネジメン

トを明らかにすることを第1の目的とした。すなわち資産を保有する組織から切り離した「評価・開示が可能な静的な無形資産」というとらえ方から脱却して，組織の様々なありよう，組織マネジメント，イノベーション戦略，ビジネスモデルなどが知的資産と相互作用を起こし，優れた知的資産の創出と活用の好循環が生まれるための経営の要諦を明らかにすることを目的としたものである。このようなゴールにアプローチするためには，戦略論等の経営学を主なフレームワークとして，法制度や産業政策，知的財産管理，技術経営など幅広い学際的なアプローチが必要となる。またその専門性もアカデミックな視点を基軸に，実務的な視点を加えた議論が必要となる。寄付講座の教員はこのような観点から選抜された。本書の著者も多様なバックグラウンドを有し，それぞれの異なる視点から本講座の研究目的にアプローチを行っている。

　この寄付講座の第2の目的は，研究を行うことに加えてその成果の普及のための人材育成への展開を掲げた。その実践のためエグゼクティブクラスの社会人を対象としたイノベーションスクールが開講され，そこでは寄付講座で研究された成果をもとに実務的視点から発展的な議論が行われた。本書においてもそのような議論の実務的発展の成果も取り込みつつ，人材育成についてもテーマに加えている。本書は4年間のこれら多岐にわたる学際的研究と人材育成の成果を3つに分けてまとめたものである。

　第1巻「ビジネスモデルイノベーション」では，知的資産を競争力に結びつける競争戦略とそれを実現するビジネスモデルについての議論をまとめた。「コンセンサス標準をめぐる競争戦略」（新宅純二郎）においては優れた技術や多くの特許を保有する多くの日本企業が，技術標準化とともに一挙に競争力を失った原因に，デファクトスタンダードの時代からコンセンサス標準をめぐる競争の時代への変化に乗り遅れたことを指摘し，オープンクローズの切り分けの重要性を説いている。「標準規格をめぐる競争戦略―コンセンサス標準の確立と利益獲得を目指して―」（立本博文・高梨千賀子）では，

そのオープンクローズの切り分けで実践されるべきなのは企業の立場を踏まえた「標準による普及戦略」と「アーキテクチャーのオープン化によって付加価値分布が変化することに注目したポジショニング戦略」の2つであることが示される。続く「知財立国のジレンマ―特許の使い方が主役になる時代の到来―」(小川紘一)では，このようなビジネス環境においては，従来の特許の数を管理するマネジメントではなく，オープン化した環境において如何に特許を活用するかが重要であり，そこに焦点を当てた知財マネジメントによって「知財立国のジレンマ」を克服する具体的施策を示している。「単体・単層から複合体・複層へ―〈iPod〉に見るアウトサイドモデルの価値形成―」(妹尾堅一郎)では，標準におけるビジネスモデル論を深堀し，アップルのiPod等の事例にみる技術標準を含んだオープンとクローズの使い分けに，価値モデルを単体単層から複合体複層へと展開する新たなビジネスモデル革新を見出す。ここでは製品を準完成品として価値形成の一部として把握することでビジネスモデルの創新を可能にするマネジメントのあり方が示される。続く「ロボット機械としての電気自動車―機械世代論から見た次世代自動車の価値形成―」(妹尾堅一郎)で，電気自動車においてもこのようなビジネスモデル革新が迫っていることを指摘している。第1巻の最後の論文「アジアの製造業における新たなキャッチアップと製造技術プラットフォーム―韓国液晶産業における製造技術戦略―」(新宅純二郎)では，韓国液晶産業の事例分析から，ここまで述べてきたビジネスモデルのクローズ型からオープン型への変革をもたらすメカニズムとして，日本の擦り合わせ型の高度なノウハウが埋め込まれた部品や製造装置が提供される製造技術プラットフォームの存在に着目し，新興国のキャッチアップが可能となった原因を探求した。第1巻ではこれら6つの論文によって，ビジネスモデルのイノベーション競争ともいうべき環境において，日本企業が取り組むべき具体的な戦略策定や知財マネジメント，人材育成の方法を明らかにすることが試みられている。

第2巻「グローバルビジネス戦略」では，技術や知財等の知的資産を競争力と収益に転換するうえで不可欠となる，グローバルビジネスにおける幅広い主題（研究開発，技術経営，製品戦略，ビジネスモデル策定，産業政策）に関する議論が行われた。「技術で新興国市場を開拓する―日本企業の実態と今後の戦略―」（元橋一之）では，グローバルビジネスの主戦場となった新興国における研究開発に焦点を当て，研究開発の国際化に関する理論を示したうえで，中国における進出企業の研究開発活動の実態を分析し，特にリバースイノベーション活動の有無について検討を加えた。続く「大学がリードする中国イノベーションシステム―精華大学サイエンスパークのケーススタディ―」（元橋一之）では，新興国における優れた知的資産の形成に資する中国大学のイノベーション活動について，精華大学サイエンスパークの企業に対する質問票調査による分析を行った結果を示し，日本企業が中国の大学との連携において着目するべき視点を示した。ここまでは新興国における研究開発と技術経営が論題であるが，新興国において事業戦略を構築するうえでは市場にどのようにアプローチするのかが大きな課題となる。「新興国市場開拓に向けた日本企業の課題と戦略」（新宅純二郎）では，このような新興国の市場開拓のために必要な製品戦略に焦点を当てる。新興国における品質と価格と市場の関係を整理し，3つの製品戦略を提案した。「グローバル市場獲得のための国際標準化とビジネスモデル」（立本博文・小川紘一・新宅純二郎）では，欧米の標準化政策の変化を整理し，そこに生まれたコンセンサス標準を活用したグローバルなビジネスモデルの特徴を明らかにしたうえで，事業領域と事業範囲の調整とオープン領域のパートナー選択の2つのインプリケーションを示した。国際標準化がグローバルビジネスに及ぼす影響としては，先進国と新興国との間の国際分業を加速させるという一面がある。立本らはここでパソコン産業や光ディスク産業などの事例によってこの事実を明らかにし，日本企業がこのような比較優位の国際分業が形成するグローバル構造を把握し自らのシナリオが生きるビジネスモデルを確立していくことを強調している。続く「国際標準化と比較優位の国際分業，経済成

長」(小川紘一)では，国際標準化が特定の産業において先進工業国と途上国のあいだに比較優位の国際分業を加速させることを示し，そこから日本企業に求められるグローバルなイノベーション戦略を提案している。第2巻の最後は，「ドイツにみる産業政策と太陽光発電産業の興隆―欧州産業政策と国家特殊優位―」(富田純一・立本博文・新宅純二郎・小川紘一)と題して，ドイツの太陽光発電産業の急成長の一因としての産業政策に焦点を当てた。旧東ドイツを擁するドイツが，その産業振興において市場創造とともに生産立地の優位性を確立したことを示し，グローバルビジネスにおける競争力を構築するための我が国の産業政策に示唆を与えている。

第3巻「イノベーションシステムとしての大学と人材」では，先端的技術の源泉である大学から生まれるビジネスとイノベーション人材の育成に焦点を当てた4つの論文を収録した。「大学の知的財産とイノベーション―大学の知識の移転を巡る制度と産学のマネジメント―」(渡部俊也)では，大学の知的財産を産業界に移転する仕組みの最近の発展について実証分析結果を交えてまとめ，それが企業のイノベーション戦略にとってどういう意味があったのかについて論じた。続く「大学発ベンチャーとイノベーション」(各務茂夫)においては，日本の大学発ベンチャーについてその制度，仕組みと課題をケースを交えながらイノベーション創出という切り口で論じた。「イノベーションにおけるベンチャー企業の役割―アントレプレナーシップの環境改善に向けて―」(ロバート・ケネラー)は，日本の大学発ベンチャーに期待されるイノベーション創出のための課題を踏まえ，7つの具体的提言をまとめた。第3巻最後には「事業起点型イノベーション人財の育成―事業戦略・ビジネスモデルと知財マネジメントを連動させる「事業軍師」の育成―」(妹尾堅一郎)を収録した。ここでは知的資産経営に資する事業起点型のイノベーション人財育成について，7つの具体的ステージに沿った人財育成手法を提示している。

以上全3巻の内容を概括したが，冒頭述べたように本知的資産経営総括寄付講座では，学際的かつ学術から実務にわたる多様な視座から研究を行ってきた。本書はその成果をまとめたものであるために，それぞれの論文は議論の進め方等で異なる体裁をとっているものを含んでいる。本講座の研究の主旨から，このような相違点をあえて統一することはせず，それぞれの著者の個性が生かされるような編集が行われたことに留意されたい。

　さて以上全3巻の議論によって，イノベーション大競争時代における「知的財産経営とは何か」という問いに対して，明確な回答を示すことができたであろうか。もちろん編者としてはベストの内容であると確信しているが，ここに掲載した研究はいずれも最近の新しい変化を反映したものであり，その意味では現在進行形の現象を対象としている。従ってここで論じた戦略やマネジメントの内容も，今後少なからず変化を遂げていくだろう。しかし本書で示された種々のアプローチによって得られた知見を総じてみると，優れた知的資産の創出と活用の好循環を生み出すための融合的イノベーションマネジメントが知的資産経営の本質であるということを疑いなく示しているのである。

　本書は冒頭に述べたように2007年から2011年までの知的資産経営総括寄付講座の研究活動の成果である。本講座の設置後，日本の産業は2008年にリーマンショック，2011年には東日本大震災という2つの危機に遭遇することになる。リーマンショックは図らずも世界のイノベーション競争を激化させ，日本の企業が本書で示したビジネスモデルイノベーションに取り組むことを余儀なくされる状況を加速した。そして2011年の東日本大震災後に訪れた産業空洞化の危機も，本書に示すグローバルビジネスへの展開への取り組みの必要性を否が応でも高めることになるだろう。日本産業にとって未来を分かつこの重要な時期に，私たちに知的資産経営に関する研究に取り組ませていただき，その成果をまとめた本書を広く日本企業に問う機会を与えていただいたことに対して，本講座の寄付者[注]の方々に心より深く感謝申し

上げたい。

2011年9月

東京大学知的資産経営総括寄付講座担当教員を代表して

渡部俊也

注）東京大学知的資産経営総括寄付講座は，株式会社リクルート，ngi group 株式会社，株式会社ミクシィ代表取締役社長の笠原健治氏および匿名の寄付者の方より貴重な寄付をいただき実現したものである。

# 目　次

まえがき

## 第1章　技術で新興国市場を開拓する
### ―日本企業の実態と今後の戦略―　　1
1. はじめに……………………………………………………… 1
2. 研究開発の国際化に関する理論………………………… 3
3. 中国における外資系企業の研究開発の状況………… 16
4. 新興国発グローバル製品の開発：リバースイノベーション… 27
5. グローバル研究開発マネジメントの諸問題………… 33

## 第2章　大学がリードする中国イノベーションシステム
### ―清華大学サイエンスパークのケーススタディ―　　37
1. はじめに……………………………………………………… 37
2. 中国における科学技術政策の流れと
　　大学サイエンスパークの振興策………………………… 39
3. 中国におけるイノベーション活動の変遷と大学の役割… 45
4. 清華大学サイエンスパークに対するイノベーション調査… 49
5. サイエンスパークのイノベーションシステム
　　に関する実証分析………………………………………… 66
6. まとめ……………………………………………………… 75

## 第3章　新興国市場開拓に向けた日本企業の課題と戦略　　79
1. 新興国市場開拓における課題………………………… 79
2. 過剰品質の分析フレームワーク……………………… 85

3. 新興国市場開拓に必要な3つの製品戦略････････････････････ 89
   4. むすび･･････････････････････････････････････････････････ 101

## 第4章　グローバル市場獲得のための国際標準化とビジネスモデル ― 105
   1. はじめに･･･････････････････････････････････････････････ 105
   2. 標準化に関する制度の歴史的推移･･････････････････････････ 111
   3. 標準化による分業構造・競争力への影響････････････････････ 117
   4. 標準化ビジネスモデル：標準化を通じた競争力構築メカニズム･･･ 127
   5. まとめとインプリケーション･･････････････････････････････ 132

## 第5章　国際標準化と比較優位の国際分業，経済成長 ─── 139
   1. 本章の基本メッセージとその背景･･････････････････････････ 139
   2. パソコン産業に見るオープンモジュラー化の進展と
      比較優位の国際分業･････････････････････････････････････ 148
   3. 光ディスク産業に見るオープンモジュラー化の進展と
      比較優位の国際分業･････････････････････････････････････ 155
   4. 比較優位の国際分業が生み出す巨大市場と
      アジア諸国の経済成長･･･････････････････････････････････ 163
   5. 比較優位の国際分業が生み出す巨大市場と
      台湾・韓国の経済成長･･･････････････････････････････････ 171

## 第6章　ドイツにみる産業政策と太陽光発電産業の興隆
   ─欧州産業政策と国家特殊優位─ ─────────── 193
   1. はじめに･･･････････････････････････････････････････････ 193
   2. ドイツの再生可能エネルギー政策･･････････････････････････ 196
   3. 旧東独にみる「ソーラーバレー」と三段階の経済振興策･･･････ 198
   4. 躍進する海外企業･････････････････････････････････････････ 208
   5. ディスカッション･･･････････････････････････････････････ 217
   6. おわりに･･･････････････････････････････････････････････ 220

# 第1章

# 技術で新興国市場を開拓する
—日本企業の実態と今後の戦略—

元橋 一之

## 1. はじめに

　日本企業が技術力で海外市場を切り開くためには研究開発をいかに効果的に行うかが重要になっている。最近では，欧米のグローバルプレイヤーに加えて，韓国や中国などの新興国市場における企業も力をつけてきている。これらの競合相手との関係で優位なポジションを保つために消費者にとって魅力的な商品をタイムリーに開発することが重要である。そのための研究開発は企業活動の中でも高度な人材を必要とし，またその内容については企業にとって戦略的に重要な情報である。従って，海外の生産拠点や販売拠点を多数有し，海外の売上が全体の半分以上であるというグローバル企業においても，研究開発は本国で集中的に行うことが多い。

　しかし，このようなグローバル企業において，海外における研究開発拠点が全くないという企業は少ない。しかも最近では研究開発のグローバル化度合いを徐々に高めている企業が多い。このような海外における研究開発センターは欧米などの先進国に置くことが多かったが，最近では中国などの新興国に拠点を整備する企業も増えてきている。グローバルビジネスの主戦場はは日米欧といった先進国から，中国，インドをはじめとした新興国に移りつ

つある。現地における消費者ニーズを的確にとらえて新商品をタイムリーに導入するためには現地に開発センターを設けることが有効である。また，新興国市場においては，まだ所得水準がそれほど高くない顧客層がほとんどであるため，低価格である程度機能が充実している製品を提供することが重要である。このような Good Enough マーケットに向けて新たな製品を開発するためには，賃金の安い国で開発コストを抑えることも重要である。

　本稿では中国，東南アジア，インドといった成長が著しい新興国市場に向けた日本企業の技術経営マネジメントの現状と課題について述べる。ここで重要になってくるのは，研究開発活動を「集中型」で行うのか，「分散型」で行うのかという点である。日本企業の大手メーカーは，海外において生産拠点や販売拠点を設けて活発にグローバル活動を行っている。しかし，特に新興国向け商品の研究開発については日本の本社において集中的に行われることが多い。一方で欧米の企業においては，中国やインドなどの新興国における研究開発に力を入れてきており，「分散型」の研究開発マネジメントを指向している企業も現れてきている。ここでは，このような日本企業のグローバル活動に対する特徴についても触れながら，新興国市場に向けた技術経営マネジメントのあり方について考えていきたい。

　本章の構成については以下のとおりである。まず，次に研究開発活動の国際化に関する理論を紹介する。ここで主に，(1) 研究開発を海外で行うべきかどうか？ (2) 行うとしたらどのような内容の活動を海外に移転すべきか？ (3) 進出国としてはどこが適当か？　といった3点について理論的な側面から考える。次に，日米欧の先進国における企業が最も力を入れていきたい国として取り上げられる中国における外資系企業の研究開発活動の実態について述べる。その中で欧米企業と比べた日本企業におけるグローバルな研究開発マネジメントのあり方について述べる。更に，新興国における研究開発マネジメントについて，リバースイノベーションという考え方を導入する。これは，グローバル研究開発マネジメントの考え方として「集中型」か「分散型」かといった分類を超えて，新興国発の製品をグローバルに展開し

ていくという先端的なコンセプトである。最後にまとめとして，日本企業のグローバル研究開発マネジメントを考える上で残された問題点と今後更に研究を深めていくための道筋について述べたい。

## 2. 研究開発の国際化に関する理論

### 2.1. 3つのポイント

　ここではまず経営学の分野で論じられている研究開発の国際化に関する理論的側面について整理をする。その際に以下の3つの論点について取り上げて順を追って解説することとする。まず，なぜ海外に研究所を設けることが必要かという点である。海外における先端的な技術を取り入れることや現地ニーズにミートした製品の開発を行うことは海外の拠点を設けなくても可能である。例えば，海外の情報は学会や論文によって入手可能であるし，また製品開発は国内事業所において集中的に行った方が効率的かもしれない。一方で現地ニーズに対応した製品についてはやはり開発拠点を当地において進める方が効率的だという側面もある。また新興国に研究開発拠点を移転させることによってコストを下げることも可能となる。つまり，ここでの論点は，グローバルな事業展開を考える際に研究開発活動は「集中型」か「分散型」のいずれの組織形態をとることが効果的かという問いになる。

　次に在外の研究開発拠点はどのような目的で設置されるか，という点である。この点に「技術獲得型」か「現地開発型」といった大きな分類が存在する。前者は相手国における技術資源を本国に取り入れていく活動を示し，後者については本国の技術をベースとしてそれを現地にローカライズするための活動である。ただ，実際にはこのような切り口には当てはまらない多種多様な活動内容が考えられる。例えば，エレクトロニクス製品の設計・開発をオフシェアで行うといった活動はこのどちらかに分類するのは難しい。また，自動車生産の海外展開にともなって部品調達の現地化を推進するための

開発拠点をどのように理解することが適当であろうか？　ここでは研究開発の国際化の実態に照らし合わせて，その内容と分類について詳細に述べる。

　最後に進出先としてどこを選ぶかという観点である。グローバル研究開発活動をどこの国で行うかは，何をどのような目的によって行うのかによって異なる。しかし，ビジネスの現場においては，実際にどこで行うのかという問題が最も重要である。例えば，エレクトロニクス製品の設計開発拠点を新興国に設けたい，中国にある販売事業所に併設するか，あるいはインドに新たな拠点を設けるか，といった議論はグローバル企業においては日常的に行われているに違いない。現地事業所の活動内容にもよるが，現地の大学や研究所における技術レベル，研究人材の質とコスト，知的財産制度，各種投資インセンティブなどの経済的側面など，多くの項目について検討することが必要になる。ここでは，世界の二大ホットスポットといえる中国とインドを比較しながら，グローバル研究開発拠点の立地の問題について検討する。

## 2.2. 海外研究開発拠点のメリット・デメリット

　海外の研究開発拠点といっても様々な内容の活動が考えられるが，その内容については（1）海外における先端的な技術を国内の事業活動に取り組む「技術獲得型」と（2）国内における技術をベースに海外における事業活動にローカライズする「現地開発型」の2種類に分類することができる。両者の大きな違いは研究開発にとって重要となる技術や知識の流れの方向性が，前者については「相手国」→「本国」であるのに対して，後者は「本国」→「相手国」になっている点である。

　元ハーバードビジネススクール教授の Water Kuemmerle 氏は前者をHBA（Home Base Augmenting：本国の補強），後者を HBE（Home Base Exploiting：本国による開拓）と呼んでいる（Kuemmerle, 1997）。HBA のための投資国において自社にとってほしい技術が存在する場合に成り立つ。例えば IT やバイオなどの先端技術を取り込むために米国のシリコンバレーやボストン近郊などに研究所を設置するといったケースが当てはまる。一方

### 図1　研究開発の国際化に関するタイプ分け

相手国技術の取り込み＋本国技術の充実
Home Base Augmenting（HBA）

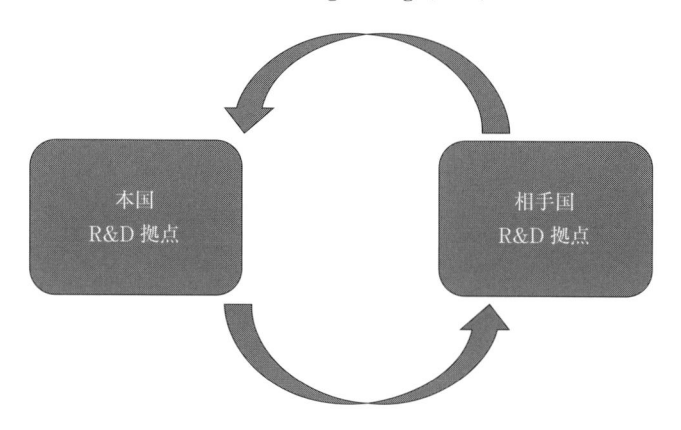

本国
R&D拠点　　⇄　　相手国
R&D拠点

本国技術の活用＋相手国市場の開拓
Home Base Exploiting（HBE）

HBEの場合は技術レベルというより，投資国の市場規模が大事になる。また，現地の消費者ニーズが本国とは異なる場合に商品の現地化を行うことが重要となる。洗濯機や冷蔵庫などの白物家電を中国市場にローカライズさせるために当地に開発拠点を設けることなどが当てはまる（図1参照）。

　しかし，研究開発活動は多様なアクティビティを総称してもので，ここでは現実に則して当該活動のグローバル化についてより詳細に考えたい。その際には「研究」と「開発」の2つを分けて考えてみることが有益である。「研究」とは，製品やサービスなどの具体的な製品イメージがない，より抽象的なレベルにおける活動を，「開発」は新商品の開発といったように具体的なアウトプットを目指した活動を指す。通常，企業の中ではこれらは違う組織で行われることが多い。例えば，コンピュータや家電，通信機器といった複数の事業を有する総合電機メーカーを取り上げると「研究」については研究開発本部とか中央研究所といった特定の事業部門に属さない組織で主に行われる。一方「開発」は，家電事業部とか通信機器事業部といった事業本

部の中で行われることが多い。製薬会社の場合は，臨床試験に入るまでを研究，臨床試験以降を開発と呼ぶのが一般的であるが，やはり前者は研究所，後者は開発本部といったように通常違う組織で行われる。このような「研究」や「開発」といったファンクションを海外に設けるかどうかについては，日本法人のそれぞれのセクションで検討が行われることとなる。つまり，研究拠点の場合は研究開発本部，開発拠点の場合は担当する事業本部となる。在外の拠点が設けられた場合のレポートラインとしては，やはりそれぞれの日本における活動主体となる

　このような「研究」や「開発」といったファンクションは，「生産」や「販売」といった企業における他のファンクションと比べてより中央集権的に行われ，国際化の度合いが小さいといわれている（浅川，2003）。企業活動の国際化には段階的発展理論という考え方があり，(1) 間接輸出（商社の活用），(2) 直接輸出（現地販売拠点の設置），(3) 現地生産，(4) 統合拠点という段階を経て進むといわれている（Dunning, 1993）。「研究」や「開発」は最後の統合的な進出拠点において初めて持たれるファンクションであり，グローバル化の最も深化したパターンとされている。日本企業のグローバル化のプロセスについてもこのようなパターンが見られる。新興国に対する海外進出は生産拠点を中心とした東南アジアへの展開が1985年のプラザ合意後の円高によって本格化した。1990年代は中国政府の対外開放政策にともなう中国の時代である。ここでもやはり生産拠点の進出が中心であり，また最近では，中国は「世界の工場」から「世界の市場」に変貌を遂げており，販売拠点も多くなっている。これに対して，新興国における研究開発拠点の設立はごく最近始まったといってよく，生産拠点や販売拠点と比べて歴史が浅い。研究開発は高いレベルの知的生産活動であり，質の高い人材を必要とする。また，新たな研究テーマや新商品に対するアイディアは暗黙知の部分が大きく，ある程度まとまったグループによって知的生産活動が行われる方が効率的である。更に新商品やサービスなどの情報は企業によって戦略的な情報であり，社外に流出することによるダメージは大きい。このような要素

を考え合わせると，地理的に離れた海外に研究開発拠点を設けることは，生産や販売などのファンクションの国際化に比べて慎重にならざるを得ない。

　それでは，これらの拠点を海外に設置するのはどのような理由によるのであろうか？　まず「研究」に関しては，海外における技術の取り込みを効率的に行うことができるメリットを挙げることができる。このような「技術獲得」（あるいは Home Base Augmenting）を狙った拠点を海外に設けることのメリットとしては，現地のサイエンスコミュニティと継続的なコンタクトを可能にするという点である。例えば多くのエレクトロニクスや製薬関連企業が米国西海岸のシリコンバレーに研究所を有しているが，これは現地の大学研究者やベンチャー企業などにおける最新の研究内容や技術のトレンドをタイムリーに収集することを目的としたものである。このようなセンサー機能を当地に置くことによって，必要に応じて現地研究者との共同研究を行ったり，また研究のアイディアを本国の研究所の活動に生かすことができる。先端技術分野においては日々新たな発見が生まれているので，その情報をいち早く取り込むために現地に拠点を設けることのメリットは大きい。このようは技術獲得型の研究機関を在外に設けている企業は，海外のサイエンスコミュニティからの技術をより有効に自社の研究開発に取り入れているということを示した研究成果も存在する（Iwasa and Odagiri, 2004）。

　一方，「開発」に関して海外拠点を設けることのメリットについてはそれほど明確ではない。「現地開発」（あるいは Home Base Exploiting）拠点の業務は，本国にすでに競争力のある製品や技術を有しており，これをベースに対象国の消費者ニーズにマッチした商品にローカライズすることである。ここでのポイントは (1) 本国における高い技術水準と (2) 現地化を行うためのローカル情報の収集であるが，後者についてはマーケティング機能の一部といえ，開発行為そのものを現地で行う必然性はない。例えばパナソニックは上海に生活研究センターを設け，中国人の家電製品の使用方法に関する調査を行っているが，この情報は日本の事業部に流れ，製品開発そのものは日本において行われている（日経エレクトロニクス，2010. 8. 18）。製品開

発の目標が設定できれば開発行為そのものは本国において集中的に行った方が効率的である可能性が高い。

　しかし，日本のグローバル企業は多くの在外開発拠点も有している。それにはいくつかの理由が考えられるが，まず開発コストを下げることのメリットを挙げることができる。例えば，中国における大卒新人の平均賃金は日本人の同等の人材の10分の1程度である。中国やインドなどの質の高い理系人材が豊富に存在する国において製品開発を行うことによって，大幅にコストを下げることも可能である。次に製品に対する安全規制などの面でローカル対応が必要になる場合である。例えば医薬品については各国における薬事規制に対応するためにそれぞれの国で臨床試験を行う必要がある。このような場合にもやはりローカルの開発拠点が必要となる。このように開発に関する海外拠点の設置目的やその活動は，企業が置かれる状況によって様々である。

　研究開発に関するグローバルな組織運営については4つのタイプに分類することができる。(Ghoshal and Bartlett, 1990)。

(1) Center for global：本国が中心になってグローバル市場に向けた研究開発を行う。
(2) Local for local：在外の研究所がそれぞれ現地のマーケットに対応した活動を独立して行う。
(3) Locally for global：グローバル市場を目指した研究開発を在外の研究所で行う。
(4) Globally linked：各国の研究所をネットワーク構造で結んで一つのプロジェクトを複数の機関の連携によって行う。

これらのどの方式をとるかはプロジェクトの内容や企業の方針によって異なるが，(1)のパターンを主に用いる企業においては，在外研究機関の役割は小さい。先端的な技術を取り込むためのセンサー機能は有効であるが，大規模な在外拠点は必要ない。つまり集中的な研究開発マメジメントの手法であり，在外の研究機関を持っているとしても本国からの指示のもとに動くこ

ととなる。(2) と (3) については，分散型のマネジメントスタイルに分類できる。これらにおいてはある程度自律的な活動を可能とする規模の在外の研究開発センターが必要となる。(2) について，研究開発センターはそれぞれの地域における統括会社の一組織として動くことが一般的であり，本国の組織からは最も独立した立場にある。一方 (3) については，グローバル市場をターゲットにするため本国のコントロールのもとで在外拠点が動くことが多い。最後に (4) については研究開発に関する拠点をグローバルに持ち，それぞれが役割分担を行いながら全社的なプロジェクトを進める方法である。これは，「集中型」か「分散型」という分類を超えた分類といえる。なお，これらのうちどの方式が適当なのかについては，在外の研究開発拠点にどのような機能を持たせるのかによる。この点については次節で詳しく述べる。

## 2.3. 在外研究開発拠点の活動内容

在外研究開発拠点の活動については，2.2. で述べた Kuemmerle の HBA (Home Base Augmenting) と HBE (Home Base Exploiting) をはじめとして様々な分類方法が提示されている。Gammeltoft (2006) は研究開発の国際化に関するサーベイ論文の中で，経営学者が中心となって研究されてきた在外研究開発拠点の活動内容を網羅的に調査した上で，以下のように分類している。

(1)　Market Driven：現地の消費者ニーズの取り込みと製品の現地化
(2)　Production Driven：現地の生産拠点に対する技術サポート
(3)　Technology Driven：現地の先端的な技術の獲得，技術動向のモニタリング
(4)　Innovation Driven：現地からの新商品に対するアイディアの獲得，最適な役割分担によるグローバル製品開発体制の強化
(5)　Cost Driven：現地の安い人件費の活用
(6)　Policy Driven：現地の各種規制に対する対応，研究開発に対するイ

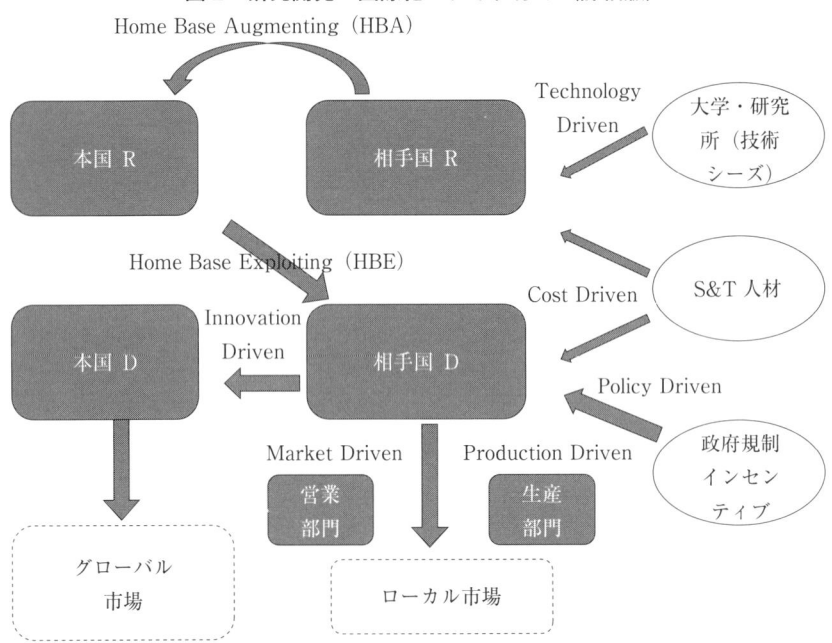

**図2 研究開発の国際化のタイプ分け（詳細版）**

[図：Home Base Augmenting (HBA) により本国Rと相手国Rが結ばれ、Technology Driven で大学・研究所（技術シーズ）と接続。Home Base Exploiting (HBE) により相手国Rから相手国Dへ。Innovation Driven で相手国Dから本国Dへ。Cost Driven で S&T 人材、Policy Driven で政府規制インセンティブと接続。相手国Dから Market Driven で営業部門、Production Driven で生産部門へ。本国Dからグローバル市場、営業部門・生産部門からローカル市場へ。]

ンセンティブ，現地の標準化活動への参画

　このそれぞれの内容について理解を深めるために，図1のHBAとHBEに関する簡単なフレームワークをより詳細に記述した図2を用意した。ここでのポイントは，図1において一緒に取り扱っていた「研究」と「開発」を別のファンクションとして切り分けたことにある。まず，おさらいとして，これまで使ってきた「技術獲得型」（HBA）と「現地開発型」（HBE）について説明すると，前者については主に「研究」機能に対応するもので，在外の研究所を通して本国の研究能力を強化する活動を示している。逆に後者は本国の技術をベースとして，相手国においては主に開発部隊が製品のローカル化を行うことを示している。

　しかし，このフレームワークは多様な現地研究開発法人における活動を単純化することによって，いくつか重要な論点を見過ごしていることが分か

る。そこで Gammeltoft（2006）の6つのタイプ分けに戻ると，まず，Technology Driven については「技術獲得型」（あるいは HBA タイプ）とほぼ同じとみていい。問題は「現地開発型」（あるいは HBE タイプ）の方で，この活動は実は多様な内容を含んだ概念であることが分かる。6つの分類の中で最も近いものは Market Driven である。しかし，Policy Driven や Production Driven も大きくいうと「現地開発型」（あるいは HBE タイプ）に分類することができる。まず，Policy Driven については，製品の現地化を行う要因としてはマーケットニーズだけでなく，各種規制に対する対応も重要であるからである。自動車であれば排ガスの環境規制や安全規格，化粧品や医薬品に関する安全基準，エレクトロニクス製品の電気規格などローカル化を必要とする規格・規制は数多く存在する。万が一これらの基準に合致しない製品を出荷してしまうとブランドイメージ毀損や風評被害など多大なコストがかかることが多い。このようなリスクに対する対応という観点からも，各種規制のフォローとその基準に適合するための開発や検査は重要な機能といえる。

　また，Production Driven は現地における生産プロセスの最適化を行うという観点で現地化のための開発機能であるということができる。Production Driven の現地開発機能が特に重要となってくるのは自動車メーカーである。自動車を現地生産するためには，現地に部品メーカーのサプライチェーンを形成することが重要となる。もちろん，日本から重要部品をすべて輸入してノックダウン方式で自動車のアセンブリを行うという方式もありうる。しかし，現地のローカルコンテンツ規制によってそれができなかったり，また部品の現地調達率を上げることは製造コストを削減するためには不可欠である。現地メーカーの部品を利用する際には，当該部品が自動車メーカーの要求する水準に合致したものかどうか検査することが必要である。中国やインドといった新興国において，日系の自動車メーカーが要求する水準の部品を見つけることは困難なので，ある程度品質の悪い部品をつかってもそれまでと同等の完成品水準を得るための生産プロセスの実現が必要となる場合が多

い。このように生産現場の状況に合った生産プロセスを実現するための現地における活動の重要性は高い。

更に「技術獲得型」と「現地開発型」というタイプ分けにおいては想定されていない活動は Cost Driven と Innovation Driven の研究開発である。まず Cost Driven については新興国において研究開発を行うことで，これらの活動のコストを下げることに狙いがある。研究開発は高度な知的生産活動なので，これまで新興国で行うということはあまり考えてこられなかった。しかし，中国やインドといった賃金レベルが低い国において，高等教員機関のレベルが上がり，質の高い科学技術人材が毎年大量に輩出されるようになった。このような状況にいち早く目をつけたのが，欧米や日本のソフトウェア企業でインドや中国などでオフショア開発の拠点を次々と設けている。これが医療機器や通信機器などのエレクトロニクス製品の設計・開発を行う活動にも広がっている。なお，Cost Driven のアプローチは「開発」のみならず「研究」の分野にも広がっていることに留意することが必要である。マイクロソフトの研究部門は北京に Microsoft Research Asia を設けて，数百人オーダーの研究員が最先端の研究プロジェクトに取り組んでいる。また IBM の研究部門もやはり北京，デリー，バンガロールといった都市に研究拠点を設けて，これらの研究所はグローバルに見た研究開発体制の中で重要な役割を果たすようになっている。これらの企業においては Ghoshal and Bartlett（1990）で提唱されている Globally Linked な組織を研究部門で実現しているといっていい。

最後に Innovation Driven の研究開発活動であるが，これは主に開発部門において進出先の活動やアイディアを本国にも取り込むというものである。これは，研究開発の国際化の中で最も先端的な取り組みといっていいがその事例は少ない。しかし，世界的に見たマーケットの主役が先進国から新興国に移りつつある中で，新興国における製品開発のアイディアがグローバル製品に生かされるということが今後増えてくることは間違いないと思われる。この点については関係の深いコンセプトとしてリバースイノベーションとい

う考え方がある。GE メディカルが中国で開発したポータブル超音波診断装置に関する事例をベースに打ち出された概念であるが，新興国のマーケットニーズに基づいて開発された製品が本国（この場合では米国）でもヒット商品になったというものである（Immelt et al., 2009）。現地における商品開発のアイディアが体化された製品が本国に戻ってくるということで「リバース」という言葉がつけられているが，グローバル研究開発マネジメントを考える上で先端的な考え方といえよう。この点については 4. で詳しく述べることとする。

## 2. 4. 進出先の選択

　研究開発の国際化に関する理論で最後のポイントはどこに進出するかである。グローバルビジネスに関する進出先を考える上で有効なフレームワークはハーバード大学の Gemawat 教授による CAGE である（Gemawat, 2007）。CAGE とはグローバルビジネスを行う上で自国と投資先の違いについて，Cultural（文化的側面），Administrative（制度的側面），Geographical（地理的な側面）及び Economics（経済的側面）の頭文字である。次にこれらの違いを認識した上で，ローカライゼーション戦略（Adaptation）かグローバル戦略（Aggregation）か，あるいは距離を逆に活用した裁定戦略（Arbitrage）のどの方式でいくかといったことを考える，というフレームワークである。マーケティングなどの活動においては，生活習慣や消費者の嗜好など Cultural な要素が重要だし，生産拠点を設ける場合は物理的な距離が重要な要素になる場合がある。しかし，研究開発活動については，これらの要素の重要性は低く，現地の研究開発人材のレベルやコストといった経済的要因が最も重要である。また，知的財産制度や外資系企業の研究開発活動に対する優遇策といった制度的な要因も重要である。

　Chiesa（1995）は，海外において研究開発拠点を選定する際に重要な経済的要因として，以下のファクターを挙げている。

・投入要素価格：研究・技術スタッフの賃金レベルや研究施設等の費用

- 投入資源の質：研究・技術スタッフのレベル・質
- 組織的費用：新たな研究所を立ち上げるにあたっての行政手続き，社内の組織整備，研究員の採用に関する費用など
- 研究開発に関するインフラ：サイエンスパークに見られる地元大学などとのネットワーキングサービス，研究所開設にあたっての投資インセンティブなど

また，研究開発拠点の設置は，Market Drivenや Production Drivenの活動を行う場合，現地の営業拠点や生産拠点に併設されることが多い。また，その他の場合においても当該国において企業としてある程度の活動ベースがある場合が通常であり，古くから生産拠点として活用してきた，というように歴史的な経緯があって研究開発拠点が決まることが多いことも現実である。しかし，海外研究開発拠点の設立にあたっては，候補国におけるChiesa（1995）の経済的要因などに関する調査を行い，当該拠点の活動内容に照らし合わせて最適な場所を絞り込んでいくことが重要である。

なお，候補国の研究・技術スタッフの質についてはそれぞれの国に科学技術活動に関する状況をマクロに押さえることから始めるのが有益である。図表3はインドと中国を比較するための両国の状況を日本と比較したものである。まず，研究開発費の総額について見ると，GDPに対する比率について中国はインドの1.8倍となっており，マクロで見たレベルは高いことが分かる。セクター別R&Dを見るとインドの研究開発投資のほとんどが政府関係の研究機関によるもので，民間企業のイノベーション能力は極めて低い状況にあることが分かる。一方で中国においては民間企業の研究開発投資も進んでいる。このことから，インドにおいては民間企業で即戦力として使える開発人材を見つけることは難しいこと，その一方で政府系の研究機関においては優れた技術がある可能性が高いことが分かる。一方，中国においては研究，開発の両面において良質な人材プールが存在すると考えられる。中国には人数としては日本を上回るR&D人材が存在するので，研究開発拠点の対象国としては魅力的である。一方で中国の問題点は知的財産制度の弱さにあ

図3　中国・インド・日本の科学技術インフラの比較

| | 中国 | インド | 日本 |
|---|---|---|---|
| 研究開発投資 | 4.4兆円（2006年）<br>GDP比：1.43% | 約1兆円（2007年）<br>GDP比：0.8% | 17.7兆円（2006年）<br>GDP比：3.34% |
| セクター別 R&D | 政府：19.7%（2006年）<br>大学：9.2%<br>企業：71.1% | 政府：71.1%（2002年）<br>大学：4.1%<br>企業：24.8% | 政府：7.7%（2006年）<br>大学：18.3%<br>民間：72.2% |
| 企業R&Dの主要産業 | 精密機械：約20%<br>化学（除医薬）：約10% | 医薬品関係：約20%<br>自動車関係：約15% | 自動車関係：約20%<br>情報通信関係：約20% |
| R&D人材 | 122.4万人（2006年） | 約30万人 | 82.7万人（2007年） |
| 日本に対する留学生 | 約7.5万人 | 約500人<br>（米国：8万人） | |
| 知的財産制度 | 物質特許なし | 物質特許（2005年） | 物質特許（1976年） |
| 政策 | 国家中長期科学技術発展規画<br>自主創新・企業主体・産学研連携 | 第11次5カ年計画（2007年-12年）<br>イノベーション法（2008年） | 第3期科学技術基本計画<br>戦略的重点化・システム改革 |

る。従って，中国に研究開発拠点を設ける際には，企業の技術情報の管理を一層厳格に行う必要がある。なお，これはあくまでマクロに見た研究開発環境を比較したもので，中国やインドは国土が広く，対象とする地域によってその状況も大きく異なる。例えば，中国において先端的な研究を行っている大学や研究機関は北京に集中しているが，その一方で企業におけるイノベーション活動は上海を中心とする長江エリアやシンセンなどの珠江エリアの方が進んでいるといわれている。従って，実際の作業にあたっては，図3のような状況を地域や都市毎に見ていくことが重要である。この点については次節においてもより詳細に取りあげる。

## 3. 中国における外資系企業の研究開発の状況

### 3．1．序

　それでは日本企業を含む先進国企業の新興国における研究開発の状況はどのようになっているだろうか？　ここでは中国における外資系企業の研究開発の状況に関する実証分析結果を紹介する。なお，UNCTADの調査によると，中国は日米欧などの先進国企業にとって研究開発活動を行う上で最も重視する国であるとされている（UNCTAD, 2005）。IBM，マイクロソフト，モトローラ，ノキア，ソニー，東芝，日立，富士通，NEC，サムスンなどの世界を代表するハイテク企業は中国に研究拠点を設けて，グローバルな研究開発活動を行っている。

　1990年代の市場開放によって，中国は外資系企業の旺盛な投資を受けて「世界の工場」といわれるようになった。2002年にはWTOに加盟して，金融や小売りなどのサービス分野における対内直接投資の規制が緩和され，製造業以外の分野の投資も盛んである。中国経済は毎年8％～10％の経済成長を続けており，すでに2009年ではGDPの規模でいうと日本に並ぶレベルにきている。早晩，中国は日本を抜いて世界第2の経済大国になることは間違いない。経済成長とともに国民の所得水準が上がり中国は「世界の市場」に成長してきている。

　このように中国が「世界の工場」や「世界の市場」として発展する中で，日米欧のグローバル企業は，それぞれの拠点に研究開発機能を持たせるようになった。その内容は生産現場をサポートするためのGammeltoft（2006）の分類によるとProduction Driven型活動であったり，ローカルマーケットのニーズや各種規制に対応するためのMarket DrivenやPolicy Drivenの開発活動が中心であると考えられる。しかし，前節で見たように中国は数量的には日本を上回るR&D人材が存在する。また，毎年大学からは20万人以上の理工系人材が輩出され，比較的安価で良質な人材が豊富であるという点

にも着目すべきである。つまり，Cost Driven の研究開発拠点を設けることにも適した場所といえる。更に，北京大学や清華大学といった中国のトップクラスの大学は国際的にも一流レベルの研究が行われている。また，これらの大学が位置する北京北部の中関村には IT を中心とした多くのベンチャー企業が生まれており，「中国のシリコンバレー」といわれている。前述した IBM やマイクロソフトといったハイテク企業の多くはこの地域に研究開発拠点を置いており，これらの研究所においては Technology Driven 型活動のウエイトも大きいと思われる。

このように中国における外資系企業の研究開発の内容は極めて多岐にわたっており，かつ広大な国土を有していることから，場所によってその内容も大きく違うことが容易に想像できる。また，日本企業の中国における研究開発活動には欧米企業とどのように違うのかというのも興味ある点である。ここでは，中国における科学技術統計を用いて，地域別，国籍別に見た外資系企業の研究開発活動の状況について見てみる。

## 3.2. 中国における外資系企業の研究開発の特徴

中国においては毎年企業の科学技術活動に関する統計調査が行われており，ここではその企業レベルデータを用いている。なお，この統計で対象となっているのは製造業の属する大中企業（一定規模以上の企業）約2万5千社である[1]。ここでは企業の所有構造別の情報が明らかになっており，例えば国有企業，集団企業，有限責任企業などの中国系企業と外資系企業の区別が可能になる。また，台湾・香港・マカオの企業については別のカテゴリーとして設けられている。中国全体の製造業売上に占める外資系企業の割合は2008年時点で約22％となっており，台湾・香港・マカオの企業を入れると約3分の1が外資系の生産活動によって支えられている。産業別に見るとこの外資系割合は輸送機械，一般機械，医薬品産業で大きく5割以上となっており，エレクトロニクスについても約4割が外資系の売上となっている。

これらの外資系企業による研究開発活動の状況を見たものが図4である。

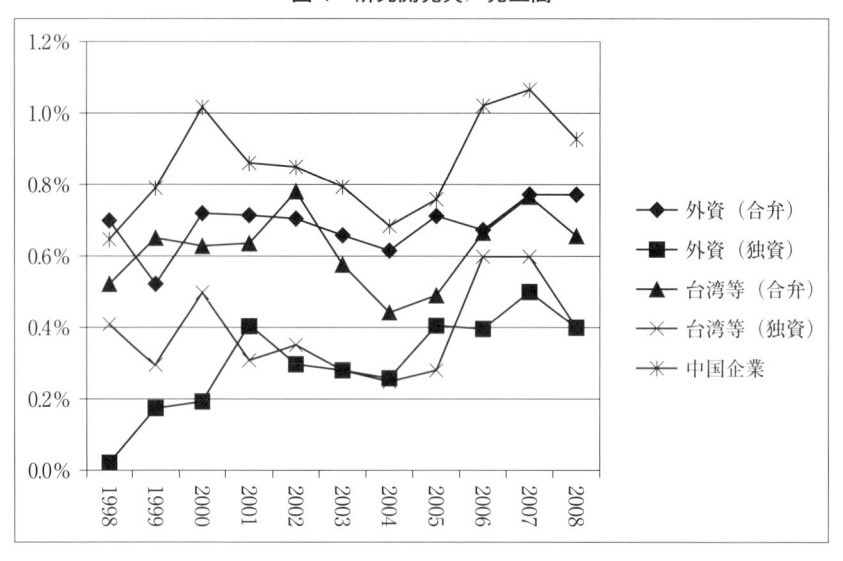

図4 研究開発費／売上高

ここでは売上高に占める研究開発費の比率（R&D 集中度）を中国の株式所有企業と比較している(2)。また，外資系企業については，外国企業独資のものと中国資本との合弁企業を分けて掲載している。R&D 集中度については中国企業が最も高く，合弁企業，独資企業の順になっている。外資系企業は，「技術獲得型」にせよ「現地開発型」にせよ，本国の研究開発資源というベースがあって活動を行っている。従って，中国におけるビジネスに必要な研究開発活動をすべて中国で行う必要はないので，この結果は当然の帰結といえる。上記の状況から中国企業が外資系企業と比べて企業全体としての R&D 集中度が高いとはいえない。

また，外資系の中で合弁企業と独資企業を比べると R&D 集約度は合弁企業の方が高くなっている。特に最近では外資と中国資本の合弁企業の R&D 集約度は中国企業とほぼ同じレベルまで高まっている。一方，独資企業の R&D 集約度は上昇傾向にはあるが，合弁企業の半分以下のレベルに留まっている。合弁か独資かについてはグローバルビジネスを展開する上で重要な

戦略オプションである。また，中国のように新興国に投資を行う際に，この判断は企業サイドで自由に行うことができないケースも多い。例えば，中国において自動車産業に関しては依然として厳しい外資規制が行われており，外資系企業は独資で現地法人を設立することはできない。必ず中国資本との合弁企業を作りかつ出資比率も50％までと制限されている。その一方でエレクトロニクス産業においては，独資による現地法人の設立は可能となっているが，このような外資規制も徐々に緩和されたもので，1990年代においてはほとんどの業種で何らかの外資規制が設けられていた。従って，中国の場合，合弁か独資かは進出のタイミングによっても影響を受けている。

　独資の方が経営の自由度は高まるが，その一方で中国におけるローカルな情報の取り入れが難しくなる。合弁企業はその逆で，中国サイドのローカルな経営資源（例えば販売網や他のローカル企業とのネットワーク）を活用することができる一方で，経営判断は双方の合意のもとで行う必要がある。研究開発活動についていうと，独資企業はより本国の指示によって動くという Center for global の傾向が強くなる一方，合弁企業はより地元に密着した Local for local の色彩が強くなると考えられる。

　この点について研究開発費の外部委託の状況を企業の所有構造別に見ることによって掘り下げてみる。中国の科学技術統計においては，企業内部で使用する研究開発費の他，外部に対する研究費の外部支出の状況について調査が行われている。この外部研究費は，支出先のタイプとして(1)国内の大学・研究機関，(2)国内の企業及び(3)外国に分類される。図5は，それぞれの外部研究費が研究開発費全体に占める割合を企業の所有構造別に見たものである。ここで外国に対する研究費の支払いは，外資系企業の場合はそのほとんどが本国の技術の使用料であると考えられるので，本社との結びつきの強さを示している。一方で国内の大学・研究機関や国内企業は，ローカル研究資源との結びつきを示す指標と考えることができる。

　独資企業と合弁企業の活動の違いはこのグラフから明らかである。つまり，独資については本国との結びつきが強く，合弁企業についてはローカル

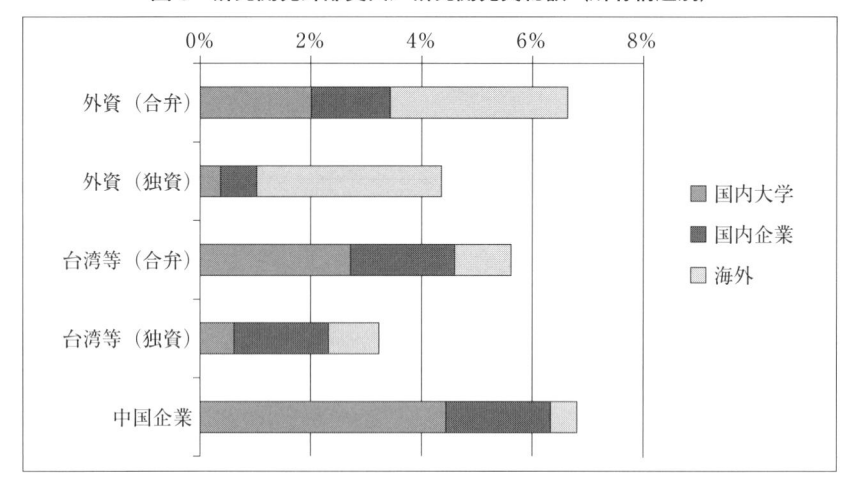

図5　研究開発外部支出／研究開発費総額（所有構造別）

資源との結びつきが強いという結果になった。なお，中国企業については，外国への外部委託は自社内取引ではなく，純粋に外部から研究資源を取り入れる活動を表したしたものなのでその割合は小さく，ほとんどが国内の大学や企業への委託となっている。

　これまでの話を総合すると以下のとおりである。まず，外資系企業は本国の研究リソースをベースに中国における研究開発活動を行っているので，国内企業と比べて現地法人のR&D集約度は低くなっている。また，外資系の中でも特に独資企業はR&D集約度が低い。このところ集約度が高まる傾向にはあるが，合弁企業と比べてその割合は半分程度となっている。一方で合弁企業のR&D集約度は国内企業とほぼ同等のレベルまで上昇してきている。独資企業と合弁企業の活動をより詳細に比較するために，研究開発費の外部支出の状況を見ると独資企業は本国の親企業との結びつきが強い一方で国内の研究資源の取り込みは十分できていない。その一方で合弁企業は，本国とのやり取りがある程度はあるが，国内の大学・研究所や企業との連携によるローカル研究資源の取り込みができている。ローカル資源と同時に自社内でも研究開発活動を行う傾向が見られる。その一方で独資企業においては

本社の技術を活用して中国の拠点については生産や販売を主に行うというように社内での機能分担をより明確化させている。その結果によって，中国拠点のR&D集中度が低くなっていると考えることができる。

## 3.3. 研究開発の目的と地域的な多様性

このような外資系企業の中国における研究開発活動はどのような目的で行われているのであろうか？　中国は「世界の工場」であるとともに「世界の市場」としても注目を浴びている。従って，研究開発活動も製造拠点のサポートや中国市場に対するローカル商品の開発の位置づけが高いと考えられる。また，優秀な理工系人材が豊富に存在することからCost Drivenの研究開発活動が行われることも多く，更に北京の中関村などのハイテク集積地においてはTechnology Driven型の研究拠点も設置されていると考えられる。ここでは，これらの活動のうちどれがメインで行われているのか，またその状況は地域によってどのように異なるか述べていきたい。

研究開発の目的について特定するために，ここでは以下のような科学技術活動に関する指標を作成して比較検討を行った。

(1) 研究開発費集中度：研究開発費の売上高に占める割合
(2) 開発志向度：研究開発費に占める開発部分の割合
(3) 国内大学連携度：国内の大学や公的研究機関に対する研究外部支出が研究費総額に占める割合
(4) 本国連結度：外国に対する研究外部支出が研究費総額に占める割合
(5) 新製品輸出度：新商品の売上に占める輸出割合

外資系企業のこれらの指標を国内の同じ産業に属して企業規模も同等の企業と比較することによって，企業がその研究開発活動の目的としてどの点を重視しているのか特定することができる。また，その状況を外資系企業が位置する地域毎に比べることによって，目的の違いを地域毎（ここでは北京，上海及び広東）にうかがい知ることができる。表1にその結果をまとめたが，ここで＋はそれぞれの指標の度合いが高いこと，－は低いこと，0はべ

表1　研究開発関連指標の比較

|  | 全国 | 北京 | 上海 | 広東 |
|---|---|---|---|---|
| 研究開発集中度 | − | − | 0 | − |
| 開発志向度 | + | 0 | 0 | 0 |
| 国内大学連携度 | − | + | 0 | − |
| 本国連結度 | + | + | 0 | + |
| 新商品輸出度 | + | + | 0 | 0 |
| 研究開発タイプ | Production | Technology | Market/Cost | Production |

ンチマーク（ここでは中国企業）と同等であることを示している。

　まず，外資系企業に関する全体的な傾向であるが，研究開発集中度が低く研究開発における開発の割合が高い。これは本国における技術をベースに中国における研究開発活動を展開しており，どちらかというと開発に重きを置いた活動をしていることが分かった。また，大学との連携度合いは低く，本国との結合度が高い。最後に新商品の輸出度が高いことが特徴として挙げられる。これらのパターンから「技術獲得型」というよりむしろ「現地開発型」でその商品については輸出度合いが高いことから，Production Drivenの研究開発の傾向が強いといえる。なお，Market Drivenだとすると中国で開発された新商品は中国市場に提供されるはずで，輸出度合いは低くなる。また，Cost Drivenの場合は研究開発スタッフを多く雇い入れることから研究開発集中度はどちらかというと高くなるはずである。なお，ここでの指標からPolicy Drivenかどうか，またInnovation Drivenかどうかについては判断することはできない。ただし，Policy Drivenのうち，国内規制に対する準拠のための活動については出来上がった商品は国内市場向けであるはずである。しかし，新商品の輸出度合いが高いので，このファクターはあまり当てはまらないといえる。

　このように中国における外資系企業の研究開発活動は総じて見ると生産拠点のサポートを行うものが多いということが分かったが，この状況は当該拠

点が置かれている地域によっても異なることが予想できる。ここでは，北京，上海，広東の3つの地域を取り出して，各種指標の比較を行っている。

まず，北京については開発志向度がベンチマークと同等であり全国的なレベル（高）よりは相対的に低い。つまり，平均的な外資系企業と比べてより研究志向の強い活動を行っているということである。また，当該地域の特徴としては，国内大学連携度が高いことが挙げられる。これは，やはりこの地域に立地している外資系企業の研究開発活動は，北京大学や清華大学といった中国の有数大学との連携に重きを置いていることによるものである。つまり，北京における外資系企業の研究開発活動は Technology Driven に対する志向が相対的に高いということができる。

次に上海については，研究開発集中度がベンチマークと同等となっており，平均的な外資系企業（低）に比べて高いこと，本国連結度が同等で，平均的な外資系企業（高）と比べて低いこと，更に新商品の輸出度がやはり同等で，平均的な外資系企業（高）と比べて低いことが特徴として挙げられる。つまり，ここでは現地法人の本国からの独立性が比較的高く，出来上がった製品は現地マーケットに提供される場合が多い，つまり Local for local タイプの活動の比重が高い。従って，どちらかというと Market Driven の活動であり，また研究開発集中度が比較的高いことから Cost Driven の色彩も強いことが分かる。

最後に広東であるが，こちらは珠江デルタのシンセンや東莞といった「世界の工場」の中心地ともいえる都市を抱える地域である。従って，基本的には Production Driven の研究開発活動の割合が多いことが予想される。平均的な外資系企業とほぼ同じような指標のパターンとなっているが，若干異なるのは開発志向度が同等で平均（高）よりも相対的に低いことと新商品輸出度が同等でやはり平均（高）よりも相対的に低いことを挙げることである。珠江デルタにおいてはこのところ工具の平均賃金が上昇傾向にあり，低価格の生産輸出モデルを続けることが難しくなってきている。そこでシンセン市などの地方政府は大学などの高等教育機関や研究施設の誘致をはかり，高付

加価値な産業の育成に力を入れている。また，広東省の首都である広州は自動車産業の集積地となっている。ここで生産された製品は国内市場に対して供給されているので，このような要因の影響もあって，中国における平均的なレベルよりもやや研究志向で国内マーケット向けの傾向が出ているものと考えられる。

## 3.4. 外資系企業の国籍による違い

最後に外資系企業の国籍による研究開発拠点のマネジメントの違いについて取り上げる。日本企業の中国拠点の活動は，欧米企業と比べて何か特徴はあるのか？　図6は外資系企業の国籍別に独資企業数の割合の推移を見たものである。中国政府が徐々に外資規制を緩和してきたこともあり，独資企業の割合は年々増加傾向にある。その中で日本企業は欧米企業と比較して独資企業の割合が相対的に高いことが分かる。なお，2005年時点でこの割合が最も高いのは韓国企業を中心とするその他アジアで約60％，それに日本企業が約50％，米国とヨーロッパの企業については約40％となっている。

これと併せて，図7は図5の研究開発費に関する外部支出の状況を国籍別に見たものである。日本企業は，外部支出割合が比較的高いが，その内容については外国への支出割合が圧倒的に高い。これはその大部分が本国の技術に関する使用料といった企業内取引によるものと考えられるので，日本企業のグローバル研究開発のマネジメントは本国からの集中的な管理下でローカル拠点が活動する Center for local の色彩が強い。一方で，米国企業については，国内の大学や研究機関に対する外部支出割合が高く，現地の技術的リソースに対するアクセスと取り込みの傾向が強い。欧州企業は日本企業と米国企業の中間的な位置づけにある。なお，その他のアジア企業もやはり日本企業と同様，本国との強い結びつきが見られた。

日本企業の現地法人は独資企業の割合が高く，どちらかというと本国からの集中的な管理のもとで運営されている傾向が強いことが分かった。この背景として挙げられるのは，まず日本と中国の地理的な近接さである。近い場

第1章 技術で新興国市場を開拓する 25

図6 独資企業数の割合

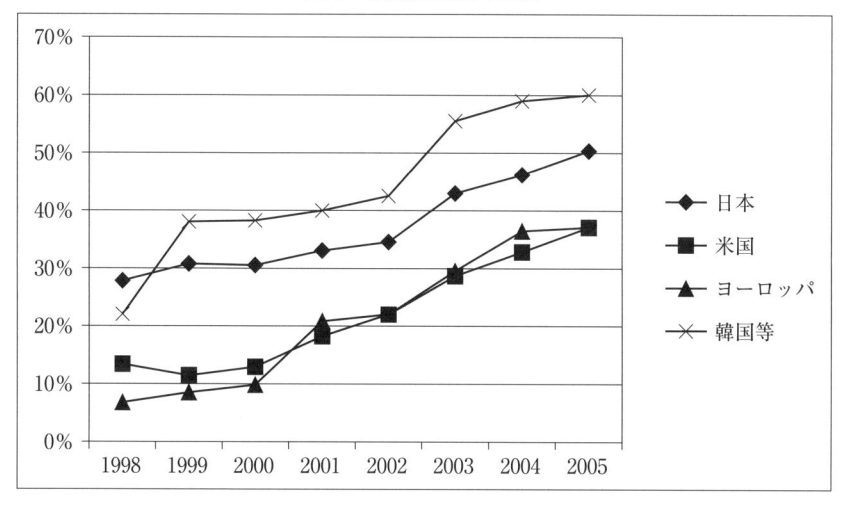

図7 研究開発外部支出／研究開発費総額（外資国籍別）

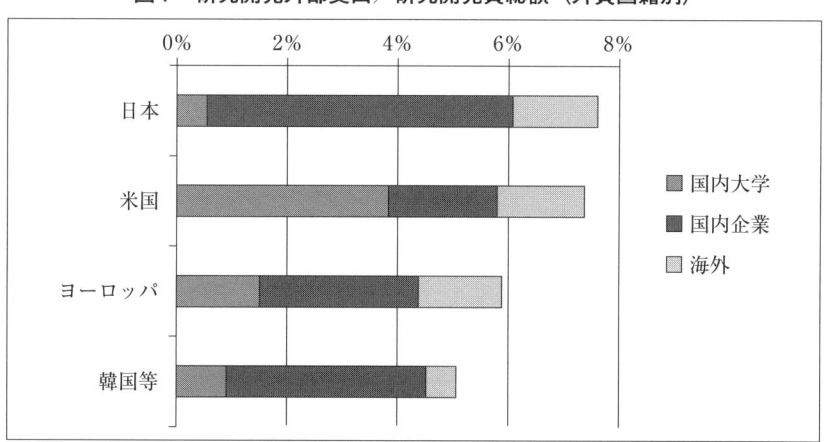

所にあると，本国から現地法人の管理を行うことが比較的容易なので，独資で経営の自由度を担保してCenter for local方式で現地法人を運営する誘因が高くなる。一方，欧米企業の本拠地と中国とは距離的にも離れているし，時差の影響や言語の違いなど，密接にコミュニケーションを行うための障害

が大きい。そのような場合には，現地法人に権限を与えて個々の法人が独自性を持って動く方式の方が効率的である。

　また，日本企業は一般的に欧米の企業よりも，より本社主導の中央集権的なスタイルで企業活動の国際化を行ってきたという見解もある（Bartlett and Ghoshal, 1989）。国際経営学の分野で古典的な文献ともいえるバートレットとゴーシャルの著書では，（1）本社が中央集権的に海外子会社を管理するグローバル型組織モデル，（2）海外子会社がそれぞれの国の事業に対する責任を持つ分散的なマルチナショナル型組織モデル，（3）両者の中間的な位置づけにあるインターナショナル型組織モデルの3つの類型が提示されている。彼らは日米欧の9つの企業ついてその組織や意思決定機構に関する詳細な調査を行ったところ，日本企業はグローバル型組織モデルをとることが多いということを示した。その典型的な事例が，中央集権的なマネジメントを行っているパナソニックと各国の海外子会社の独自性が高いフィリップスの比較である（Bartlett, 2009）。

　日本企業の在中研究開発拠点のマネジメントも，このような国際事業全般に関する中央集権的なマネジメントスタイルの影響を受けている可能性が高い。このような Center for local の方式を導入することによって，日本の技術をベースに中国市場で売れる製品を作るといったリニアなイノベーションを実現することの効率性が高まる。しかし，その一方で中国における先端技術の獲得やローカルの新商品や製品開発に関するアイディアを取り込むといったインタラクティブな方式でのイノベーションには弱い。Innovation Driven 型研究開発の事例として GE メディカルのポータブル超音波診断装置を取り上げたが，世界的に見て新興国市場の優位性が高まる中で，このようなリバースイノベーションに対する取り組みが今後重要になってくると考えられる。その際には，日本企業においてもより在外現地法人の自主性を重んじ，現場発のイノベーションに関するアイディアを企業全体として取り入れていくための取り組みを進めていくことが重要といえよう。

## 4. 新興国発グローバル製品の開発：リバースイノベーション

　このように中国を中心として日本企業をはじめとする先進国のグローバル企業は新興国における研究開発活動を強化してきている。しかし，その活動内容は既存の製造拠点の技術サポートであったり，各国の規制制度や消費者ニーズの違いを取り入れた現地向け仕様の製品の開発などの場合が多い。この場合の在外研究開発のマネジメントは Global for global か Local for local の形態となっている。ただし，中国やインドにおいては高等教育機関や研究機関が充実しており，安価な研究開発人材が豊富であることが特徴的である。このような研究人材を活用して研究開発のコストを押さえようとする動きも広がっている。この場合，新興国の活動によって生まれた製品は世界市場に対応したものであり，つまり Local for global の形態となっている。また，Microsoft，IBM，GE の研究部門ではこの点を更に進めて，中国やインドなどの研究所をグローバルな研究ネットワークに組み込んだ Globally linked の組織形態がとられている。

　このように研究開発活動のグローバル化の進展とともに，様々な形態の組織形態が見られるようになってきているが，ここでは新しい新興国におけるイノベーションモデルとしてリバースイノベーションを取り上げて，その動向について分析を行う。この概念は，ダートマス大学の Govindarajan 教授によって提唱されたもので，GE メディカルのポータブル超音波診断装置の事例を取り上げて解説されている（Immelt et al., 2009）。GE メディカルは米国市場でシェアが高い同社の機械を中国市場に売り込もうとした。しかし，価格が高すぎるということで中国における開発拠点で低価格製品を新規に開発することとした。中国の病院においては，診断結果の精度はある程度落としても低価格のものにニーズがあるということが分かったので，汎用コンピュータをベースとした低価格システムを開発したところ中国で大ヒットとなった。ここまでであれば Local for local のプロジェクトであるが，GE メディカルはこれを米国でも売り出すこととした。これまでハードウェアで

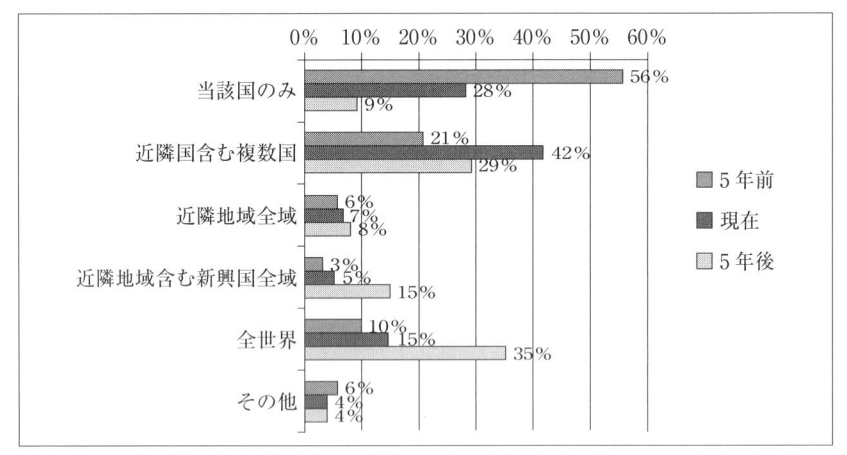

図8 新興国において設計した製品の販売先

| 販売先 | 5年前 | 現在 | 5年後 |
|---|---|---|---|
| 当該国のみ | 56% | 28% | 9% |
| 近隣国含む複数国 | 21% | 42% | 29% |
| 近隣地域全域 | 6% | 7% | 8% |
| 近隣地域含む新興国全域 | 3% | 5% | 15% |
| 全世界 | 10% | 15% | 35% |
| その他 | 6% | 4% | 4% |

出典：『2010年ものづくり白書』

実現していた機能をソフトウェアに置き換えたため，システム全体が小型で軽量になり持ち運びできるようになったので，救急車への設置などこの商品によって米国においても新たな市場を開拓できた，とのことである。このように新興国発の製品が本国に逆戻り（リバース）することからリバースイノベーションという名称がつけられている。

このようなリバースイノベーションの動きは日本企業においても見られるのであろうか？　図8は『2010年ものづくり白書』において行われたアンケート調査の結果を見たものであるが，新興国において設計した製品の販売先を日本企業に聞いている。その結果，当該国のみと答えた企業は5年前の55.6％から28.2％に減少し，5年後には9.3％になると予想している。その一方で全世界と答えた企業は現状で14.6％であるが，5年後については35.2％の企業がそうなるだろうとしている。このように新興国における製品設計がLocal for localからLocal for globalの方向性を明確に示しており，リバースイノベーションは研究開発の国際化を考える上でホットなトピックスであることは間違いない。

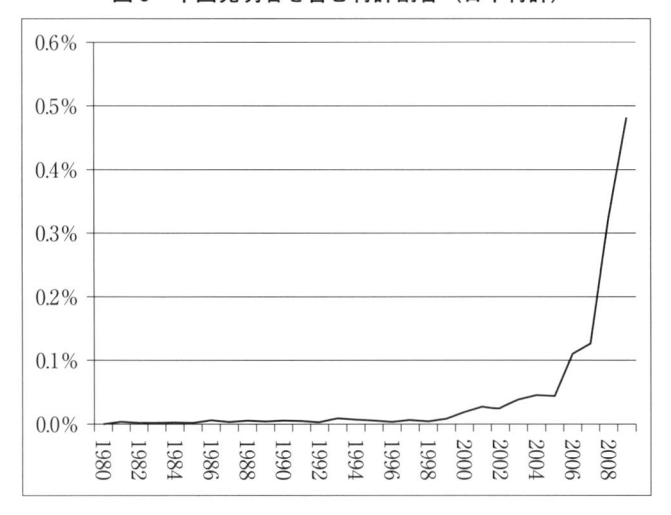

**図9 中国発明者を含む特許割合（日本特許）**

　このように日本企業においても新興国発の世界マーケット製品の開発に対して積極的に取り組む姿勢を見せている。ただ，そのような動きは現時点においてどの程度見られるのであろうか？　日本企業の海外における研究開発拠点は欧米に置かれることが多いが，最近では中国に設置するケースが増えている。欧米企業については，インドの研究開発拠点を設ける企業が多いが，日本企業のインド投資は遅れている。また，タイやマレーシア，シンガポールといった東南アジアに研究開発拠点を置く企業もあるが，まだその数は少ない。従って，日本企業の世界市場に向けた新興国における研究開発やリバースイノベーションが行われている可能性が高いのは中国である。

　ここではGEメディカルのケースのような中国を舞台とするリバースイノベーションの状況ついて特許データを用いて調査を行った。世界市場に向けて開発された製品については，その技術について世界的に特許出願されている可能性が高い。そのような特許における発明者のうち中国を住所に持つ者がどの程度いるのかを調べることによって研究開発の中国依存度を測ることができる。例えば，GEメディカルのポータブル超音波診断装置はGEメデ

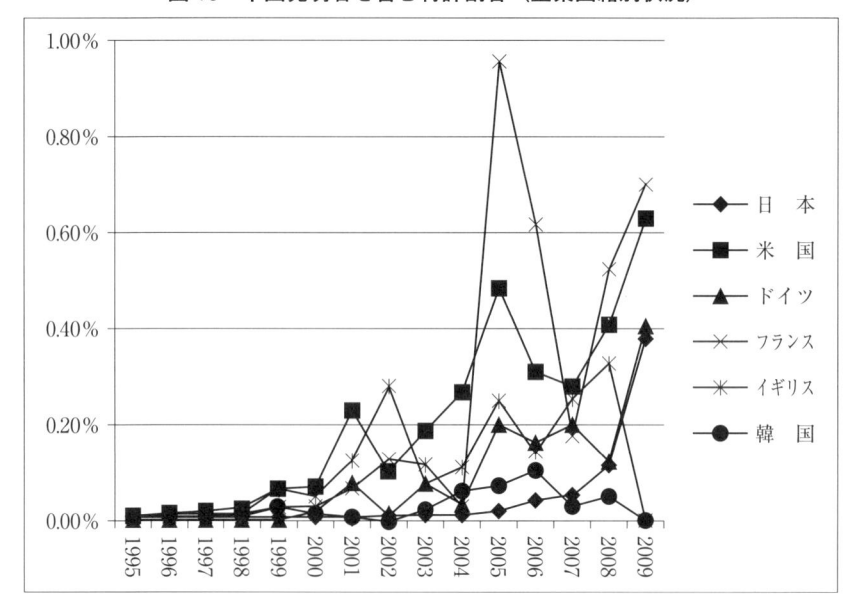

図10　中国発明者を含む特許割合（企業国籍別状況）

ィカルの本社（米国）が出願人となっているが，発明者はGEメディカルの無錫研究所の研究員となっている場合が多い。GEメディカルの研究所には米国から派遣された米国人研究員も駐在しているだろうが，コストの問題から人数的にはほとんど現地の中国人であると考えられる。このような特許がどの程度出ていて，またどの企業が出しているかで，リバースイノベーションの進み具合や積極的に取り組んでいる企業を特定することができる。

図9は，日本特許庁に出願されている特許のうち企業が出願人のものをまず選び出した。そこから中国に住所を持つ発明者を含む特許をピックアップして，出願年別に全出願数に占める割合の変化を見たものである。1990年代まではほぼ0の状態が続いてきたが，2000年ころから該当する特許が見られるようになり，2005年ころからその割合が急増している。なお，2008年においても全体の特許に占める割合が0.5％程度とほんの僅かではあるが，最近は特に伸び率が高くなっている。ここで，日本特許庁に出願している企

業には日本企業の他，日本をマーケットとしている外国企業も含まれている。これらの企業が中国における研究開発を立ち上げたのは2000年以降であることが多いが，これらの拠点における活動の成果がやっと現れてきた状態といえる。

　図10は，この割合を企業の国籍別に見たものである。ここで日本企業とそれ以外の国の企業における特許の性格は少し異なることに留意することが必要である。日本企業にとって日本はホームマーケットであるため，中国在住発明者を有する特許は世界市場ではなく，ホームマーケット向けに開発した技術も含まれている。それに対して，例えば米国の企業によるものは，本国である米国においても当然同種の技術の特許出願がなされているはずである。しかし，ここで抽出されるのは，(1) 米国企業によって，(2) 中国で開発され，(3) 日本で売り出されている製品，つまりローカル発で少なくとも日本は含んだグローバルマーケットに展開をしていきたい技術だと察しがつく。その前提で図10を見ると，フランス，米国企業はこの特許の割合が高く，次にドイツ，イギリス，やや遅れて日本，更に遅れて韓国の企業となっている。

　この特許の割合を企業別に見たものが表2である。このレベルまでくるとこれまで見てきた特許がリバースイノベーションに関係あるのかどうかがある程度見えてくる。例えばトップのマイクロソフトは北京にアジア研究院を設けており，中国語の自然言語処理や音声認識などの地域に密着した研究も行っているが，基本的に同研究所はグローバルな研究体制の一環として位置づけられているものである。従って，中国マーケットのローカライズした製品がグローバル市場にも受け入れられるというリバースイノベーションとは少し違う形態のものであると考えられる。

　リバースイノベーションのケースとして取り上げられているGEメディカルはマイクロソフトについで2位にランクされている。3位にはトムソンライセンス（フランストムソン社の特許ライセンス会社）が入っており，これはトムソンの中国大手家電メーカーであるTCL社が事業統合を行ったこと

表2 中国発明者を含む特許割合（企業ランキング）

|  |  | 特許数 | 在中国発明者数 | 比率 |
|---|---|---|---|---|
| 1 | マイクロソフト | 1,478 | 61.0 | 4.12% |
| 2 | GEメディカル | 2,101 | 55.2 | 2.63% |
| 3 | トムソンライセンシング | 1,656 | 29.0 | 1.75% |
| 4 | NTTドコモ | 7,200 | 124.0 | 1.72% |
| 5 | ノキアコーポレーション | 1,723 | 28.5 | 1.66% |
| 6 | アルカテル | 2,014 | 23.4 | 1.16% |
| 7 | インテル | 1,545 | 17.1 | 1.11% |
| 8 | 大正製薬 | 2,395 | 23.6 | 0.98% |
| 9 | P&G | 2,519 | 21.9 | 0.87% |
| 10 | ルーセント | 2,196 | 16.0 | 0.73% |
| 11 | ユニリーバ | 5,966 | 38.6 | 0.65% |
| 12 | IBM | 8,386 | 47.2 | 0.56% |
| 13 | フィリップス | 47,421 | 236.0 | 0.50% |
| 14 | 山之内製薬 | 1,519 | 6.0 | 0.39% |
| 15 | バイエルAG | 1,544 | 5.8 | 0.38% |

によるものではないかと考えられる。つまり，TCL社が中国において開発した特許の管理を日本特許についてはこのトムソンライセンス社が行っている可能性がある。その後には，NTTドコモ，ノキア，アルカテルといった通信機器メーカーが並んでいる。携帯電話は無線通信などの技術規格はITUやIEEEなどによって国際的に標準化が行われており，これらの企業が行っている次世代の通信標準に関する研究開発についても基本的に将来のグローバル製品に対応するものである。従って，マイクロソフトと同様，世界市場に向けた技術開発ではあるが，リバースイノベーションとは少し様相が異なる。なお，P&Gやユニリーバといった日用品メーカーにおいては，現地マーケットに適応した商品の開発が比較的重要であると考えられること

から，リバースイノベーションが行われている可能性がある。

このように特許データを用いた分析によって，リバースイノベーションを行っている可能性がある企業が何社かピックアップされたが，やはりその代表的な事例としては GE メディカルであることが分かった。それ以外の会社についても中国における研究開発の内容をより詳細に調査する必要がある。また，日本企業については，中国発明を使ったホームマーケット製品に関する技術が含まれていることから，米国や欧州など他国の特許データを用いて同じ作業を行い，ここで見た結果の頑強性チェックを行うことが重要である。これらの作業については今後の検討課題としたい。

## 5. グローバル研究開発マネジメントの諸問題

本章においては，日本企業が技術力で新興国市場を開拓するための研究開発のマネジメントについて幅広く検討した。研究開発のグローバル化に関する経営学的な論点を整理を行った上で，中国における外資系研究開発拠点の状況に関する分析結果を紹介し，理論と現実の接合を行った。また，新興国発グローバル製品の開発に際して比較的新しいコンセプトとしてリバースイノベーションを紹介して，特許データから中国におけるリバースイノベーションに対する状況を調べた。その結果，まだこのような動きをしているのが確実なのは，このコンセプトが提示されたオリジナル文献で引用されている GE メディカルだけである。その他にいくつかリバースイノベーションを行っている企業の候補が見つかったので今後はそれらの企業の研究内容をより詳細に調べていくこととしたい。

なお，ここでは本章のまとめとして日本企業がグローバル研究開発に際して抱えているより現実的な問題をいくつか拾い上げてその解決の糸口を示したい。

まず，在外拠点のレポートラインをどう設計するかという点である。本章でも示したように研究開発の「研究」と「開発」は分けて議論した方が分か

りやすい。在外の拠点は「研究」の場合は日本の研究開発本部とか中央研究所といったコーポレート研究部門，「開発」の場合は製品ライン毎の事業部門の出先となることが多い。しかし，最近はこの「研究」と「開発」の連携を強化するという動きが進んでいる。例えばコーポレート研究部門においても一定のプロジェクトは事業部門からの委託研究にするとか，研究所における基礎的な研究を行った研究者が開発部門に移って具体的に製品やサービス化に関するプロジェクトも担当するというような対策が多くの企業でとられている。この影響を特に大きく受けるのは在外の研究機関であり，小規模の人数で多くの事業部門の対応が必要になることがある。このような場合は，プロジェクト毎に技術軸と地域軸のどちらが重要と考えるかによってレポートラインを構築することが適当である。例えば開発内容がグローバルに共通の技術プラットフォームがベースになっているものは本国の研究部門に対して，地域的に密着したビジネス開発に関するものであれば，地域統括会社のもとで活動を行うことが効率的である。当然両者において情報共有を行うことは必要であるが，レポートラインが複数あるいわゆるマトリックス型の組織は通常うまくいかないことが多い。

　また，海外の研究開発マネジメントにかかる実務上の問題として技術情報をどのように管理するかという点も重要である。この問題の重要性は研究部門と開発部門では大きく異なる。研究部門においては比較的オープンな基礎的な研究を行うことが多いが，開発部門は未公開の新商品や情報，製品のコスト構造など秘匿性の高い情報を扱うことが多い。もちろん建物のセキュリティ管理をしっかり行うとか，営業秘密の保持義務を雇用契約に盛り込むなどの対策がとられることが多いが，海外では人材の流動性も高く情報の管理が難しい。海外生産を行う場合には，技術的に重要な個所をブラックボックス化して部品を日本から輸出するとか，製品全体の図面を送らないなどの対策が可能であるが，開発となると重要技術を本社とやり取りすることがどうしても必要となる。従って，技術情報のレベル設定を細かく行いアクセス制限を行うとか，場合によっては本社において集中的に製品開発を行い，現地

事業所においては現地ニーズの吸い上げや規制動向のフォローなど情報収集に特化させるという方法が考えられる。

　最後の点として挙げたいのは現地におけるオープンイノベーションの推進である。3. で見たように日本企業のグローバル活動については本社中心の中央集権的なマネジメント形式がとられることが多い。この方式はグローバル製品をカスタマイズして現地に展開する場合には効率的に機能するが，現地における技術に対するアクセスとかイノベーションに対する取り入れといった現地→本社の情報の流れには弱い。現地の大学との連携についても日本企業は目的を明確化した共同研究を指向するのに対して，欧米企業は幅広いテーマのセミナーの開催や奨学金の提供，寄付講座の開設など様々な分野において長期的な視野で連携を進めることが多い。本国が中心の時代から世界のマーケットが広がっている中で，研究開発やイノベーションにおいても視点やアイディアにおいて多様性が要求されるようになっている。現地にある程度の自律性を持たせて，イノベーションのシーズを世界的に広げる開放型のマネジメントスタイルを目指すことが日本企業にとっては特に重要である。

注
（1）ここでの記述は筆者と中国国家統計局の共同研究の成果をベースにしている。詳細についてはMotohashi（2009）を参照されたい。
（2）中国企業の分類としては，国有企業，集団企業（地方政府系の企業），株式所有企業，民営企業に大きく分かれる。ここで株式所有企業は国有企業などが民営化されたもので，多くの企業で有限責任会社の形態をとっているが，一部の企業は株式市場における上場企業となっている。なお，民営企業は政府関係ではない企業であるが，一般的にその規模は小さく，その活動を外資系企業と比較するのは適当ではない。従って，ここでは外資系企業のその活動内容が最も近いと考えられる株式所有企業を選んで比較対象としている。

参考文献

浅川和宏 (2003),『グローバル経営入門』日本経済新聞社。

Bartlett C. (2009), Philips versus Matsushita: The Competitive Battle Continues, Harvard Business School Case.

Bartlett C. and S. Ghoshal (1989), Managing Across Borders: The Transnational Solutions, Harvard Business Press, Boston MA.

Chiesa (1995), Globalising R&D around centres of excellence, Long Range Planning, 28 (6), 19-28.

Dunning, J. (1993), Multinational Enterprise and the Global Economy, Wokinghan, England Addison-Wesley.

Gammeltoft, P. (2006), Internationalization of R&D: trends, drivers and managerial challenges, Int. J. Technology and Globalization, 2 (2006), 177-199,

Ghoshal, S. and C. Bartlett (1990), The multinational enterprise as an interorganizational network, Academy of Management Review, 15 (4), 603-625.

Immelt, J. R., Govindarajan, V. and C. Trimble (2009), How GE is disrupting itself, Harvard Business Review, September 2009.

Iwasa, T. and H. Odagiri (2004), Overseas R&D, knowledge sourcing and patenting: An empirical study of Japanese R&D investment in the US, Research Policy, 33, 807-828.

Kuemmerle, W. (1997), Building Effective R&D Capabilities Abroad, Harvard Business Review, March-April 1997.

Motohashi, K. (2009), Management of Offshore R&D in China: Motivations and Cross Country Differences, mimeo.

UNCTAD (2005), UNCTAD Survey on the internationalization of R&D: Current patterns and prospect on the internationalization of R&D, UNCTAD, Geneva, December 2005.

# 第2章

# 大学がリードする中国イノベーションシステム

―清華大学サイエンスパークのケーススタディ―(*)

元橋 一之

## 1. はじめに

　市場経済化に伴う中国経済の台頭は著しい。2001年のWTO加盟によって，国内経済改革の動きは一層加速し，安価な製造コストを求めた生産拠点としてではなく，巨大なマーケットを睨んだ先進諸国の対中進出が活発化している。1990年代からの対外経済開放政策によって外資導入とともに，市場原理に従って国有企業改革を進め，中国政府は国内産業の競争力強化にも力を入れている。その重要な政策の一部がイノベーションシステム改革の動きである。

　イノベーションシステムとは，企業における新製品開発や新たな生産技術の導入などのイノベーションを活性化させる国全体のシステムを示す。例えば，大学や公的研究機関における研究成果が企業におけるイノベーションに対して，いかに有効に取り入れられるかといった産官学連携のあり方も重要な要素である。また，シリコンバレーに見られるようなベンチャー企業によるイノベーション創出を促進するためのリスクマネーに関する資本市場の充実やライセンシング市場を活性化するための知的財産権政策など，国全体のイノベーションパフォーマンスを向上させるための幅広い経済制度を含む概

念である。

　計画経済体制下における中国のイノベーションシステムは，企業，大学，中国科学院を中心とする公的研究所が独立した形態をとっていた。国有企業は計画経済に基づく生産に従事し，大学は教育機関であり，また公的研究所は科学技術研究を行うための機関というようにそのミッションは明確に定義され，それぞれが分断された構造となっていた。このような旧ソ連を手本とした科学技術体制は，「両面皮」（2つの皮：科学技術と経済の分離）という問題を引き起こした。この問題を解決するために中国政府は1980年代半ばからイノベーションシステム改革に乗り出した。大学や公的研究機関といったサイエンスセクターの活動を企業における産業活動の連携を促しイノベーションを創出する各種政策の導入である。具体的には，大学や公的研究機関に対しては国からの研究資金を基盤的な科学技術の分野に限定し，産学連携や技術移転活動による組織の運営を促したこと，企業に対しては，計画的な経済運営の度合いを小さくして市場競争を導入し，国営企業改革によって経営者のイノベーションに対するインセンティブを高める対策がとられた。

　しかしながら，70年代までのいわゆる計画経済体制の影響が大きく，科学技術に関する人材や知見は依然として大学や公的機関などのサイエンスセクターに集中している。企業の中には為華技術，ハイアールなどハイテク分野で国際的にも競争力をもつ企業が現れてきているが，このような自前で研究開発を行い国際的な競争にも耐えられる企業はまだほんの一握りという状態である。このようにサイエンスセクターと企業セクターの間で技術的な格差が大きいことから，大学や公的研究機関からの技術移転は産学連携によってではなく，主に大学からのスピンアウトという形態で進んできた。例えば，IBMのPC部門を買収したことで有名になったレノボは中国科学院の電子研究所のメンバーが設立した企業である。また，北京大学からは北大方正（ファウンダー），清華大学からは同方，紫光といった企業がスピンアウトを行い，いずれのハイテク製品に関する大企業に成長している。

　ここでは，清華大学のサイエンスパークを事例として取り上げることで，

このような大学などのサイエンスセクターが主導する中国のイノベーションシステムについて理解を深めることを目的とする。清華大学は北京のシリコンバレーといわれる中関村に位置し，理系の分野では中国でトップの大学といわれている。同大学においては大学に隣接してサイエンスパークを設けてハイテクベンチャー企業の育成を支援している。前述した大学からのスピンアウト企業はいずれも80年代に設立された企業で，民間企業との競争が厳しくない時代に成長して，現在では大きな企業となっている。このようなモデルがいまでも続いているのか，また中関村は北京のシリコンバレーといわれているが，本当に米国のシリコンバレーのようにイノベーティブなクラスターとして機能しているのか，といった点がここでの主な問題意識となる。

本章においては，まず中国における科学技術政策の流れと大学サイエンスパークの振興策について述べる。次に，特許データを用いて中国のイノベーションシステムの変遷と現状について述べ，特にその中でも大学や公的研究機関の位置づけを明らかにする。4.で清華大学のサイエンスパークにおける入居企業に対するアンケート調査結果を示す。5.では，これらのデータを用いた計量分析と企業インタビューの結果を用いて，清華大学サイエンスパークにおけるイノベーションモデルについて検討を行う。最後に本章のまとめとして，このような中国におけるイノベーションシステムを日本企業としてどのように活用していくべきかについてインプリケーションをまとめる。

## 2. 中国における科学技術政策の流れと大学サイエンスパークの振興策

1980年代以降の中国における科学技術システムの改革のプロセスは，1985年〜92年まで，1992年〜98年まで，1998年以降の3つの段階に大きく区分することができる。

第1段階は，計画経済体制下の制度改革の動きである。1985年に「中国

共産党中央の科学技術体制改革に関する決定」が発表され，科学技術と生産の連携が方針の一つとして打ち出された。また，中国の科学技術システムにおける「両面皮」を解消するためのいくつかの制度改革が打ち出された。例えば，公的研究機関は，(1) 基礎研究を中心とする機関，(2) 応用技術開発を中心とする機関，(3) 社会公益的研究や農業研究を行う機関の3つに分類され，特に (2) の技術開発型機関については事業費を縮小し5年以内にはその活動を停止するという厳しい方針が打ち出された。また，(1) については基金制による一定額の補助，(3) については請負制によって政策ニーズに対応した研究が義務付けられ，肥大化した研究機関機構改革が始まった。その結果，1991年までに県以上の政府部門所管の5,074の自然科学関係機関のうち，1,186機関の事業が停止した。また，科学技術と生産の連携については，技術市場の形成の基盤となる「特許法」や「技術契約法」が制定され，またイノベーション市場促進策としては，ハイテク産業開発試験区の制定や技術交流や技術コンサルティングを業務とする民間科技企業の設立が奨励された。しかし，これらの政策がその効果を発揮するのは市場経済への移行が進んだ90年代以降である。

　第2段階は，鄧小平による南巡談話によって市場経済改革路線が明確に示された1992年に始まり，1998年までの改革である。ここでの特徴は，「抓大放小」（一端を安定させ，一面を手放す）という言葉に表すことができる。ここで「抓大」とは，国の基盤的科学技術システムとして必要な基礎研究や防衛技術開発の安定的な推進を，「放小」はその一方で産業技術にかかる分野の開放と市場経済下での育成を示す。特に後者については，市場経済への移行を目指した経済改革の動きと相まって大きな成果を上げた。具体的な政策としては，公的研究機関や大学における技術をベースとした企業（校弁企業）のスピンアウト促進である。また，一定の条件を有する産業技術に関する公的研究機関には，研究所の運営に関する権限を委譲し，民間科技企業とのM&Aや企業集団の形成などの自由を与えた。

　これらの市場経済化におけるイノベーション改革の動きを受けた1998年

以降の第3段階は、「科教国家」（科学技術による国家の振興）を前面に打ち出し、国全体としてイノベーションシステムの建設をねらったものである。ここでのフォーカスは公的研究機関の改革の更なる推進と民間企業に対する技術移転促進など、企業とのリンケージの推進である。これまで研究機関、企業、大学とそれぞれのセクターで改革が進められてきたが、それらの間の有機的連携を明確に意識したナショナルイノベーションシステムの構築が前面に打ち出されたことが特徴である。1996年に制定された「中華人民共和国科技成果転化促進法」や1999年に国務院から頒布された科技部門に対する「科技成果転化の促進に関する規定」によって産官学連携に関する制度整備が行われた。これらの規定によって、公的研究機関の民間科技企業に対する出資ルールや大学、研究機関の職務発明の成果の帰属に関する規則などが整備された。また、中小科技企業の促進策などイノベーションの主体としての企業セクターにも配慮した政策が打ち出されている。

また、2006年には、2006年～2020年の科学技術政策のフレームワークを示す「中長期科学技術発展計画」が策定された。ここでは2020年までにR&DのGDPに対する比率を2.5％に引き上げるという数値目標が掲げられている。研究開発費の量的な拡大だけでなく、質的な向上についても重要である。中国独自の技術を用いた「自主創新（「創新」は中国語でイノベーションの意味）の推進、そのプロセスにおいて「機械や情報技術においていち早くコアテクノロジーを開発し、知財や技術標準を確立する」と述べているように、産業化や産業競争力を意識した計画となっている。

このような科学技術政策の流れの中で、大学や研究機関の役割と成果の創出や活用させて、中長期的に必要な産業構造の調整し、中国経済の持続的な発展を実現するために策定された「タイマツ（火炬）計画」が重要である。「タイマツ計画」は各種サイエンス・ハイテクパーク、生産力促進センター、国家技術移転促進専門プロジェクトと科学技術貿易振興行動専門プロジェクトとともにタイマツ活動を組成している。タイマツ計画はハイテク産業化及び技術イノベーション環境整備を重点任務とし、主に都市部を中心に展開し

ている地域振興策である。

　当計画の内容としては，①ハイテク産業の発展に必要な環境作り，②国家ハイテク産業開発区（サイエンス・ハイテクパーク）及びハイテク創業サービスセンターの設立，③タイマツ計画プロジェクトの企画や推進，④国際協力の強化とハイテク産業の国際化の推進，⑤ハイテク産業の振興に必要な人材の育成や誘致，などが挙げられる。ここの②でいう「ハイテク産業開発区（サイエンス・ハイテクパーク）」はタイマツ計画の重要な構成要素であり，知識の集積と開放的な環境条件の下で，主に中国の科学技術と経済力に基づき，環境の部分的な改良を通じ，科学技術の研究成果を最大限に生産力に転換することを目的とし，国内と海外市場に向けて中国のハイテク産業を集中的に発展させる地域である。

　国家レベルのサイエンス・ハイテクパークがイノベーションの基地と地域経済発展を牽引するエンジンとなった。2006年，国家レベルのサイエンス・ハイテクパークの売上高と生産アウトプットはそれぞれ4.3万億元と3.6万億元となり，全国の半分のハイテク企業とインキュベーターが集まっており，研究開発投資は全国の3分の1を占め，サイエンス・ハイテクパークの中の企業が所有する発明特許数は32,600件に達した。サイエンス・ハイテクパーク内の企業が創造した付加価値は8,520.5億元で，全国工業付加価値の9.4%を占める。

　「タイマツ計画」は中国のサイエンスパーク・ハイテクパークを発展させるための指導的計画である。中国においてサイエンスパーク・ハイテクパークは組織・内容の違いによって10種類に分かれている（表1）。その中で，国家バイオ産業基地，国家帰国留学人員創業パーク，国家知的財産実証パーク以外のすべてが，中国「タイマツ計画」にかかわり設立されたものである。中でも，国家ハイテク産業開発区と国家大学サイエンスパークは最も代表的なサイエンスパーク・ハイテクパークである。中国における国家級のサイエンスパーク・ハイテクパークの設立は，各地での国家サイエンス・ハイテクパークの設置によって始まった。その後，地域的な優位性を生かしなが

表1 中国における各種国家級サイエンス・ハイテクパークの数（2006年）

| | 名　称 | 数 |
|---|---|---|
| 1 | 国家ハイテク産業開発区 | 54 |
| 2 | 国家大学サイエンスパーク | 62 |
| 3 | 国家バイオ産業基地 | 22 |
| 4 | 国家イノベーションパーク | 3 |
| 5 | 中外共同運営国家ハイテクパーク | 7 |
| 6 | 国家特色産業基地 | 172 |
| 7 | 国家ソフトウェアパーク | 29 |
| 8 | 国家インキュベータ | 198 |
| 9 | 国家帰国留学人員創業パーク | 21 |
| 10 | 国家知的財産実証パーク | 27 |

ら，国家サイエンス・ハイテクパークの地域内，あるいは，地域を別にしても密接な関係を持ちながら，国家サイエンス・ハイテクパークという基盤的なパークから多様なサブパークまたは関連パークへと発展してきた。

中国では大学の役割として，「教育」，「研究」に加えた第3の役割として「服務社会（社会への還元）」という理念が提起され，大学で創出された研究成果を生かした起業が活発に行われるようになった。2000年以降はハイテク産業の育成，振興，集積の一環として大学サイエンスパークへと発展してきた。2001年3月，清華大学をはじめとする22の大学サイエンスパークが第1次国家級の大学サイエンスパークとして認定されて以来，2006年まで中国の大学サイエンスパークは62カ所にのぼり，全部で100以上の大学，地方政府及び研究機関により運営されている。それらにおいては7,000近い企業が入居しており，136,000人の雇用を支えている（表2）。

国家大学サイエンスパークは大学発技術型ベンチャーの創出，自立，成長に必要な各種の行政サービスや創業資金のサポート，人材育成や経営支援，及び税制優遇などの環境を全般的に提供している。

2006年11月，国家大学サイエンスパークの発展を加速するために，中国

表2　中国大学サイエンスパークの発展・推移

|  | 2002 | 2003 | 2004 | 2005 | 2006 |
|---|---|---|---|---|---|
| 技術型インキュベーター（カ所） | 58 | 58 | 46 | 49 | 62 |
| 面積（万平方メートル） | 145 | 578.4 | 485.3 | 500.5 | 516.5 |
| 入居企業数（社） | 2,380 | 4,100 | 5,037 | 6,075 | 6,720 |
| 入居企業人数（人） | 51,576 | 70,855 | 69,644 | 110,240 | 136,122 |

　科学技術部と教育部が「国家大学サイエンスパークの認定と管理規則」を制定し，国家大学サイエンスパークの建設を申請する要件がより一層明確化された。独立法人資格を持つ専門的な管理機関がなくてはならないこと，自主的に使用可能な建築面積は1.5万$m^2$以上，その中のインキュベーションのために使用する面積は1万$m^2$以上であること，大学サイエンスパークに入居する企業の半分以上が技術，成果及び人材などで所属する大学と実質的な関係を有すること，入居中の企業が50以上でなければならないこと，社会のために1,000人以上の就職機会を創出しなければならないこと，などが定められている。

　表3では中国サイエンスパークの地域分布を示す。全国31地域の中で，全体の5分の1近い国家級大学サイエンスパークは北京に集中している。次に多いのは江蘇，四川，陝西などである。

　国家大学サイエンスパークにおける目標の一つは産学官連携で，「ハイテク企業（大学発ベンチャー）のインキュベーション」及び「イノベーションの揺籃」の具現化である。その具現化を通じて，大学における関連の教育研究の質の更なる向上や，産業界における新商品や新事業の創出が加速し，政府の関連政策の策定立案や国家サイエンス・ハイテクパーク全体のグレードアップにも貢献すると期待される。

表3 中国大学サイエンスパークの地域分布（2008年）

| 地域 | 基地数 | 地域 | 基地数 | 地域 | 基地数 |
|---|---|---|---|---|---|
| 北京 | 12 | 浙江 | 2 | 広東 | 3 |
| 天津 | 2 | 安徽 | 1 | 重慶 | 2 |
| 河北 | 2 | 福建 | 1 | 四川 | 4 |
| 遼寧 | 3 | 江西 | 1 | 雲南 | 1 |
| 吉林 | 1 | 山東 | 2 | 陝西 | 4 |
| 黒龍江 | 2 | 河南 | 1 | 甘粛 | 2 |
| 上海 | 3 | 湖北 | 1 | 新疆 | 1 |
| 江蘇 | 5 | 湖南 | 1 | | |

## 3. 中国におけるイノベーション活動の変遷と大学の役割

　1980年代から始まった一連のイノベーションシステム改革の結果として，中国におけるイノベーションを担う主体は公的研究機関から企業へ大きくシフトしてきている。例えば，研究開発投資における企業，公的研究機関，大学のシェアは1995年にそれぞれ43％，44％，及び13％であったが，2008年には73％，18％及び8％となり，企業を中心とするイノベーションシステムの構築への移行が進んでいる。企業セクターにおいてイノベーションが活発に行われるようになったことに対して，国有企業改革や外資系企業に対する規制の緩和などの企業改革の影響が大きい。企業に対する経営の自主権を認めるコーポレートガバナンスシステム改革は，新商品の開発などのイノベーションに対するインセンティブ構造に大きな影響を与える。製造業のデータを見ると国有企業の売上高に占めるシェアは1995年には77％であったものが，2008年には10％以下に低下した。その一方でシェアを伸ばしたのは株式企業（7％→32％）や外資系企業（5％→19％）である。これらの企業は国有企業と比べて研究開発費売上高比率が高く，高い生産性レベルにあることが分かっている。また，国有企業のシェア減少はイノベーション能力の低い企業の退出によってもたらされたものであり，企業セクター全体の生産

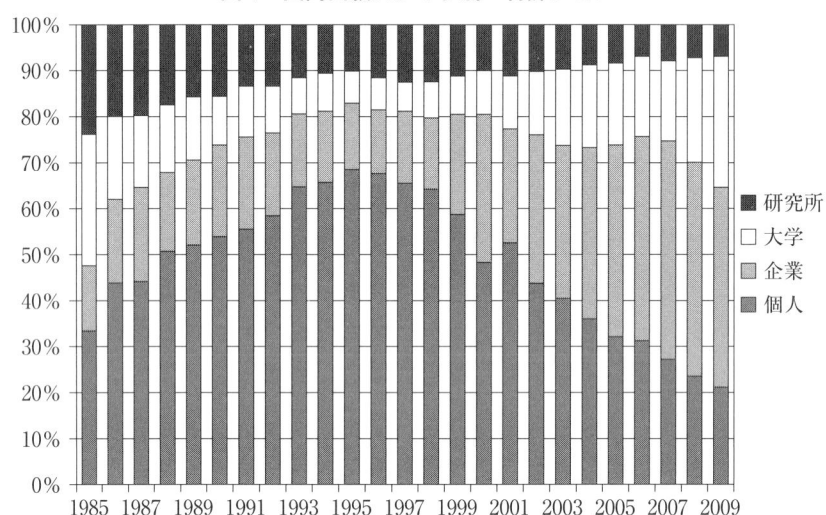

図1　国内出願人タイプ別・特許シェア

凡例：研究所、大学、企業、個人

性向上に貢献している。

　このようにイノベーションシステムの中で企業のプレゼンスが高まっているが，特許データで見ると大学の位置づけが相対的に大きい。図1は中国における出願特許の国内出願人タイプ別の状況を示したものである。中国知識産権局（日本でいう特許庁）には，最近では30万件近い数の特許が出願されている。そのうち約10万件は外国からの出願特許であり，これを除いたものについて中国の公的研究機関，大学，企業及び個人の4つの出願人タイプに分けた。ここでもやはり企業が出願する割合が増えてきており，中国企業の技術力が高まっていることを示している。しかし，最近では大学特許のシェアも高まっており，2009年では20％以上になっている。ちなみに日本における出願特許について見ると，大学の出願特許は約5,000件程度で，出願数全体の40万件強の1％程度と非常に小さい。日本においては技術力の高い企業が多く存在し，イノベーションシステムの中心を担っている。一方中国では，民間企業が力をつけてきているが，大学もイノベーションの創出に対して重要な役割を担っていることが分かる。

図2 中国大学と企業の共同出願特許数

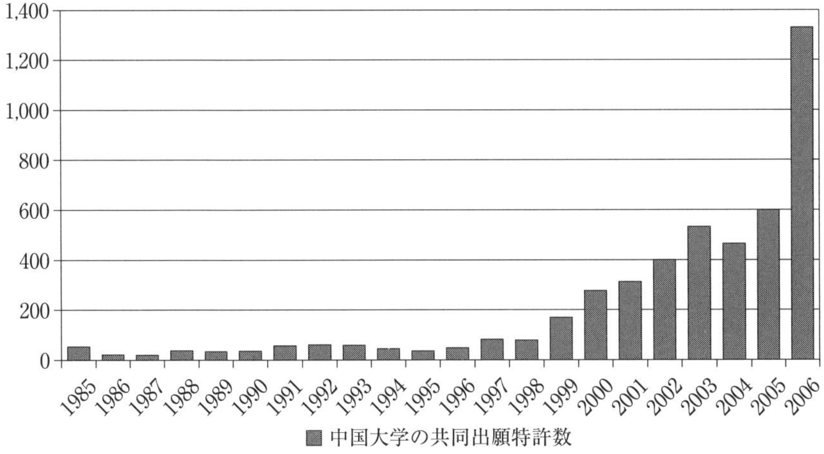

■中国大学の共同出願特許数

　特許データにおいて企業と大学が共同出願で出願しているものは，両者の連携，つまり産学連携の結果生まれたものである可能性が高い。つまり，産学の共同出願特許の動向を見ることによって，中国における産学連携の状況について分析を行うことが可能である。図2は中国の大学と企業の共同出願数の推移を示したものである。また図3は技術分野別の共同出願特許数と大学が出願している特許における産学連携特許のシェアについて示したものである。

　まず，中国と企業との共同出願特許数は2000年以前にはほとんど見られなかったが，最近になって急激に増加していることが分かる。これは，中国においてはもともと民間企業の技術レベルが低かったため大学から技術移転を受けることが難しかったことによるものと考えられる。これまでR&D統計や特許統計で見てきたように，最近では中国の企業も技術的に優れた業績を上げているところが見られるようになってきた。また，その中には大学や研究所からスピンアウトした企業も含まれる。このように，民間レベルの技術力が向上したことによって産学連携特許の数も増えてきたものと考えられる。

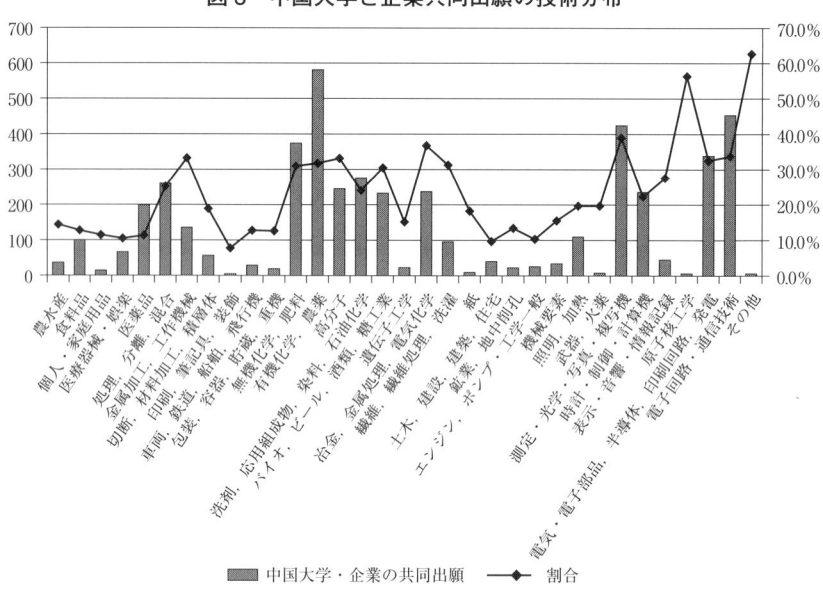

図3 中国大学と企業共同出願の技術分布

　図3の技術分野別の特許数を見ると，有機，無機などの化学分野と測定・工学，電子回路などのエレクトロニクス関係で多い。その一方遺伝子組み換えなどのバイオ分野で少ない。バイオ分野は大学としてもある程度の特許を出願しているが，産学連携特許の割合が小さいことから特許数としても小さな数にとどまっている。このような分野においては，産学連携を行うより，むしろ大学としてのスピンアウト企業を設立し，イノベーション活動を展開していると考えられる。

　表4は産学連携特許の多い大学をリストアップしたものである。1位は清華大学となっており，件数は1,000位件以上と2位以下を大きく引き離している。清華大学は特許の出願総数も中国でトップであるが，同大学においては産学連携も進んでいることが分かる。

第2章　大学がリードする中国イノベーションシステム　49

表4　企業と共同出願する中国大学ランキング

| 順位 | 大学名 | 大学名（対応日本語） | 地域 | 共同出願特許件数 |
|---|---|---|---|---|
| 1 | 清华大学 | 清華大学 | 北京 | 1,024 |
| 2 | 浙江大学 | 浙江大学 | 浙江 | 423 |
| 3 | 复旦大学 | 復旦大学 | 上海 | 395 |
| 4 | 北京大学 | 北京大学 | 北京 | 314 |
| 5 | 上海交通大学 | 上海交通大学 | 上海 | 248 |
| 6 | 华东理工大学 | 華東理工大学 | 上海 | 233 |
| 7 | 中山大学 | 中山大学 | 広東 | 131 |
| 8 | 东华大学 | 東華大学 | 上海 | 123 |
| 9 | 上海大学 | 上海大学 | 上海 | 109 |
| 10 | 华南理工大学 | 華南理工大学 | 広東 | 105 |

## 4. 清華大学サイエンスパークに対するイノベーション調査

### 4.1. 研究の目的

　これまで見てきたように中国においては，歴史的に大学や公的研究機関における科学技術活動と民間における生産活動が切り分けられた計画経済による運営がなされてきたため，民間部門における技術レベルが低かった。1980年代から両者の連携を強化するための科学技術政策が導入されて，最近では民間企業の研究開発能力の高まりが見られる。産学連携による特許数を見ても，1990年代まではその数が少ないレベルにとどまっており，民間企業の技術レベルが低かったことから，大学からの民間への技術移転は主にスピンアウト企業が生まれることによって行われてきたことを示唆している。ただし，2000年以降はこれらのスピンアウト企業が成長して大企業になったものや民間企業の中でもハイテク分野で国際競争力がある企業が生まれてきており，産学連携特許の数は急増している。

　このように中国におけるイノベーションシステムの特徴が大学・国立研究

機関が中心のシステムから産学連携モデルにシフトする中で，大学を中心とするイノベーションの実態はどのようになっているのであろうか？　この問題に対して取り組むために，清華大学サイエンスパークにおける入居企業に対してイノベーション調査を行い，当該データを用いた定量的な分析を行うこととした。

清華大学を研究題材として選んだ理由は，
・清華サイエンスパークがある中関村という地域は，中国においても清華大学，北京大学など有名大学をはじめとして中国科学院などの研究機関が数多く集まり，そこからスピンオフしたベンチャー企業や技術型の校弁企業（大学発企業）が集積していることで，「中国のシリコンバレー」として知られていること
・清華大学は中国の産学連携の発展を積極的にリードしてきた大学として国内外で幅広い認知を得ていること
・1994年建設以来，多くの企業が入居してきており，またサイエンスパーク内におけるサポートシステムが特に充実しているといわれていること
の3点である。

## 4.2. 清華大学サイエンスパークの現状

清華大学は，世界最高水準の大学を目指しており，そのためのキー・ファクターを科学技術成果の産業化促進と位置づけて，1993年に清華サイエンスパークの設立構想を打ち出した。1994年には清華サイエンスパークの計画，建設，管理を行うため，清華サイエンスパーク発展センター（清華科技園発展中心）を設立し，運営を始めた。2003年には中国教育部から全国唯一のAクラス大学サイエンスパークとしての認定を受けた。2007年時点で総面積は69万平方メートル，400以上の企業が入居しており，その中にはハイテクベンチャー200余社，海外で上場した企業20余社，及びGoogle, Microsoft, SUN, Schlumberger, P&G, NEC, TOYOTAなどグローバル企業の研究センターが多数ある。清華サイエンスパークにおけるR&D投資

**図4 清華大学サイエンスパーク内企業の業界分布**

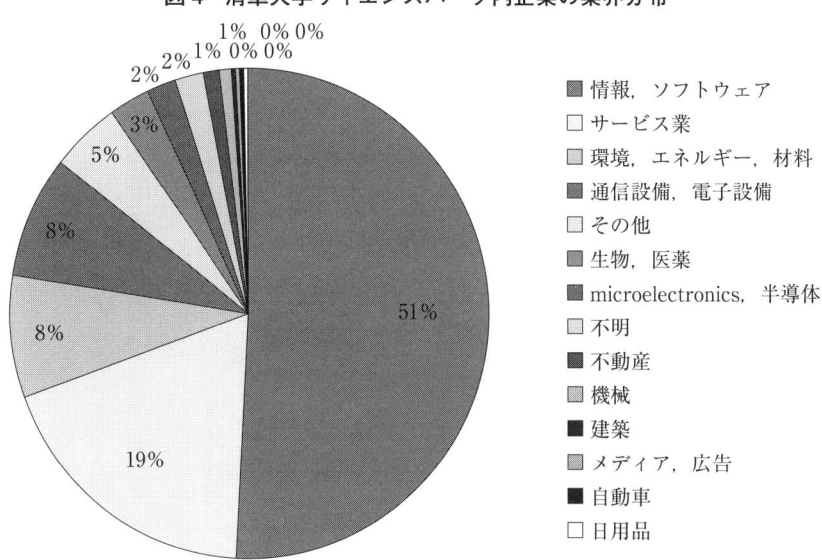

- 情報, ソフトウェア
- サービス業
- 環境, エネルギー, 材料
- 通信設備, 電子設備
- その他
- 生物, 医薬
- microelectronics, 半導体
- 不明
- 不動産
- 機械
- 建築
- メディア, 広告
- 自動車
- 日用品

51%, 19%, 8%, 8%, 5%, 3%, 2%, 2%, 1%, 1%, 0%, 0%, 0%, 0%

の2007年の金額は30億元（約420億円）で，同年中国全国R&D投資の1％強，北京市の7％を占めている。

清華サイエンスパークの入居企業の業種分布（2006年時点：ホームページ情報）は図4のとおりである。全体の半分強を情報・ソフトウェア系企業が占めている。清華サイエンスパークがある中関村はIT産業の集積地となっており，情報・ソフトウェア系企業が多いのはこのようは地理的な特性によるものと考えられる。その次はコンサルティング，人材サービス，法律事務所などで構成するサービス業（20％近く）となっている。環境・エネルギー・材料と通信設備・電子設備はそれぞれ8％を占め，それ以外の業界の企業が残りの14％を占める。

これら入居企業を設立年別に見ると，最も古い企業として1958年設立のものもあるが，2000年以降創立された企業が大部分を占めている（図5）。2005年に創立された企業数が最も多いが，全体的に年毎に新設企業の数は増える傾向にある。

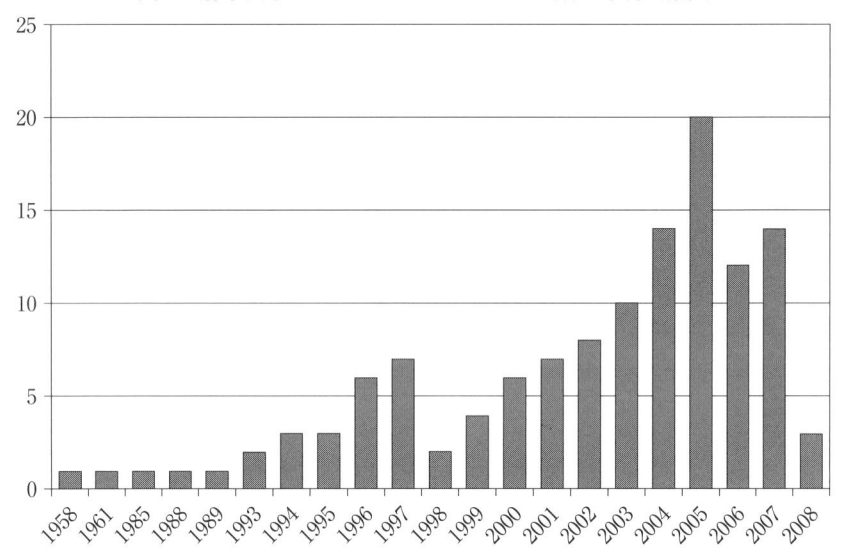

図5 清華大学サイエンスパークにおける設立年別企業数

 このサイエンスパーク内には，インキュベーション施設の管理とベンチャー投資を行う北京啓迪創業孵化器有限公司（日本語訳：北京啓迪創業インキュベータ有限会社）が置かれている。同社は清華大学企業グループ傘下の子会社の一つで，清華科技園（清華サイエンスパーク）に設けられたインキュベータを管理する専門会社として，2001年3月15日に資本金1,580万元で設立された。現在，清華サイエンスパークのイノベーションシステムの中で重要な役割を果たし，清華サイエンスパーク内のインキュベータ，専門的な技術サポートや運営管理サービス，融資サービスのプラットフォーム管理などを担っている。
 北京啓迪創業孵化器有限公司，すなわち清華大学インキュベータは，入居企業に対して，主に次の3種類のサービスを提供している。
・創業に際しての法的手続きなどの支援サービス：具体的には入居企業に対して，オフィス家具，会議室及びファックス，複写機，プリンターなどの設備，オフィス及び開発環境を貸与し，また，企業登録，ハイテク企業認

可や，中小企業創新基金・タイマツ計画プロジェクトなどの申請に対する支援などを行う。

・法務，財務，マーケティングなどへのサービス支援：清華大学インキュベータは，創業園に大手コンサルタント会社，弁護士事務所，監査法人，資産評価事務所 76 などの仲介機関（またはその窓口）を駐在させ，これらの専門機関を通じて創業企業に対して組織設計，技術開発，管理，法律，財務などの方面でのフルセットのコンサルティングサービスを提供している。また，これら専門機関には，各分野の専門家が集まっているため，豊富な投資管理経験と専門家による経営管理により，投資家と創業者が技術，管理，法律，企業発展戦略などの面での知識や能力の不足を補うことが可能である。

・融資コンサルティングサービス：創業園がファンド，リスク投資家，上場企業などに優秀な入居企業を推薦することで，入居企業はタイムリーに資金取得のチャンスを得ることができ，健全かつ迅速に成長することができる。同時に，M&A，買収，上場などの際に，コンサルティング，法律，財務，資産評価などのサービスも提供している。これらのサービスを確実に提供するため，清華大学インキュベータは専門分野の技術支援プラットフォームと企業発展の構想支援プラットフォームを設けている。

清華サイエンスパークは，社会的に高い評価を受けており，2002 年 4 月には，科学技術部から「国家ハイテク創業サービスセンター」として認可されている。また，2002 年 12 月，清華サイエンスパークはオランダの関連機関から「2002 年科学インキュベータ最適実践賞」を受賞し，国際的にも同業者から高く評価されている。更に，清華サイエンスパークは，2003 年 8 月に北京インキュベータ協会から「北京ハイテク技術創業基地最適インキュベーション環境賞」を受け，2004 年には科学技術部タイマツハイテク事業開発センターの「2003 年度優秀ハイテク創業サービスセンター」に選ばれた。清華大学 100 周年にあたる 2011 年までに，世界標準レベルの大学サイエンスパークとなることを目指している。

## 4.3. イノベーション調査の概要

　清華大学サイエンスパークにおけるイノベーションシステムの現状を把握するためにこれらの入居企業に対してアンケート調査を行った。アンケート調査票を作成にあたっては，文献調査を行うことによって研究目的に合ったアンケート項目の体系を定めた。また，清華大サイエンスパークにおけるベンチャー企業の経営者数名とサイエンスパークの運営会社の責任者に対して予備的なインタビュー調査を行い，現地の実情に合わせて質問項目を調整した。

　なお，これまでサイエンスパークの経済効果については，サイエンスパーク内の企業と外の企業の生産性などのパフォーマンスを比較する分析が数多く行われてきた（Ferguson & Olofsson, 2004; Siegel et al., 2003, Yang et al., 2008）。しかしサイエンスパーク内のイノベーションパフォーマンスや企業成長に関する詳細なモデル分析を行った事例はない。従って，ここでは分析に供するデータを取得するために，(1) 企業の基本状況（企業経営者の状況を含む），(2) 企業パフォーマンス，(3) イノベーション活動，(4) 産学連携状況，(5) サイエンスパークの環境と運営管理の状況などの項目に関するアンケート調査を行った。ここでは，技術的なバックグランドを背景として，ベンチャー企業のビジネス面で成功を収めるまでのすべてをイノベーションプロセスとしてとらえ，そのプロセスに対してサイエンスパークや清華大学がどのように影響しているのかについて押さえることとした。まず，ベンチャーの成功要因としては経営者の質が重要である。例えば，「business plan」，「strong entrepreneurship and leadership」，「technical experts」，「management capacity」，「location」などの影響が重要であると指摘されていることから，これらの質問項目も入れた（Sung et al., 2003）。イノベーション活動に関する質問は「中国工業企業創新調査」を参考にして作成した。なお，この調査はOECDにおけるオスロマニュアル（イノベーションの計測のための用語やその定義を決めたもので，ヨーロッパにおけるイノベーシ

ョン調査の基礎となっている）をベースとした中国版の全国イノベーション調査であり，2006年に行われている（OECD, 2006）。また，産学連携状況に関する質問については，Vedovello（1997）を参考にした。なお，具体的な調査票の内容については金・元橋（2009）を参考されたい。

調査の対象としては，清華サイエンスパークに所属するオフィスビル数は10棟くらいあるが，今回はその中でもハイテクベンチャー企業が比較的に集中する「創業広場」というオフィスビルに入居している80のベンチャー企業とし，68社から有効回答を得た。調査時点は2008年12月である。なお，これらの調査票の配布と回収は清華サイエンスパークの運営会社の北京啓迪創業孵化器有限公司に委託して行った。

## 4.4. 企業の基本状況

まず，ベンチャー企業の年齢についてであるが，回答を受けた68社の存続年数はアンケート実施日まで1年未満（0.58年）から15.34年までの間に分布しており，68社の平均成立年限は4.39年で，その中95%の会社の成立年限は0.91から7.9までにある（表5）。従って，ほとんどの企業は2000年に設立された若い企業である。また，清華大学サイエンスパークにおける入居期間については，アンケート実施日まで入居年限は1年未満（0.50年）から10.34年までの間に分布しており，63社の平均入居年限は3.45年になり，その中95%の会社の入居年限は1.4から7.3までにある。

次に，サイエンスパーク内のハイテクベンチャー企業を所有形態別状況に見ると，私営企業が65%と圧倒的多数を占めている。私営企業に次ぎ，外資企業と株式企業がそれぞれ10%になり，それに次いで中外共同出資企業となっている（図6）。中国においては，国営企業や集団企業（多くの場合地方政府の関係企業）か，最近ではそれらの企業が民営化した企業（有限責任企業，株式所有企業など）が大部分で，私営企業（民営企業）の活動の比重は小さい。しかし，サイエンスパークに属する企業は，個人的な出資などによる私営企業が中心になっていることが特徴的である。

表5 ベンチャー企業の存続年数

| 項　目 | N | Minimum | Maximum | Mean | SD |
|---|---|---|---|---|---|
| 成立年限／年 | 68 | 0.58 | 15.34 | 4.39 | 3.16 |
| 入居年限／年 | 63 | 0.50 | 10.34 | 3.45 | 2.26 |

図6　所有形態から見たベンチャー企業のタイプ（N＝68）

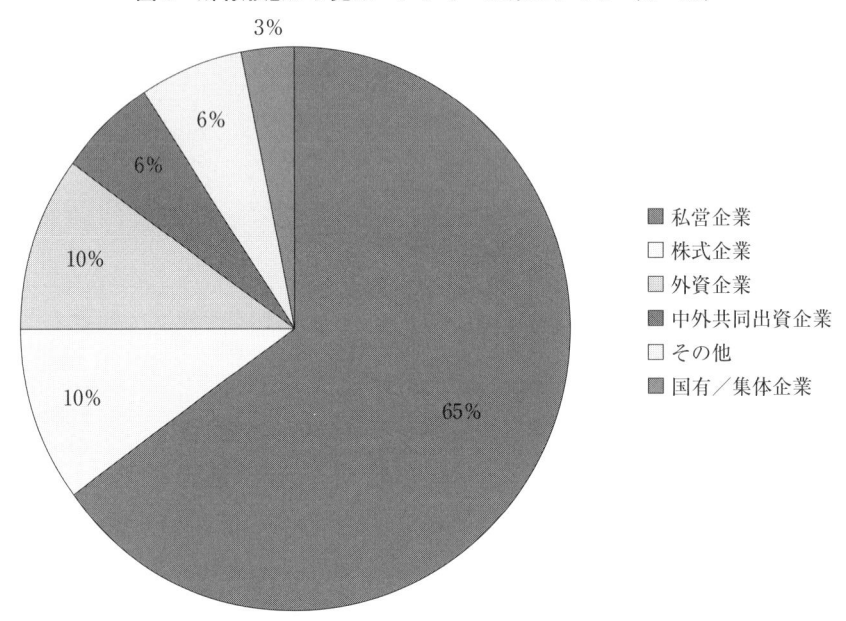

- 私営企業 65%
- 株式企業 10%
- 外資企業 10%
- 中外共同出資企業 6%
- その他 6%
- 国有／集体企業 3%

　また，企業の業種については，インターネット・ソフトウェア関係が46％と半数近くを占める。これに環境エネルギー関係（10％），バイオ関係（9％），コンピュータ・通信機械（8％）が続く。ハード・ソフトの両方を合わせると情報技術関係が半数以上となり，図4のサイエンスパーク入居企業全体とほぼ同じような業種構成となっている。

　ベンチャー企業においては，創業時や運営にあたっての資金をどのように調達するかが重要な問題である。図7は創業資金の出所を調べたものである。個人貯蓄は60％と半部以上となっており，それに次いで企業投資とエ

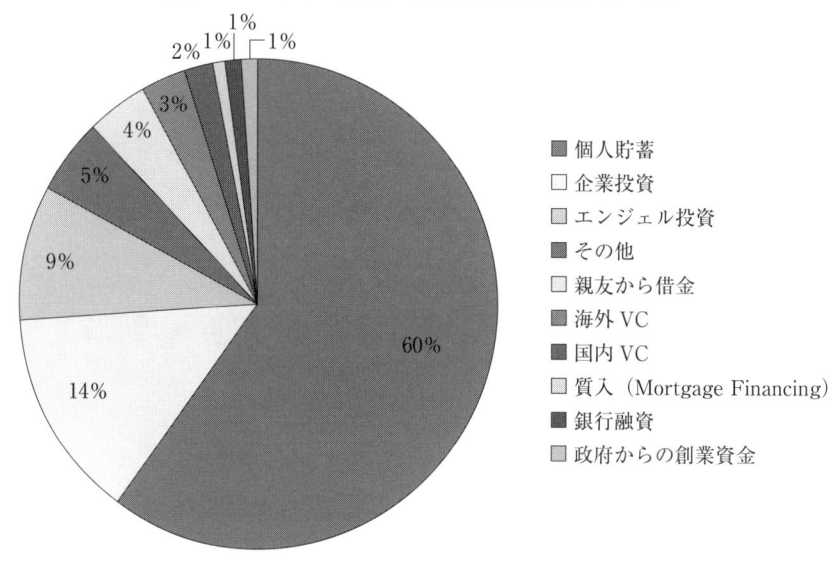

図7 ベンチャー企業の主な創業資金源泉 (N=65)

凡例:
- 個人貯蓄 60%
- 企業投資 14%
- エンジェル投資 9%
- その他 5%
- 親友から借金 4%
- 海外VC 3%
- 国内VC 2%
- 貿入（Mortgage Financing）1%
- 銀行融資 1%
- 政府からの創業資金 1%

ンジェル投資のシェアがそれぞれ14%と9%になった。親・友人からの借金，海外VC，国内VC，貿入，銀行融資，政府から創業資金の比重はすべて5%以下である。このように，中国においてはベンチャーファイナンスを支えるVCなどの仕組みが十分でなく，創業時に資金は個人的なものに頼っている状況になっている。清華大学サイエンスパークの入居企業は，ベンチャー企業の中でも比較的優良な企業だと想定されるが，創業時の資金環境はかなり厳しい状態にある。

## 4. 5. 企業の経営者について

ここでは企業の経営者に関する状況を紹介する。なお，ここでの項目は国家統計局が行った「中国工業企業創新調査」を参考にしたので，同調査の北京市の状況も併せて掲載する。まず，性別としては，男性が87.7%，女性が12.3%となっている。北京市全体の結果は男性が93.1%であり，清華サイエンスパークはやや女性割合が高い。次に年齢について見てみると表6のとお

表6　ベンチャー企業の経営者の年齢分布

| 年齢層 | 割合（%）（N＝52） | 北京小型工業企業全体（2006）（N＝5835） |
|---|---|---|
| ＜29 | 5.77 | 0.1 |
| 30－44 | 63.46 | 42.0 |
| 45－59 | 25.00 | 50.6 |
| ＞60 | 5.77 | 7.2 |
| 合計 | 100.0 | 100.0 |

表7　ベンチャー企業の経営者の学歴分布

| 学歴 | 割合（%）（N＝52） | 北京小型企業全体（2006）（N＝5835） |
|---|---|---|
| 博士卒 | 35.9 | 1.7 |
| 修士卒 | 42.2 | 14.9 |
| 大学卒 | 18.8 | 41.2 |
| 専門大学卒 | 0.0 | 29.1 |
| その他 | 3.1 | 13.1 |
| 合計 | 100.0 | 100.0 |

り，清華サイエンスパークには比較的若い経営者が多い。

　また，ベンチャー企業の経営者の学歴分布を見ると，サイエンスパーク内の経営者の学歴は北京の小型企業全体より高く，博士課程の取得者が3分の1以上を占める。修士卒と合わせると8割近くとなり，これはサイエンスパーク内の企業は技術者が立ち上げたものが中心となっていることによるものと考えられる（表7）。

　次に，経営者の創業経験についても調べた（表8）。創業経験を持つ経営者は回答を得た52対象の中29人おり，55.8%を占める。業務経験については，ほとんどの経営者は研究開発に関する経験があるということなので，技術者が自分の技術をベースに会社を立ち上げたというパターンが多いと考えられる。また，企業管理の経験者も8割近くの経営者が有しているということはも興味深い結果である。

第2章　大学がリードする中国イノベーションシステム　59

表8　ベンチャー企業の経営者の5種業務経験の有無

| 業務内容 | N | あり | | なし | |
|---|---|---|---|---|---|
| | | N | 割合（%） | N | 割合（%） |
| 研究開発 | 50 | 47 | 94.0 | 3 | 6.0 |
| 生産管理 | 50 | 24 | 48.0 | 26 | 52.0 |
| Sales & After Services | 50 | 23 | 46.0 | 27 | 54.0 |
| 財務管理 | 50 | 16 | 32.0 | 34 | 68.0 |
| 企業管理 | 50 | 39 | 78.0 | 11 | 22.0 |

## 4.6. 企業のパフォーマンスとイノベーション活動

　ここでは企業のパフォーマンスに関する指標として，2006年から2008年まで3年間企業の売上高伸び率を用いた。ただし，多くの企業が技術開発型の若いベンチャー企業なので売上高が立っていない企業も多い。そこで従業人数伸び率についても併せて見る。なお，売上高については，平均で63.6%の伸び率となっており，企業成長のスピードは速い。しかし，標準偏差が170%と企業成長スピードには大きなばらつきがあり，多くの企業で売上高の伸び率がマイナスになっているということにも留意する必要がある。

　また，ベンチャー企業のR&D活動についてはR&D活動内容の構成とR&D活動の主な目標に関する問題を設けた。まず，研究開発の内容については，基礎研究，応用研究，デザイン＆開発，コンサルティングという4方面の研究に平均的に力を入れており，単一の分野に75%以上のエフォートを投入するケースは少ないことが分かった。

　R&D活動の主な目標についてどの程度のエフォートを投入しているのかについて調査した結果が表9である。有効回答を得た49社のうち10社は技術コンサルに対して90%以上の時間を費やしている。一方，新商品の開発については多くの企業においてある程度のリソースを投入しており，ほとんどの企業で新商品の開発を行っているが，2割程度の企業についてはコンサルテーションに力を入れているということが分かった。

表9　ベンチャー企業のR&D活動の主な目標

| R&D活動の主な目標 | N | <10% N | 10%－40% N | 41%－60% N | 61%－90% N | >90% N |
|---|---|---|---|---|---|---|
| コスト削減 | 49 | 27 | 13 | 7 | 1 | 1 |
| 既存商品の品質改良 | 49 | 17 | 14 | 8 | 6 | 4 |
| 新商品開発 | 49 | 6 | 6 | 16 | 13 | 8 |
| 技術コンサル | 49 | 11 | 8 | 9 | 3 | 10 |

なお，研究開発費の額については，2006年～2008年まで毎年の額について調査している。平均費用は，2006年で49.1万元，2007年で75.7万元，2008年で85.3万元と上昇傾向にある。これは，新商品の開発などの研究開発を行って事業を立ち上げつつある段階にある企業の割合が多いことによるものと考えられる。

サイエンスパーク内のハイテクベンチャー企業のR&D活動の成果として，実際に新商品の開発などが行われたかどうかが重要である。ここではこのようなR&D活動の成果に関する調査も行っており，「新商品有無」について見ると有効回答54社のうち，「あり」と答えた企業が81.5%を占めた。また，「既存商品の改良」については「あり」と答えた企業は74.6%となっている。つまり，大部分の企業においてはR&Dの成果としの自社製品を有しており，それを販売する段階に来ていることが分かった。

次にこの新商品の創出と企業パフォーマンスの関係について分析を行った。「新商品あり」と答えた企業が44社と「新商品なし」と答えた企業が10社について，売上高の伸び率と従業員の伸び率を比較したところ，表10のとおり，両者とも「新商品あり」の企業において高い伸びを示していることが分かった。

更にイノベーションのためのアイディアがどこから得られたかについて調査を行った結果を述べる。これはOECDのオスロマニュアルに準拠したイノベーション調査（「中国工業企業創新調査」）においても行われているもの

表10　新商品の創出と企業のパフォーマンス

| 新商品創出 | N | 売上高伸び率 | | | 従業人数伸び率 | | |
|---|---|---|---|---|---|---|---|
| | | N | mean | SD | N | mean | SD |
| 2006-2008の間に新商品があった | 44 | 23 | 0.702 | 1.782 | 32 | 0.795 | 1.656 |
| 2006-2008の間に新商品がなかった | 10 | 4 | 0.255 | 0.082 | 8 | 0.145 | 0.386 |
| 合　計 | 54 | 27 | 0.636 | 1.647 | 40 | 0.665 | 1.509 |

で，イノベーションの源泉について理解を深めるための重要な項目である。表11にサイエンスパーク内の企業における回答結果と北京市の小型企業に対する結果を比較したものを掲載した。まず，両者についていえる全体的な傾向として，消費者ニーズといった顧客からの要求の影響度が最も高くなっている。これについて，重要なファクターとしては，「高い」とする回答企業のシェアの順番を見るとサイエンスパーク内企業については，「インターネット」，「同業他社」，「企業内部」，「文献，論文」となっている。一方北京市の一般的な小企業については，「同業他社」，「企業内部」，「業界協会」といったところが上位に上がっており，インターネットや文献などの公開情報の重要性が低い。また，サイエンスパーク内企業は大学や研究機関などを重要と考える企業も多く，技術型ベンチャーの集積地となっていることが分かる。

最後に企業の知的財産活動の状況について述べる。今回のアンケート調査によると特許などの知財活動に平均で18,289元の費用を使っている。ただし，これは有効回答を得た27社の平均であり，知的財産の取得や保護に関する活動をまったく行っていない企業も多い。表12は技術の専有性を確保するための知的財産による保護も含めてどのような方法が効果的であるかについての回答結果である。一部「中国工業企業創新調査」においても調査が行われている項目があるので，北京市における当該項目に関する調査結果も掲載している。

まず，特許，商標，著作権などの知的財産による保護が重要であると答え

表11　企業イノベーションの源泉とその影響度

| イノベーションのアイデア源泉 | N | Thu SP High | 北京小型工業企業('04-06)(N=2106) High | Thu SP Medium | 北京小型工業企業('04-06)(N=2106) Medium | Thu SP Low | 北京小型工業企業('04-06)(N=2106) Low | Thu SP None | 北京小型工業企業('04-06)(N=2106) None |
|---|---|---|---|---|---|---|---|---|---|
| 企業内部 | 37 | 24.3 | 25.6 | 54.1 | 44.5 | 13.5 | 21.4 | 8.1 | 8.4 |
| 消費者ニーズ | 40 | 67.5 | 73.0 | 27.5 | 23.8 | 5.0 | 1.4 | 0.0 | 1.7 |
| 設備、材料、部品の供給先 | 32 | 3.1 | 9.5 | 34.4 | 52.9 | 34.4 | 16.1 | 28.1 | 21.4 |
| 同業他社 | 36 | 25.0 | 27.7 | 44.4 | 50.8 | 25.0 | 12.9 | 5.6 | 8.6 |
| 技術市場、コンサルティング機関 | 33 | 18.2 | 10.9 | 33.3 | 26.0 | 27.3 | 37.8 | 21.2 | 25.3 |
| 業界協会 | 32 | 12.5 | 23.4 | 31.3 | 31.7 | 28.1 | 24.3 | 28.1 | 20.5 |
| 大学 | 33 | 18.2 | 5.7 | 33.3 | 20.2 | 33.3 | 20.6 | 15.2 | 53.5 |
| 研究機関 | 33 | 18.2 | 9.2 | 33.3 | 27.0 | 39.4 | 19.5 | 9.1 | 44.3 |
| 政府部門 | 34 | 8.8 | 18.8 | 32.4 | 18.2 | 26.5 | 24.0 | 32.4 | 39.1 |
| 見本市、展示会 | 33 | 12.1 | 19.3 | 39.4 | 47.1 | 24.2 | 18.6 | 24.2 | 15.0 |
| 文献、論文 | 34 | 20.6 | 5.9 | 35.3 | 36.5 | 23.5 | 28.6 | 20.6 | 29.1 |
| インターネット | 34 | 29.4 | 18.4 | 47.1 | 40.7 | 20.6 | 24.1 | 2.9 | 16.8 |

表12　知的財産権の保護方法とその重要度

| 保護方法 | N | High | Medium | Low | None | 北京('04-06)全部企業に占める割合 |
|---|---|---|---|---|---|---|
| 特許申請 | 40 | 47.5% | 15.0% | 0.0% | 37.5% | 15.3% |
| 商標登録 | 40 | 42.5% | 15.0% | 2.5% | 40.0% | 31.1% |
| 著作権登録 | 43 | 41.9% | 20.9% | 4.7% | 32.6% | 3.0% |
| 営業秘密 | 45 | 57.8% | 24.4% | 13.3% | 4.4% | 37.6% |
| R&D加速化 | 41 | 48.8% | 36.6% | 7.3% | 7.3% | |
| 商品複雑化 | 36 | 36.1% | 33.3% | 8.3% | 22.2% | |

た企業はサイエンスパーク入居企業については4割以上と北京市の平均的な企業と比べてかなり高い値となっている。なお，著作権による発明の保護については，サイエンスパーク内にはソフトウェア関係の企業が多いことが影響しており，企業の業種構造に違いがあることに注意する必要がある。なお，知財の保護によらない，営業秘密による保護についてもサイエンスパーク内には重要とする企業が多く，これらの企業においては技術情報の保護に対する意識が比較的高いことが特徴的である。なお，サイエンスパーク内においては，特許，商標，著作権が技術の専有性のためのツールとして重要ではない，とする企業も4割前後あることに留意することが必要である。特許などの知財による権利の保護は技術のタイプやビジネスモデルによって有効である場合とそうでない場合が存在する。なお，企業内の営業秘密として秘匿することが有効ではないとしている企業はほとんどいないので，これらの企業においては自社の技術が特許などの知財になじまないと考えているか，あるいは中国においては知財によって権利を保護することが難しいと認識しているのか，何らかの理由によって知財の有効性について問題視しているということが分かる。

## 4.7. 清華大学との関係・サイエンスパークのサービスについて

サイエンスパーク内に企業を設けることによって，清華大学との関係やサイエンスパークの運営会社のサービスについて，自社の活動に対してどのようなメリットがあるのかについて調査も行った。図8は清華大学をはじめとする周辺の大学との連携をどの程度行っているかグラフにしたものである。最も頻繁に行われているのは「大学教員との個人的な関係」で頻度が高いとする企業が4割近くにのぼる。大学との地理的な近接性は，大学における教員とのインフォーマルな交流のチャンスが多く存在するというメリットがある。大学における技術の民間移転は，共同研究や知財のライセンス等のフォーマルな形態によるものだけではない。大学教員とのインフォーマルな交流によって，商品開発に対する新たなアイディアが生まれたといった暗黙知の

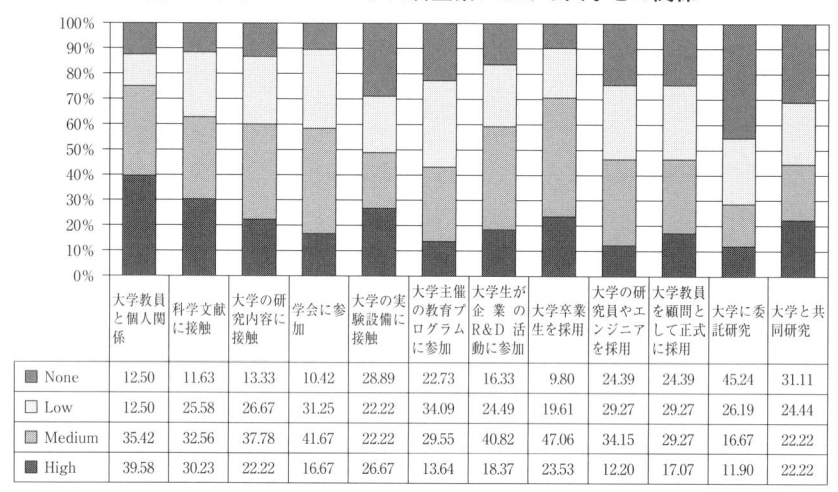

図8 サイエンスパーク入居企業における大学との関係

| | 大学教員と個人関係 | 科学文献に接触 | 大学の研究内容に接触 | 学会に参加 | 大学の実験設備に接触 | 大学主催の教育プログラムに参加 | 大学生が企業のR&D活動に参加 | 大学卒業生を採用 | 大学の研究員やエンジニアを採用 | 大学教員を顧問として正式に採用 | 大学に委託研究 | 大学と共同研究 |
|---|---|---|---|---|---|---|---|---|---|---|---|---|
| ■ None | 12.50 | 11.63 | 13.33 | 10.42 | 28.89 | 22.73 | 16.33 | 9.80 | 24.39 | 24.39 | 45.24 | 31.11 |
| □ Low | 12.50 | 25.58 | 26.67 | 31.25 | 22.22 | 34.09 | 24.49 | 19.61 | 29.27 | 29.27 | 26.19 | 24.44 |
| ▨ Medium | 35.42 | 32.56 | 37.78 | 41.67 | 22.22 | 29.55 | 40.82 | 47.06 | 34.15 | 29.27 | 16.67 | 22.22 |
| ■ High | 39.58 | 30.23 | 22.22 | 16.67 | 26.67 | 13.64 | 18.37 | 23.53 | 12.20 | 17.07 | 11.90 | 22.22 |

図9 サイエンスパークの環境が企業に与える影響

| | 政府の優遇政策を享受 | SPブランドによる会社イメージ向上 | 優れたオフィス施設 | 優秀な人材を獲得しやすい | パーク内の他社と情報交流 | パーク内の他社とビジネス展開 | パーク内の他社と共同研究 |
|---|---|---|---|---|---|---|---|
| ■ None | 3.64 | 1.82 | 1.89 | 7.69 | 3.70 | 9.43 | 12.96 |
| □ Low | 23.64 | 7.27 | 20.75 | 13.46 | 24.07 | 35.85 | 29.63 |
| ▨ Medium | 47.27 | 54.55 | 52.83 | 48.08 | 51.85 | 41.51 | 42.59 |
| ■ High | 25.45 | 36.36 | 24.53 | 30.77 | 20.37 | 13.21 | 14.81 |

獲得も重要である。また，大学との連携という観点からは，「大学の実験設備の接触」や「大学の卒業生を採用」といった点についても多くの企業においてメリットと感じられている。

次にサイエンスパークに会社を構えることについて，大学との関係にとど

図10　サイエンスパーク内のサービス

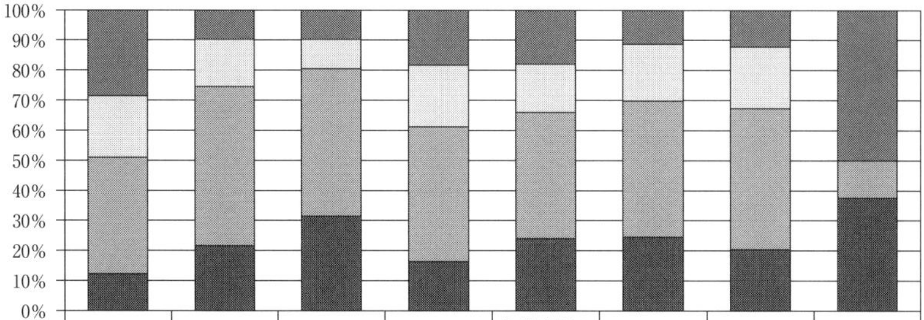

| | 開業手続きの簡易化 | 人材採用 | 政府政策の通報 | 知的財産権サービス | 企業宣伝&マーケティング | 企業交流会の主催 | 技術platformの提供 | その他サービス |
|---|---|---|---|---|---|---|---|---|
| ■ None | 28.57 | 9.80 | 9.80 | 18.37 | 18.00 | 11.32 | 12.24 | 50.00 |
| □ Low | 20.41 | 15.69 | 9.80 | 20.41 | 16.00 | 18.87 | 20.41 | 0.00 |
| ▨ Medium | 38.78 | 52.94 | 49.02 | 44.90 | 42.00 | 45.28 | 46.94 | 12.50 |
| ■ High | 12.24 | 21.57 | 31.37 | 16.33 | 24.00 | 24.53 | 20.41 | 37.50 |

まらないより広範囲なメリットとしてどのような点が挙げられるかについて，まとめたものが図9である。最も重要なファクターとしては，清華大学サイエンスパークということで自社のイメージ向上につながるという点であった。また，この点とも関係すると思われるが優秀な人材を獲得しやすいといった点についてもメリットとして感じられている。一方で，サイエンスパーク内の他社との交流によるビジネスチャンスの拡大という項目については評価が低い。この点については，米国のシリコンバレーで見られるような自律的なイノベーションクラスターの機能としては，まだ不十分な状態であることを表している。清華大学というブランドで優秀な人材を引き留めることができ，技術やビジネスに関する一定規模以上の集積ができるとそれ自体がより大きな吸引力となって，更にクラスターの拡大につながる。清華大学のサイエンスパークにおいては，まだこのようなポジティブなフィードバックループが働くところまでには至っていない状態にあり，今後の動向に期待したいところである。

　最後にサイエンスパーク内の各種サービスについての評価について聞いてみた（図10）。サイエンスパークの管理会社においては，各種法的手続きの

代行やセミナーの実施，技術プラットフォームなどの情報提供事業などを行っている。その中で比較的企業から評価されているものは，政策関係のセミナーや企業宣伝などの活動である。また，企業交流会の開催についてもメリットを感じている企業も多い。

## 5. サイエンスパークのイノベーションシステムに関する実証分析

### 5.1. 分析を行う上でのフレームワーク

　産学連携は大学の知識を溢出させ，企業へ移転させる有効なチャンネルである。産学連携の形式は多様である（Monck, 1988, Motohashi, 2005）。大学サイエンスパークにおける産学連携は大学教授から技術アドバイスを受ける，大学の研究設備を利用する，大学卒業生を採用する，学会や研究セミナーに参加する，大学と共同研究を行うなどのさまざまな形式で行うことが可能である。一方で，企業は産学連携を通して得た情報・アイディアを用いて，新技術を生み出すことが可能である。サイエンスパークは大学と企業の地理的な近接性を持たせることによって，上記のような両者間の情報や知識の流れをより有効に行うことができる仕組みである。また，サイエンスパーク内においては，大学と企業の交流だけでなく，企業間のネットワーク構築が容易になるというメリットもある。

　このようにサイエンスパーク内においては，企業のイノベーション活動において外部から技術や情報を取り込むオープンイノベーションの要素も重要であるので，企業において新技術を生み出すモデルとして，まず以下のような外部要因を明確化した分析モデルを提示する（図11）。

　企業における技術開発活動を促進する以外に，サイエンスパークはハイテクベンチャー企業のビジネスを育成する場でもある。サイエンスパークは入居企業に対して法律，会計，マーケティング，マネジメントなどに関するコンサルティングサービスを提供し，またベンチャーキャピタルの紹介などビ

## 図11　新技術モデル

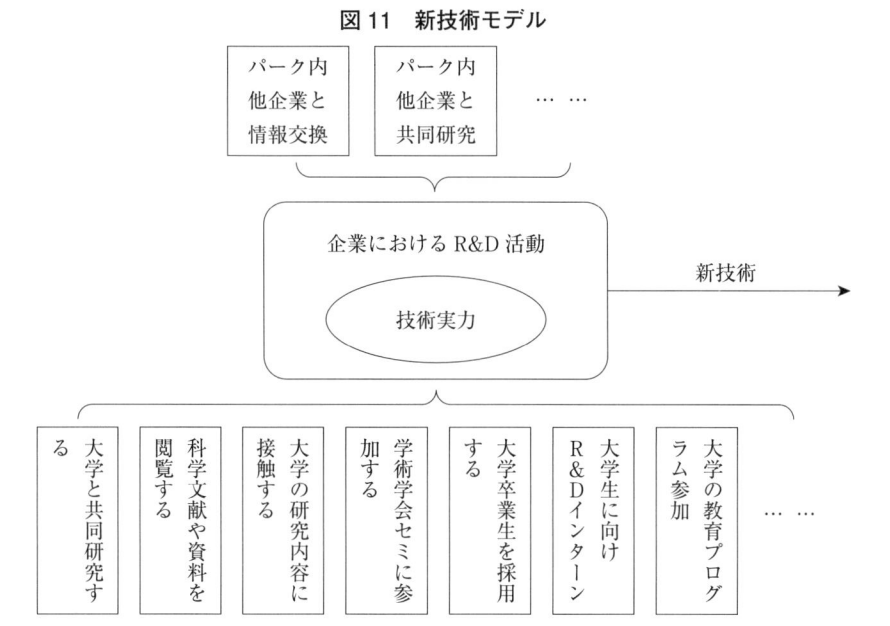

```
        ┌──────────┐ ┌──────────┐
        │パーク内   │ │パーク内   │
        │他企業と   │ │他企業と   │   ……
        │情報交換   │ │共同研究   │
        └────┬─────┘ └────┬─────┘
             └──────┬──────┘
          ┌─────────▼──────────┐
          │ 企業におけるR&D活動 │
          │   ┌──────────┐     │──────→ 新技術
          │   │ 技術実力 │     │
          │   └──────────┘     │
          └─────────┬──────────┘
```

（下部の箱、右から左）大学の教育プログラム参加／大学生に向けR&Dインターン／大学卒業生を採用する／学術学会セミに参加する／大学の研究内容に接触する／科学文献や資料を閲覧する／大学と共同研究する／……

ジネスネットワーク構築のサポートを行っている。従って，ベンチャー企業が技術をベースにビジネスを構築し，最終的にビジネスパフォーマンスにつなげていくための要因について分析を行うことも重要である。ここでの企業内部要因として重要なのは，企業における技術的な優位性と並んで企業経営者の質である。技術型ベンチャー企業の経営者は企業の成長において重要な役割があり，企業経営者が市場トレンドをよく捕らえるからこそ，サイエンスパークが提供する資源と環境をうまく利用して，企業の長期的な成長を維持できる（図12）（Almus & Nerlinger, 1999）。

　これらの企業のパフォーマンス（例えば企業成長率）に影響を及ぼす内部要因と外部要因について整理すると以下のような分析モデルを描くことができる。

　サイエンスパーク入居企業に対するアンケート調査データを用いて，この2つの分析モデルの推計を行った。実証分析にあたっては，新技術モデルに

図 12　企業成長モデル

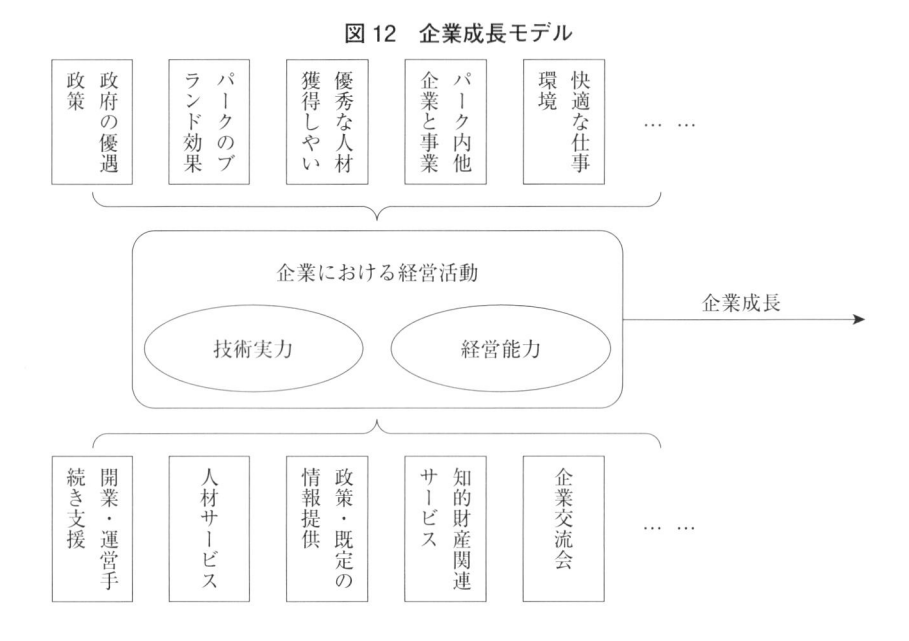

```
政府の優遇政策   パークのブランド効果   優秀な人材獲得しやすい   パーク内他企業と事業   環境   快適な仕事   ……
```

企業における経営活動
　技術実力　　経営能力　　→ 企業成長

```
開業・運営手続き支援   人材サービス   政策・既定の情報提供   知的財産関連サービス   企業交流会   ……
```

関する項目（主に産学連携に関する項目）と，企業成長モデルに関する項目（主に，サイエンスパークの環境・サービスに対する項目）の合計 25 のデータについて，それぞれ主成分分析を行って因子を抽出した。因子負荷量に対して Varimax 回転を行い，その有効性に対して Kaiser-Meyer-Olkin 検定と Bartlett 検定を行った。KMO 値が 0.8 より大きければ因子分析の結果が良好であることを示す。ここの KMO 値は 0.801 で，Bartlett 検定の結果，Chi-Square 値が 277.131（degree = 66），p-value が 0.000 で，因子分析の適合性が高い。ここで因子負荷が 0.5 より大きい項目を保留した。最後に大学と共同研究する（JR），大学の研究情報を利用する（RI），大学から人材を吸収する（HR），ネットワーク（NW），マーケティングサポート（MS），支援サービス（SS）など 6 つの因子を抽出した。Cronbach's Alpha 係数は 0.856 で，信頼性は高い（表 13 及び表 14）。

表13 主成分分析結果（新技術モデル）

| 項　目 | Component | | |
|---|---|---|---|
| | 1 | 2 | 3 |
| **大学と共同研究する（JR）** | | | |
| 大学の実験設備を利用 | 0.62 | | |
| 大学の研究員やエンジニアを採用する | 0.72 | | |
| 大学教員を顧問として正式に招聘 | 0.79 | | |
| 出資して大学に委託研究 | 0.76 | | |
| 大学と共同研究 | 0.84 | | |
| **大学の研究情報を利用する（RI）** | | | |
| 科学文献，資料を閲覧 | | 0.62 | |
| 大学の研究内容を獲得 | | 0.74 | |
| 学術学会，セミナーに参加 | | 0.67 | |
| 大学主催の教育プログラムに参加 | | 0.65 | |
| **大学から人材を吸収する（HR）** | | | |
| 個人関係で大学教員と交流 | | | 0.67 |
| 大学生を企業のR&D活動に招く | | | 0.77 |
| 大学卒業生を採用 | | | 0.81 |

## 5.2. 推計結果

　まず，新技術モデルについては，知財の取得状況を被説明変数とすることとした。具体的には，「現在申請中の知的財産権（発明特許権，実用新案権，意匠権，及び著作権）がある」という調査結果によって知財の有無をダミー変数としてProbit法によって回帰分析を行った。推計モデルとしては以下のとおりである。

$$Y = f(IP, JR, RI, HR, NW) \quad \cdots\cdots\cdots\cdots\cdots\cdots 式1$$

　なお，ここで現在所有する知的財産権の数を説明変数として入れているのは，既存の企業の技術ストックをコントロールしたものである。その上で，JR，RI，HR，NWといった外部要因が企業の新技術の開発につながってい

表 14　主成分分析結果（企業成長モデル）

| 項　目 | Component | | |
|---|---|---|---|
| | 1 | 2 | 3 |
| **パーク内他企業とのネットワーク（NW）** | | | |
| 快適な仕事環境 | 0.68 | | |
| サイエンスパーク内企業間情報交流 | 0.82 | | |
| サイエンスパーク内企業間事業展開 | 0.87 | | |
| サイエンスパーク内企業間共同研究 | 0.78 | | |
| **サイエンスパークにおけるマーケティングサポート（MS）** | | | |
| サイエンスパークのブランドが企業イメージ上昇させる | | 0.64 | |
| 優秀な人材を吸引しやすい | | 0.60 | |
| 企業を宣伝，広告するサービス | | 0.71 | |
| 企業交流会を開催する | | 0.77 | |
| 技術プラットフォームサービス | | 0.78 | |
| **法律・政策・知的財産権・人材採用の支援サービス（SS）** | | | |
| 開業・登録・申請手続き支援 | | | 0.63 |
| 人材採用支援 | | | 0.90 |
| 政策情報の提供 | | | 0.75 |
| 知的財産権に関するサービス | | | 0.68 |

表 15　新技術モデルの Probit 回帰分析

| | Mean | Std. Dev. | z | P |
|---|---|---|---|---|
| Y | 0.367 | 0.486 | | |
| IP | 0.559 | 0.682 | 2.340 | 0.020 |
| JR | 0.000 | 1.000 | 2.070 | 0.038 |
| RI | 0.000 | 1.000 | −0.700 | 0.486 |
| HR | 0.000 | 1.000 | 1.630 | 0.103 |
| NW | 0.001 | 0.999 | −2.220 | 0.027 |

N = 46

Adjusted R2 = 0.29

るかどうかについて分析を行うことを目的としている。

　検証結果については表15のとおりである。まず，企業の既存技術ストック（IP）については正で統計的有意となっている。これに加えて外部要因で統計的有意になったものについては，JR（大学との共同研究）とNW（パーク内における他企業とのネットワーク）である。大学との共同研究については，企業の新技術の創出に対してポジティブな関係が見られた。一方他企業とのネットワークについては負の関係が見られた。これについては，他企業とのネットワークは技術コンサルティングに見られるようなビジネス開発に力を入れている企業で，ビジネスを行う上で知財が重要でないケースが多いのではないかと思われる。つまり，知財の取得という被説明変数が新技術の代理変数として不適切な場合があるということである。しかしながら，現状のデータセットにおいては他に適当な変数が見当たらないことから，この点については今後の検討課題としておきたい。

　次に企業成長モデルの推計結果について述べる。ここでの説明変数は2006年～2008年の従業員の伸び率がプラスの場合は1，マイナスの場合は0というダミー変数を用いた。売上高については，そもそもまだ売上が立っていない企業も多いことによる。説明変数は式1で用いたIPに加えて，NW（サイエンスパーク内の他企業とのネットワーク），MS（サイエンスパーク内におけるマーケティングサービス），SS（サイエンスパーク内における法律サービス，EXは企業の経営者において過去に経営業務の経験があるか否かのダミー変数とする。ここでIPとEXが内部要因，それ以外が図表24の外部要因である，

$$Y = f(IP, NW, MS, SS, EX) \quad \cdots\cdots\cdots\cdots\cdots \text{式2}$$

　式2の検証結果を表16に示す。この分析によると，企業における技術ストック（IP）は新技術の開発に加えて，企業成長にも正で統計的に有意な関係があること，外部要因の中ではマーケティングサービスが企業成長と関係が深いことが分かった。

表16 サイエンスパークが企業パフォーマンスに対する影響のProbit回帰分析

|    | Mean  | Std. Dev. | z      | P     |
|----|-------|-----------|--------|-------|
| Y  | 0.438 | 0.000     |        |       |
| IP | 0.559 | 0.682     | 2.070  | 0.039 |
| NW | 0.001 | 0.999     | −0.080 | 0.934 |
| MS | 0.000 | 1.000     | 2.070  | 0.039 |
| SS | 0.001 | 1.000     | −1.450 | 0.147 |
| EX | 0.813 | 0.394     | 0.710  | 0.477 |

N = 31

Adjusted R2 = 0.27

　このように新技術モデルと企業成長モデルのそれぞれを推計したところ，企業の新技術開発については外部要因として大学との共同研究の影響が強いこと，企業成長についてはサイエンスパーク内におけるマーケティングサポートの影響が強いことが分かった。このようにサイエンスパークに入居する企業のメリットとしては，大学との地理的に近接性があることのメリットが表れており，また，ビジネス開発においてはサイエンスパーク運営会社のマーケティングサービスが重要な役割を果たしていることが分かった。

## 5.3. 入居企業に対するヒヤリング調査

　ここではアンケート調査に対する協力企業のうち2社に対するインタビュー調査を行い，定量的分析からは明らかにできないサイエンスパーク内のイノベーションシステムに関するよりミクロな状況を把握することとした。

**会社A**

　会社Aは2008年初めに清華サイエンスパークに入居した技術型ベンチャー企業で，海外にあるIT系会社の投資によって立ち上げられた。出資会社がこの会社を立ち上げた理由は2つがある。(1) 簡単なhuman-computer interaction 機能を実現できる音声チップに対する市場ニーズが高まってきたという市場トレンドを見極め，ビジネスを展開したい，（2）この技術分野において世界的な先端技術を持っている清華大学との連携関係を生かしたいという点である。

　会社 A の主な商品は音声人形の中の音声チップである。このチップは人間の音声を識別し，そしてそれに対して正しく反応することで簡単な対話ができ，且つ対話内容に応じて表情や体の動きを変えることができる機能を実現できる。主に中国国内の玩具メーカーに向けて開発及び販売を行っている。現在，市場において競争力が高い商品である。また，排気扇の音声コントローラー装置の研究開発や商品製造にもかかわっている。

　チップの市場において，IBM など有力な企業は High-end 市場をしっかりつかんでいる。立ち上げてから時間がまだ短いし，規模が小さい会社 A は戦略的に Low-end 市場を選んだ。R&D においては生産コストの削減に注力している。現在は IBM 社のチップの生産コストの三分の一まで抑えられたそうだ。

　会社 A は規模が小さいベンチャー企業だが，音声チップ分野においては中国国内で先頭を走っている。ライバル企業の商品と比べたら，この会社の商品の競争優位性は，（1）商品開発において清華大学と共同開発するので技術的に先行していることに対して，ライバルの 2 社はイノベーション能力が不足し，自社では研究開発を行わずに海外からチップの直接輸入している，（2）製品の構造面で，会社 A のチップは分離・変更しやいので，迅速に顧客のニーズに合わせることが可能であるが，ライバル 2 社の商品はモジュール化されておらず変更できない，（3）従って，会社 A のリードタイムはライバル 2 社より短い。

　産学連携の状況に関しては，2 カ所と連携している。一つは清華大学の音声チップ研究室である。当該研究室の教授はこの会社に出資（提供）することで，会社の株主の一人になった。教授がリードしている清華大学における R&D チームは会社の技術土台を支えている。また，清華大学の修士卒業生

を社員として採用した。現在は社内の技術に関して中堅的な存在となっている。もう一つの連携相手は国立研究機関である。

知的財産権に対して会社Aの経営者は特許を出願して法律手段を用いて保護する意義は高いと考えている，特許を出願する主な目的は以下のとおり。(1) 自社技術が比較的に高いレベルに達したということを表す，(2) 市場における会社のイメージ向上につながる。

サイエンスパークの環境及びサービスについて会社Aは以下の不足点を指摘した。(1) 清華サイエンスパークというブランドは企業のイメージ向上に影響が小さい，(2) サイエンスパークにおいて企業間の交流が薄い，(3) サイエンスパークのサービスが不足である。手続きの利便さ，人材採用面での支援サービス，政府政策情報提供などのサービスは特に大きなメリットがあると感じられていない。

将来に向けて，会社成長にとって最も大きな障害要因になると考えられるのがマクロ経済の不景気とファイナンス面での悩み，つまり投資資金不足である。

**会社B**

会社Bは中国公的研究機関の卒業者（20代，現在CEO）が起業したベンチャー企業である。

会社Bの商品はNetwork memory用のソフトウェアである。この商品はデータを保存するスピードが同業他社より圧倒的に速いということで，技術の面では世界中にも先行している。主な顧客はテレビ局，空港・道路，病院，エネルギー会社，図書館など大量のデータを圧縮し保存するニーズがある機関である。

ライバル会社からのチャレンジに対して，会社Bは会社Aと同じような「低価戦略」を実施した。

会社Bは特許法などに基づく知的財産の保護に対しては積極的ではない。この会社の商品は100％自社開発しており，清華大学や他大学との連携は

ない。ただし，社長の出身研究機関から人材を採用している。現在，この会社のR&D従業者の多数がその公的研究機関出身である。

サイエンスパークの環境とサービスについて，会社Bの意見は，(1) オフィスの賃貸料が周辺のビルより安い点は良い。これで会社のコスト削減ができた，(2) 清華大学サイエンスパークのブランドが会社のイメージ向上に大きな役割を果たした，(3) 政府政策情報を提供するサービスのクオリティを高める必要がある。

技術者出身の企業経営者は研究開発に注力してきて，技術面の競争力は高まった。ただその一方でマーケティング面での活動が不足しており，今後この点が企業成長のネックになるおそれがある。

このようにビジネスの現場においては，それぞれの企業の強みを生かしながら明確な事業戦略を描いた上でサイエンスパークに位置するメリットを生かしている。このようなに事業の置かれる環境や企業戦略によって，とるべき戦略オプションは異なり，サイエンスパークにおいてはなるべく広い利用者のニーズを押さえておくことが重要であることを示唆している。

## 6. まとめ

本研究は，地域技術と経済の発展を促すモデルとしてのサイエンスパークモデルに関する分析フレームワークを構築し，中国におけるサイエンスパークの一つである清華サイエンスパークを取り上げて実証研究を行った。

分析の方法としては，過去文献や企業に対する予備調査の結果をベースにアンケート調査表を設計して，清華サイエンスパーク内の技術型ベンチャー企業からデータを収集した。主成分分析方法を用いて，企業に影響する6つの要素を抽出した。大学と共同研究する（JR），大学の研究情報を利用する（RI），大学から人材を吸収する（HR），ネットワーク（NW），マーケティングサポート（MS），支援サービス（SS）。これらを用いて，(1) サイエン

スパークが企業の新技術開発に及ぼす影響，(2) サイエンスパークが企業成長に及ぼす影響の2点について分析を行った。その結果，サイエンスパークにおける産学連携が企業の新技術開発に対して正の影響を持ち，マーケティング面でのサポートが企業成長に対して正の影響を持つという結果が得られた。

ここでは中国において最も先端的な取り組みが行われている清華大学サイエンスパークを取り上げて，中国における大学を中心とするイノベーションシステムの現状について分析を行った。この研究成果によって日本企業に対する何らかのインプリケーションは得られたのであろうか？　中国のシリコンバレーといわれる中関村，更にその中心地ともいうべき清華大学サイエンスパークに研究所を設けることについてはどう考えるべきであろうか？

まず，清華大学のサイエンスパークにおけるハイテクベンチャーは，清華大学の研究資源やブランド力に魅力を感じている企業が集まってきており，企業間の交流といった横のつながりが活発に行われる状況になっていない。つまり中関村においては無数のベンチャー企業が誕生しているが，研究人材の異動やベンチャーキャピタルの情報交流などのネットワーク活動が盛んに行われている米国のシリコンバレーの状況とまったく異なる。その大きな原因は中国においてはVCなどのベンチャーファイナンス環境が未整備であることの影響が大きい。ただし，清華大学のサイエンスパークに拠点を置くことで顧客開拓などのマーケティング面での効果が表れている企業が多いことは注目に値する。

日本のイノベーションシステムは，大企業が中心の自前主義が特徴といわれてきた。競争力のある大企業が自社研究所を持ち，基礎的な研究から製品開発までを自社リソースによって行う一方で，大学や公的研究機関との連携には消極的であった。ただ，最近は国際的なイノベーション競争の激化によって，製品開発スピードの上昇が重要になっている。また画期的な商品を開発するための研究開発コストが上昇する中，研究開発に関するアライアンスの動きが活発化している。このようなネットワーク型へのイノベーションシ

ステムへ移行する過程においては，競争力をつけつつある中国の企業や大学，研究機関との連携も念頭に入れた戦略を構築すべきである。

　清華大学のサイエンスパークに進出することによって，日本企業によってアライアンスを組むことに値するベンチャー企業が見つけられるかどうかについては疑問がある。ただし，ITや環境分野といった先端的領域において，中国におけるマーケットトレンドのヒントが得られることは期待できる。また，清華大学との共同研究を進める場合には有益な拠点として機能することが期待できる。最後に中国のイノベーションシステムは日本では想像できないスピードで変化している。その意味では清華大学サイエンスパークは自律的なイノベーションクラスターが形成される萌芽期にある可能性もある。また，中関村は中国におけるイノベーションシステムのホットスポットであり続けることは間違いない。従って，日本企業としてもこの場所に少なくともセンサー機能は設けながら必要に応じて迅速に投資ができる体制を整えておくことは必要といえよう。

注

（＊）本章は，金玲・元橋一之「中国サイエンスパークにおけるイノベーションシステム：清華大学科技園に関する事例研究」（IAM Discussion Paper Series #010）をベースに加筆修正したものである。

参考文献

金玲・元橋一之（2009），「中国サイエンスパークにおけるイノベーションシステム：清華大学科技園に関する事例研究」，IAM Discussion Paper Series #010, 2009年10月。

Almus, M., & Nerlinger, E. (1999), Growth of new technology-based firms: Which facter matter? Small Business Economics, 13, pp. 141-154.

Ferguson, R., & Olofsson, C. (2004), Science Parks and the Development of NTBFs- Location, Survival and Growth, The Journal of Technology Transfer, 29 (1), pp. 5-17.

Monck, C. (1988), Science parks and the growth of high technology firms, London: Croom Helm.

Motohashi, K. (2005), University-industry collaborations in Japan: The role of new technology-based firms in transforming the National Innovation System, Research Policy, 34 (5), June 2005, pp. 583-594.

OECD (2006), OECD Oslo Manual, OECD, France, Paris.

Siegel, D. S., Westhead, P., & Wright, M. (2003), Assessing the impact of university science parks on research productivity: exploratory firm-level evidence from the United Kingdom, International Journal of Industrial Organization, 21 (9), pp. 1357-1369.

Sung, K. T., Gibson, V. D., & Kang, S. B. (2003), Characteristics of technology transfer in business ventures: the case of Daejeon, Korea, Technological Forecasing and Social Change, 70, pp. 449-466.

Vedovello, C. (1997), Science parks and university-industry interaction: geographical proximity between the agents as a driving force, Technovation, pp. 491-502.

Yang, H. C., Motohashi, K., & Chen, R. J. (2008), Are new technology-based firms located on science parks really more innovative? Evidence from Taiwan, Research Policy.

# 第3章

# 新興国市場開拓に向けた日本企業の課題と戦略⑴

新宅 純二郎

　新興国市場はいまや巨大なマーケットになりうる成長市場である。しかし，日本企業は高い技術力を持っていると言われながら，新興国市場で成功している例は少ない。その原因として日本製品のいわゆる「過剰品質」問題がしばしば指摘される。これは製品が市場の要求に適合していない状態で，イノベーターのジレンマと同様の状況であると理解することができる。この問題に対する対処方法として，(1) 品質を現地の要求レベルに下げることによる低価格化，(2) 品質格差の実態を買い手に理解してもらうための品質の見える化，(3) 現地市場ニーズに適合した製品の開発，の3つの戦略を示す。3つの戦略に共通して重要な点は，現地市場に対する理解と商品企画を起点とした製品作りである。

## 1. 新興国市場開拓における課題

### 1.1. 新興国中間層市場への対応

　2008年秋以降の欧米を初めとした先進国市場の冷え込みの中で，新興国市場の存在に改めて注目が集まっている。日本企業に対しても，以前から成長の見込めるBRICsなど新興国市場への取り組みの重要性が指摘されてき

た。日本企業にとって，先進国市場から新興国市場への軸足の転換が，リーマン・ショックで加速されたと言えよう。欧米では，新興国市場の最下層，つまりBOP（Base of Pyramid）をターゲットとして先進国企業がどのような戦略をとるべきかといった議論もある。例えば，London & Hart（2004）は，欧米企業24社の事例研究をベースにして，BOP市場で成功するには，提携する現地のパートナー企業を見直した上で，既存の製品サービスを流用せずに新たに顧客ソリューションを開発することが重要であると指摘している。

　このようなBOP市場攻略についての研究成果は，先進国企業が新興国市場を開拓するための戦略を考える上で示唆深い。ただし，日本の製造業が家電や自動車などの耐久消費財を売ろうと考えた場合にターゲットになるのは，BOPと言われるよりも上位である中間層市場であろう。経済産業省「2009年版ものづくり白書」によると，BRICsの中間層市場は，2002年の2.5億人から2007年には6.3億人（中国2.7億人，インド1.4億人，ロシア1億人，ブラジル1.2億人）に増加しているという。このように急成長する新興国中間層市場に日本企業が入り込もうとしたとき，どのような問題に直面しているだろうか。

　図1は，日本企業の発展プロセスを市場との関係でまとめたものである。戦後，日本の製造業は，まず日本市場をベースにしてものづくりを展開した。その後，アメリカなど先進国市場に輸出を開始した。そのとき，多くの日本企業は，品質が低くて欧米の下層市場でしか競争できないという問題に直面した。例えば，ホンダがアメリカで最初に販売した大型オートバイはリコールで回収しなければならなかった。自動車各社も，中古車購買層など下位市場から浸透していった。コピー機も，小型低速機から進出した。その後，日本企業各社は，コストを上げないようにして品質の向上につとめ，徐々に欧米の上位市場へ製品を移行していったのは周知のとおりである。つまり，日本企業のこれまでの発展は，コスト上昇を最小限に抑えながら製品市場で上方へと移行するプロセスをたどってきた。

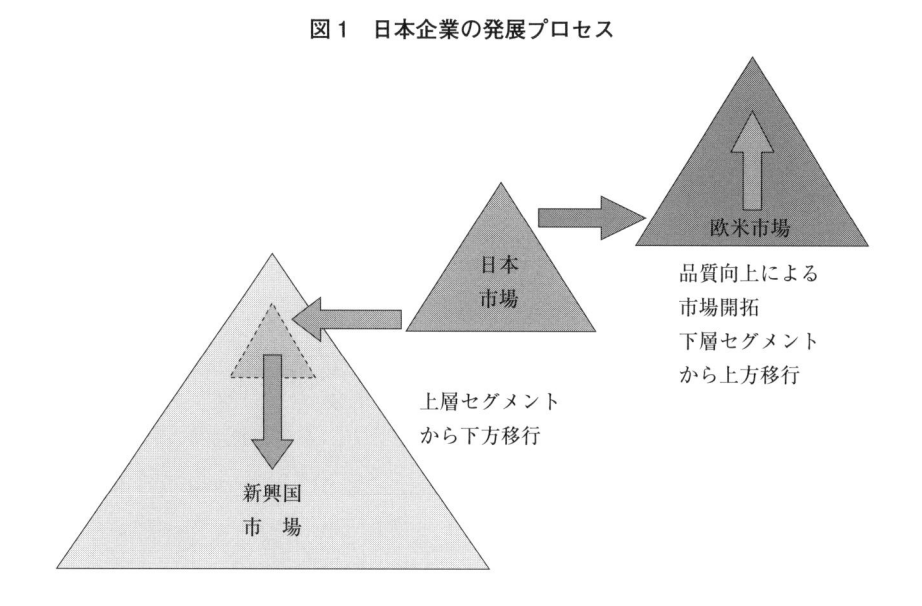

第 3 章　新興国市場開拓に向けた日本企業の課題と戦略　81

**図 1　日本企業の発展プロセス**

欧米市場
品質向上による
市場開拓
下層セグメント
から上方移行

日本
市場

上層セグメント
から下方移行

新興国
市　場

　しかし，現在の新興国市場開拓で直面しているのは，現在よりも下位の市場に対応しなければならない状況である。日本企業にとって，はじめて下位市場への戦略を本格的に迫られていると言える。中国など新興国市場，とりわけ中間層市場において，しばしば指摘される問題は次の 3 つのようなものである。第一に，過剰品質で価格が高すぎる，第二に，いくら良い製品を作っていてもその製品の良さが理解されない，第三に，そもそも製品の仕様が現地のニーズからずれている。どのようにして，このような問題を克服するかが日本企業の課題になっている。

## 1．2．製造業の競争力

　新興国市場でなかなかうまくいかない日本企業の製品を見ていると，必ずしもその製品自体が悪いからだとは思えない例が多い。日本企業の技術力やものづくり能力は依然として高い。日本企業の成果が低いのは，技術力やものづくり能力を活かしたビジネスモデルや，ものづくりの価値を販売やマー

ケティングを通じて，顧客の価値に転換していく活動が不足していることにあると思われる。

　図2は，製造業の収益力を決める要因「表の競争力」「裏の競争力」「ものづくり組織能力」の3階層で捉えようという枠組みである。企業の収益力が高いのは，第一義的には顧客の目に見える価格，性能，納期，ブランド等によるものである。これらの市場で目に見えるものを我々は「表の競争力」と呼ぶ。しかし，その背後にある工場や企業内にあり顧客の目には見えない「裏の競争力」が，顧客の目に見える「表の競争力」に影響を与えている。「裏の競争力」とは，生産性，コスト，リードタイム等である。顧客が製品やサービスの価値を判断するときに，裏の競争力の指標は直接的には関係ない。しかし，企業にとっては，表の競争力指標を上げるために欠かせないのが，裏の競争力である。コストが低いから競争相手より低い価格付けが可能になったり，生産リードタイムが短いから顧客満足度を高めることができたり，開発リードタイムが短いから，顧客のニーズにあった製品をタイムリーに市場に出すことができたりする。さらに，裏の競争力の背後には「組織能力」がある。同じ産業の中で，なぜ特定の企業（例えばトヨタ）が，他社よりも高い生産性を維持できるのか，コスト改善を継続できるのか，新しい環境への適応が早いのか，といった疑問に答えるのが組織能力の存在である。

　高い組織能力が高い裏の競争力を生み出し，それが高い表の競争力につながり，結果として顧客に支持されて高い収益につながるというのが，図2で考える競争力構築と維持の道筋である。自動車産業など，多くの日本の製造業ではこの道筋が共有されてきたと思われる。このように，組織能力や裏の競争力を高めあう競争を藤本（2003）は「能力構築競争」と呼んだ。

　しかし，企業が保有している優れた技術力やものづくり能力が，市場での競争力につながっていないことがあり，そのような企業では，現場の競争力が表の競争力や収益力に直結するわけではない。必ずしも裏の競争力や現場力が比較的高いとは言えない企業が世界市場で高いシェアを獲得し，あるいはその逆に，高い現場力を持ちながら世界市場で競争力を持ちえない企業が

## 図2　製造業の収益力について階層的理解

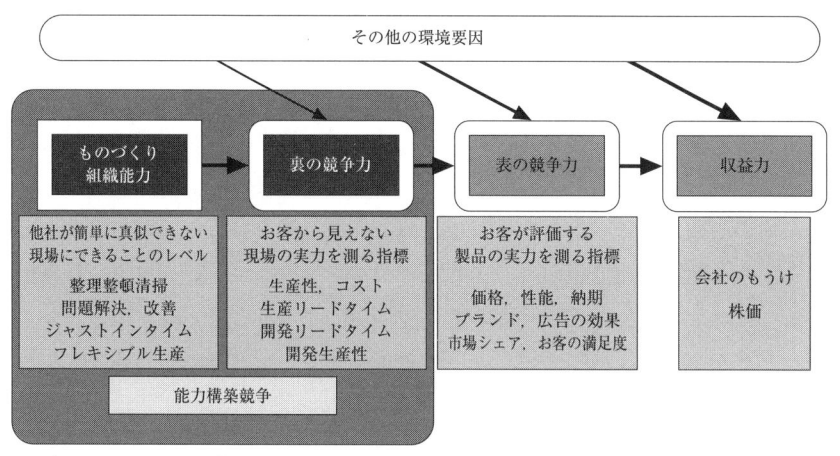

```
                        その他の環境要因
         ┌──────────────────────────────────────────┐
         ↓              ↓              ↓              ↓

┌──────────────────────────────────────┐  ┌──────────────┐  ┌──────────────┐
│ ┌──────────┐    ┌──────────┐         │  │  表の競争力   │  │    収益力    │
│ │ ものづくり │ →  │ 裏の競争力 │         │  │              │  │              │
│ │ 組織能力  │    │          │         │  │              │  │              │
│ └──────────┘    └──────────┘         │  │              │  │              │
│ 他社が簡単に真似できない  お客から見えない    │  │ お客が評価する │  │              │
│ 現場にできることのレベル  現場の実力を測る指標  │  │ 製品の実力を測る指標│  │              │
│ 整理整頓清掃          生産性, コスト      │  │ 価格, 性能, 納期│  │ 会社のもうけ  │
│ 問題解決, 改善        生産リードタイム    │  │ ブランド, 広告の効果│  │ 株価         │
│ ジャストインタイム     開発リードタイム    │  │ 市場シェア, お客の満足度│  │              │
│ フレキシブル生産      開発生産性         │  │              │  │              │
│         ┌──────────────┐              │  │              │  │              │
│         │  能力構築競争  │              │  │              │  │              │
│         └──────────────┘              │  │              │  │              │
└──────────────────────────────────────┘  └──────────────┘  └──────────────┘
```

出所）藤本隆宏ほか『ものづくり経営学』光文社新書，図 1-1-2, 26 頁．

存在する。いくら「裏の競争力」やその背後にある「組織能力」が高くても，それから生み出される「表の競争力」がターゲットとする市場にとって魅力的になっていなければ成果にはつながらない。市場にとって魅力的な表の競争力は何かを特定し，それを顧客に訴求していくのが，販売マーケティング活動である。いわば，裏の競争力から左は設計・生産の現場の領域，表の競争力から右は販売部門の領域である。本来，これらが一貫した流れとして一気通貫で流れていることが望ましいが，設計，生産，販売といった部門の壁で流れが遮断されてしまうことが起きる。そうすると，高い組織能力が成果に結びつかなくなる。設計が日本，生産がタイ，販売がインドといったように，地理的に分散してしまうとますます部門間の連携がとれなくなることが多い。新興国市場に取り組む日本企業の多くは，開発設計は日本に残していることが多く，それが現地の販売現場と離れていることが大きな問題になっている。

## 1.3. イノベーターのジレンマ

　実は，このような日本企業が抱えている問題は，ハーバード大学のクリステンセン教授が指摘した「イノベーターのジレンマ」と同類の問題として理解することができる。クリステンセンは『イノベーターのジレンマ』(1997)で,「なぜ優れたリーダー企業がイノベーションに失敗するのか？　リーダー企業が失敗するイノベーションはどのような特徴を持っているのか？」という問題の解明に取り組んだ。それまでのイノベーション研究では，技術的な新奇性や非連続性がリーダー企業失敗の原因であると言われてきた。しかし，クリステンセンは「市場」という視点からその失敗を説明した。

　彼の議論は，急速に進化してきたハードディスクドライブ (HDD) 産業の調査をベースにしている。クリステンセンの結論を端的に言うと，「リーダー企業が失敗するのは，従来の大手顧客の要望だけに効率的に応えられるようになり，新規顧客の要望を見逃してしまうからである」という主張である。リーダー企業にとって，従来の顧客により適合することがこれまでの成功要因であるとともに，それが同時に新しい顧客に適合できない失敗要因になっているという点が，「イノベーターのジレンマ」と呼ぶ所以である。

　例えば1970年代，HDDはメインフレーム（汎用大型コンピュータ）での使用が主流だった。メインフレームの顧客がHDDに求める要望は「記録容量」や「処理速度」,「信頼性」であった。そのためHDDのリーダー企業は，競争力を高めるために，容量や処理速度，そして信頼性を上げるための技術，製品，生産現場に精力的に投資して成功してきた。しかし，その後ディスクサイズの小さな小型のHDDが登場した。ディスクサイズが小さくなると，当然，記録容量も小さくなるので，既存の大手顧客であるメインフレーム・メーカーは見向きもしない。小型HDDはメインフレームに比べたら圧倒的な下位市場にあたるパソコン市場でまず浸透していった。パソコンメーカーから要求されるHDDの性能は，メインフレームとは異なった。「小型」や「低価格」，またノートPCの場合には「省電力」といった要素が重

要であった。

　新規に参入した小型HDDメーカーは，こうした新しい要望を満たすべく製品開発とイノベーションに邁進した。しかし，メインフレーム・メーカーが主要顧客であった既存のリーダー企業は，その種のイノベーションに資源をさかなかった。小型にすることの価値，耐久性を落としてまで安くすることの価値を見いだせなかったのである。

　日本の製造業も，新興国市場を眼前にして同様のイノベーターのジレンマに直面しているのではないだろうか。図1のように，これまで先進国市場で成功してきた日本企業は高質，高信頼性を実現するために裏の競争力を高めきた。そうして，長い時間をかけて，先進国市場で，その企業のブランドに対する信頼感やブランド価値を高めてきた。これは決して一朝一夕に達成できるものではなく，その企業にとって極めて重要な資産である。しかし，先進国市場とは異なる要求を持つ新興国市場を前にして，その見直しを迫られているのである。

## 2. 過剰品質の分析フレームワーク

　中国企業の製品は，価格は安いが品質面で多くの問題を抱えているケースが多い。しかし，その中国市場で日本製品に対しては，品質は高いかもしれないが，価格が高すぎるという中国製品とは対照的な評価と，逆の問題を指摘されることがよくある。それは新興国市場における日本製品に共通した問題であり，しばしば「過剰品質」の問題として指摘される。つまり，日本製品は現地市場で求められる品質レベルよりも高すぎる品質を提供しており，それが高価格の原因になっているという問題である。

　例えば，記録用光ディスクであるCD-R市場で，その典型例が見られる。CD-R市場は1990年代に入ってから立ち上がった。このディスクの規格を提唱したのはソニーで，ディスクの基礎材料（色素）を開発して製造方法を確立したのは太陽誘電であった。市場草創期は日本企業がほぼ100％のシェ

アを持っていたが，市場は音楽用CDのマスターCD作成用など特殊用途のニッチ市場に限られていた。その市場規模は限定的だったが，高価格を維持できた。日本企業の独壇場であり，参入企業は20数社にのぼった。その後，1997年頃からパソコンにCD-Rドライブが搭載されるようになることで，市場は一気に急拡大した。世界の生産量は急増し，いまや年間100億枚以上のCD-Rディスクが生産販売されるようになった。磁気テープやフロッピー・ディスクといった過去の記録メディアと比べて，圧倒的に大規模な市場を形成したのがCD-Rである。

しかし，その成長期において，日本企業の生産量はほとんど伸びず，代わってその成長を牽引したのは台湾企業であった。また，2001年以降はインドの生産も伸びてきた。価格の推移を見てみると，台湾企業がCD-R市場に参入した1997年以降，1年で3分の1くらいに価格が急激に下落していった。そのような急速な価格下落で，赤字に転落した多くの日本企業は，事業の抜本的な見直しを迫られ，多くの日本企業が生産から撤退していった。ブランド力を持たない日本企業は事業から撤退し，TDK，日立マクセル，三菱化学バーベンタムといった強いブランドを持つ日本企業は，生産を台湾企業からのOEM調達に切り替えていった。

生産を伸ばした台湾企業は自社ブランドではあまり強くなく，多くが先進国企業へのOEM供給になっている。台湾企業は日本企業向けにOEMでディスクを供給しているが，ディスク生産のための基礎材料（色素，ポリカーボネイトなど），製造設備（成形機など），製造レシピを自ら開発する能力はなかった。そこで，調達元の日本企業がそれらを調達先の台湾企業に色素やレシピを有料で提供し，品質管理も徹底して監査している。台湾企業は日本企業の指導を受けながら，CD-Rを作っているのである。

その台湾企業は日本企業だけでなく，IMATIONなど欧米系企業にも供給している。しかし，欧米企業で光ディスクの研究開発を手がけているところはほとんどないので，台湾企業からのODM調達になる。つまり，日本企業のように材料やレシピを指定するのではなく，台湾企業から提案された試

作品を評価して，価格交渉をして購買するだけである。つまり，台湾企業にとって，日本企業の厳しい品質管理のもとにある日本企業向け供給と，自社の判断で生産販売している自社ブランド販売と，欧米向け ODM 供給の 2 つのビジネスがある。

　台湾の大手ディスク企業のエンジニアに対するヒアリング調査によると，前者の日本企業向け OEM では日本企業から指定された材料，レシピ，品質管理項目を 100％遵守して製造するが，後者の欧米向け ODM では品質管理のレベルを落としている。おおざっぱな感覚であるが，日本向け品質管理項目が 100 だとすると，自社ブランドや欧米向け ODM 商品は，約 20〜30 のレベルであるという。具体的には，使用する色素の量を節約したり，スタンパーの使用回数を増やしたりしているらしい。そうやって品質レベルを犠牲にすることで低価格にしているという。

　彼らに言わせれば，日本向けの製品は過剰品質である。品質と価格は一般的に右上がりの関係にあり，日本向けの製品は品質は良いが，価格も高くならざるをえない。彼らが言うには，世界の一般的な客はこんなに高い品質を求めておらず，品質を多少犠牲にしても，価格を安くする方が喜ばれるとのことである。一方，技術力のない台湾の中小企業や中国企業の製品は，品質が低すぎて粗悪品である。過剰品質の日本製品も，過小品質の中国製品も特殊な小さな市場しか獲得できず，中レベルの品質・価格の製品が「適正品質」で，最も大きな売上げを実現できる。これが台湾企業の品質に対する考え方である。

　このような考え方は，品質と価格に対する合理的な捉え方であろう。しかし，適正品質のレベルは一義的には決まらない。どの品質・価格レベルを支持するかは市場によって異なる。CD-R でも日本市場ではいまだに日本ブランドの製品，いわゆる過剰品質といわれた製品が売れている。これは日本市場においては高品質・高価格の製品が適正品質であるということを意味している。海外で高いシェアを誇っているサムスン電子の製品が，日本ではいっこうに売れない理由の 1 つには，このような日本市場の特性が影響している

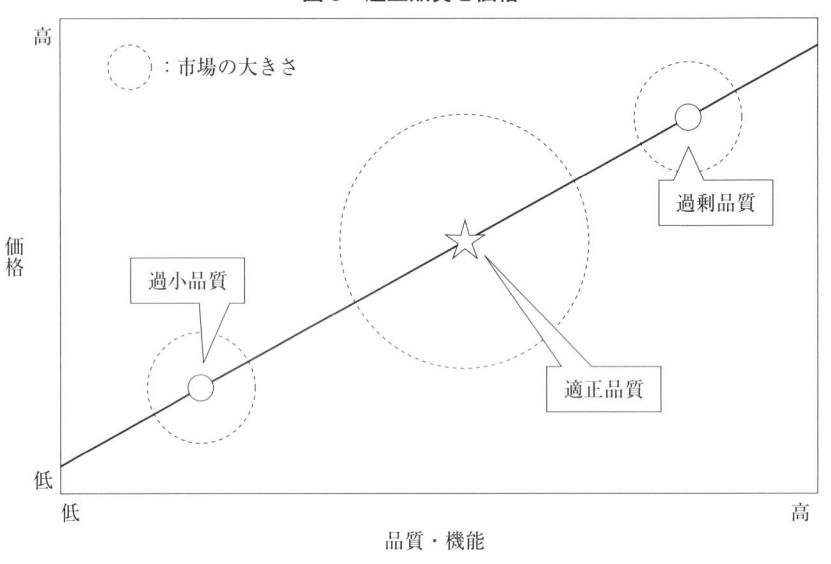

図3　適正品質と価格

（図：縦軸「価格（低→高）」、横軸「品質・機能（低→高）」。右上がりの直線上に、左下「過小品質」、中央「適正品質」（☆印）、右上「過剰品質」の3点が配置され、それぞれの周囲に点線の円（市場の大きさ）が描かれている。凡例：点線円＝市場の大きさ）

のかもしれない。

　同じ製品であっても，市場によって売れ筋が変わってくるのは，各市場での選好の分布が異なるからである。同じ製品であっても，選好が価格重視の消費者と品質・機能重視の消費者がいる。価格重視の消費者は品質・機能より価格を重視するので，台湾企業が出すような製品を選択する。逆に，品質・機能重視の消費者は日本企業の製品を選択する。日本市場では後者の消費者の比率が高いので，日本製品が売れ筋になり，中国市場ではその比率が小さいので，台湾製品が売れ筋になる。同様に，同じ液晶パネルでも，機能重視の大型テレビ市場では日本製品が，価格重視のパソコン市場では台湾製品が売れ筋になる。このように，同種類の製品であっても，国や地域，あるいは市場セグメントによって，売れ筋製品のあり方は異なってくる。ここでは売れ筋製品の品質―価格の組み合わせを，「適正品質」と呼ぶ。

　このような考え方を図示したのが図3である。次節以降では，このようなフレームワークを使って，日本企業が新興国市場を開拓するために必要な製

品戦略について提言していきたい。

## 3. 新興国市場開拓に必要な3つの製品戦略

### 3.1. 品質・機能を見切った低価格製品の投入

①トップダウンの戦略転換

ベトナムのオートバイ市場における中国製品の流入

　まず，ベトナムのオートバイ市場を例に見よう。ベトナムではオートバイが庶民の足になっており，ハノイやホーチミンなどに行くと，道路がオートバイであふれている。1990年代末頃は年間50万台ほどの市場だったが，2000年から一気に200万台レベルに市場規模が拡大し，2003年には再び100万台レベルに落ち込んだ。この市場の急激な変化もたらした原因は，中国製のオートバイにある。

　中国のオートバイ市場では，ホンダのコピーモデルから発展した中国企業が市場を席巻したため，ホンダは5％足らずのシェアに甘んじていた。しかし，中国企業も国内の価格競争に苦しみ，その出口をASEAN市場に向けてきた。まず中国企業のターゲットになったのがベトナム市場であった。2000年から低価格（低品質）の中国製オートバイが流入し，さらにベトナムでノックダウン生産された中国オートバイがベトナム市場で氾濫しだした。中国製オートバイのベトナム参入は，巨大な中国市場を失っていたホンダにとって，ASEAN市場をも失いかねない大きな脅威であった。

　従来，ホンダはASEAN市場では支配的地位にあり，ベトナム市場でも20～30％のシェアを誇っていた。ベトナムを含めてASEAN市場におけるホンダの主力製品はスーパーカブであった。約50年前に本田宗一郎が設計した長寿製品であるスーパーカブは，日本で20万円程度の価格であるが，ベトナムでも同等の約2,000ドルの高価格で販売されていた。ベトナム人にとってはたいへん高価な製品であった。

そのベトナム市場に500～700ドルの中国製オートバイが流入してきた。価格が1/3～1/4になれば，今まで1台しか買えなかった家族が3～4台買えるようになる。ベトナム人の所得が急増しなくても，市場規模は一気に3～4倍の200万台になった（図4参照）。

**ホンダの低価格製品投入**[2]

これに対抗して，ホンダは価格を半分にする計画を立てた。そのために，大幅なコスト削減に取り組んだ。1,000ドルのオートバイを企画したのである。その実現のために，中国製やASEAN製の安い部品の採用を検討し，設計も大幅に見直していった。しかし，現地部品を利用するまでの苦労は多く，当初は採用できない部品も多かった。他の製造業と同様に，ホンダでも社内で設計基準が定められており，その基準を満たせない部品は採用できない。ホンダ基準を満たす部品を採用するだけではとても1,000ドルに手が届かない。中国製部品の品質レベルが上がればいいのだが，簡単には上がらず，それを待っていては市場投入にとても間に合わない。そうなると，市場を中国製品に席巻されてしまう。

そこで，ホンダは商品企画から見直して目標性能の改訂に手をつけた。商品企画として，ベトナムのユーザーに求められる性能を見直した。ベースはタイで販売していたWave 100と同機種だが，ベトナムは都市のバイク渋滞がひどく，バイクの速度を上げることは少ないため，時速80km以上の性能を求めないことにした。目標性能を下げれば，部品採用の設計基準も下がる。設計基準は通常は上げられることはあっても，下げることはめったにない。基準を下げることは，安全性や耐久性を損なうものであり，その会社のブランド価値を毀損してしまう危険性をはらんでいる。したがって，少しでも良いものを設計したいという欲求を持っている現場のエンジニアが，安全性や耐久性を損なうリスクを冒すような設計基準を下げることは通常ない。このような企業全体のブランド価値を左右する意思決定を行なえるのは，現地法人の社長ではなく，本社の社長である。設計基準を徐々に上げていくこ

## 図4 ベトナムオートバイ市場

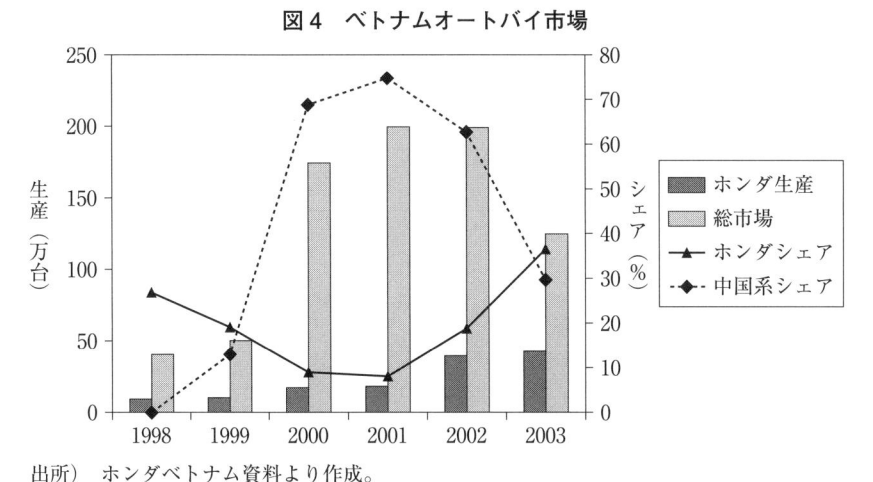

出所）ホンダベトナム資料より作成。

とは，現場エンジニアの創意工夫により，ボトムアップで実現できる。しかし，逆に設計基準を下げることは，エンジニアリングとしては難しくないが，高度な経営問題であるため，トップダウンでしか実現しにくいだろう。

こうしてホンダが2002年1月に発売したのが，1,090ドルのWave αであった。この製品投入によって中国製オートバイとの価格差は一気に縮まった。また，すでに市場に氾濫していた中国製オートバイが，頻繁に故障を起こしたため，ベトナムの消費者もその品質に懸念を持つようになっていた。ベトナム政府もその規制に乗り出した。その結果，市場投入とともにWave αはヒットし，2003年には中国製オートバイの販売は急落した。

以上のようなホンダの事例を，2.のフレームワークで図示すると，図5のようになる。通常，日本企業でコスト削減という場合，品質・機能を下げずにコストを下げようとする。しかし，それだけではとても大きな価格差を縮めることができない。そのような場合には，「商品企画と目標性能・機能の見直し→低コスト部品の採用→大幅な価格低下」という手順を踏むことになろう。

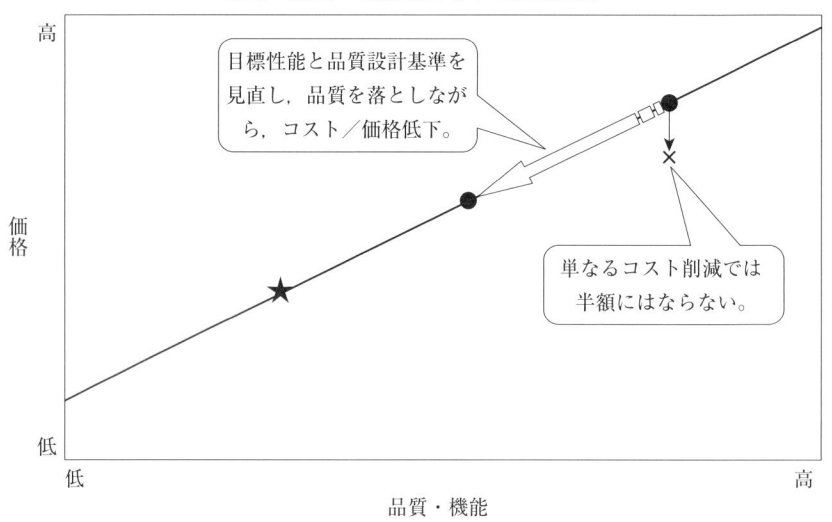

**図5 品質・機能を見切った低価格化**

```
価格
高│                                              ●
  │                    目標性能と品質設計基準を
  │                    見直し，品質を落としなが  ×
  │                    ら，コスト／価格低下。
  │                               ●
  │                                    単なるコスト削減では
  │         ★                          半額にはならない。
  │
低│
  └─────────────────────────────
   低         品質・機能              高
```

### ②品質は顧客が決める—サムスン電子の品質思想

　サムスン電子は品質に関して，いままで述べてきたような内容を反映させた考え方を持っている。まず基本的な前提として，「品質は顧客が決めるものであり，メーカーが勝手に決めるものではない」という思想がある。さらに，同じ製品でも，顧客は購入価格によって異なる品質を求めていると理解しているという。つまり，同じ製品であっても，所得層によって求める品質レベルは異なる。これを国や地域に当てはめた戦略をとっている。

　具体的には基本設計は同じ製品であっても，販売する市場によって使用する部品を変えている。すなわち，部品をランク分けし，高価格を受容する市場向けには高ランク部品，低価格を好む市場向けには低ランク部品を採用することで，外見は同じ製品でも異なるコスト構造にしている。それによって，インドのような新興国市場には先進国向けと同じように見えるが，低コスト構造の製品を低価格で投入することができる体制を整えているという。

　そのようなサムスン電子が品質管理の指標として活用しているのが，「体

感不良率」である。体感不良率とは総販売台数に占めるクレーム件数の比率である。通常，不良率の分子はクレーム件数ではなく，不良件数である。つまり，不良であっても，それが顧客からのクレームにならなければ，体感不良率は下がらない。顧客が，「この製品は安いから，このくらい壊れても仕方ない」と納得していれば，体感不良率は下がらず，市場に許容されていると判断されるわけである。低価格を志向する市場では，絶対不良率なら10％であっても，体感不良率は5％であるというようなことが起きる。体感不良率を見ることで過剰品質を避けようというのが，サムスン電子の考え方である。日本企業は不良ゼロを目指してきたが，それでは市場による違いに対応できなくなるということを示唆している。

**③徹底した低価格戦略―中国携帯電話におけるノキアの巻き返し**

中国携帯電話市場における近年のノキアの成功も，新興国市場向けに品質を見切った専用モデルを開発投入したことの効果が大きい。中国の携帯電話市場の成長過程で，当初はノキアやモトローラなど海外企業が圧倒的なシェアを持っていた。しかし，2000年頃から中国ローカル企業のシェアが急激に高まり，2003年には50％以上のシェアを獲得するまでになった。

そのときにノキアは高価格帯にシフトするのではなく，低価格帯で徹底的に中国企業と対峙する戦略をとった。それまで携帯電話端末は世界商品であり，全世界市場に向けて製品を開発するのが常識であった。中国などの新興国市場の低価格帯には，先進国市場の1世代前のモデルが投入されることが多かった。ノキアはこの常識を覆し，最初から中国，インドなど新興国市場をターゲットにした低価格モデルを開発した。液晶は白黒，カメラなし，対応周波数帯域も限定，キーのカバーは独立させずに1枚のシートといった具合に，徹底して機能もコストも切り詰めた製品を開発した。

この製品によって，海外企業では例外的にノキアが中国企業からシェアを取り返した。中国市場におけるノキアの価格帯別のシェアを見ると，1,000元以下の最低価格帯で最も高いシェア（40％程度）を獲得している。現在，

「Nokia1200」というモデルが中国の量販店で，全商品中最低価格モデルとして販売されており，2008年8月の上海で280元であった。中国大手企業の商品よりも安い価格である。中国の消費者は安さとともに，ノキアの信頼性とブランドで商品を選んでいるようだ。

### 3.2. 品質差の見える化──新興国での高付加価値戦略

3.1. では低価格品を出す戦略について述べたが，もう一方で高品質・高価格の製品戦略にも目を配る必要があろう。時計の例を見ると，日本の時計メーカーは1970年代のクオーツ化の波をリードして，スイスから世界の時計市場を奪った。さらに，時計のコア部品であるムーブメント販売の事業をはじめ，この分野でも日本企業が世界市場の約70％を押さえている。時計ではインテル・インサイドならぬ「ジャパン・インサイド」が実現されている。

しかし，お膝元である日本のウオッチ市場を見ると，2004年に4,600万個で5,400億円の市場の中で，数量ベースでは4％にすぎないスイス製時計が，金額ベースだと67％にものぼる。日本市場の付加価値はほとんどスイス製に奪われている。1993年の価格をそれぞれ100とすると，2004年に日本製はわずか135にしか達していないのに，スイス製は316に達しており，その差は歴然としている。この間スイス企業が高付加価値化の努力をしたことがわかる。

日本のオートバイ市場でも同様の現象が見られる。世界を制覇した日本のオートバイ産業だが，日本の大型（750cc以上）市場で2000年以降トップシェアを誇っているのはハーレーダビッドソンである。日本のオートバイ市場が1982年をピークに縮小が続く中，ハーレーダビッドソンジャパンは85年以降増収増益を続けている。750cc以上では33.2％でトップシェア（250cc以上でも18.8％で2位），価格は日本製の2倍の200万円以上である。ハーレーダビッドソンジャパンでは，モノでなく，コトを売るという考え方で，各種のイベントを企画し，顧客に提供する付加価値を高めている。

このような状況が先進国では高付加価値戦略，新興国では低価格戦略をとるという二面作戦の有効性を示しているかというと，必ずしもそうではない。新興国市場でも，日本企業は高付加価値戦略で成功する可能性はある。先進国市場にしろ，新興国市場にしろ，高付加価値戦略をとって成功するためには，提供する製品・サービスの価値を顧客に納得してもらう努力が鍵になる。どのような顧客層をターゲットにして，そこに対して自社固有の技術やノウハウに裏打ちされた製品・サービスを作り出し，その価値をマーケティング活動を通して顧客層に訴求していく。これが差別化戦略の基本パターンである。

3.1.では品質3倍でも価格が3倍だと，過剰品質になって売れないという指摘をした。しかし，新興国市場で起きている現象は，すべてが過剰品質であろうか。よく観察してみると，実はそのような現象だけではないことがわかる。現地の消費者は「3倍」の品質差を認識できていないことがよくある。実質的には3倍の品質差があっても，消費者はそれほど大きな差とは思わずに，価格差だけを見て安い商品を選択していることがある。「3倍品質で3倍価格」ではなく，「1.5倍品質で3倍価格」であると認知している。目に見える価格差だけが浮き彫りになり，目に見えない品質差は矮小化されてしまうのである。

2.で挙げたCD-RやDVD-Rでも，実はそのような側面がある。ディスクの耐久性（ディスク寿命：ディスクが読めなくなるまでの時間）を測定してみると，国内ブランドメディア（台湾製も含む）は，差はあっても10年以上の寿命がある。しかし，台湾メーカーが適正品質であると主張した海外ブランドのメディアは，すべてにエラーが著しく計測不能であった。これは，もはや寿命が尽きているということを意味しており，海外ブランドは耐久性が著しく低い。しかし，多くの消費者は，CD-RやDVD-Rは規格品なので，どれも基本的には同じだと思っている。価格の高い製品は，ブランドの価値が上乗せされているだけと認識している場合も多いだろう。

しかし，消費者がそのように認識するのももっともである。日本企業から

図6 品質差の見える化

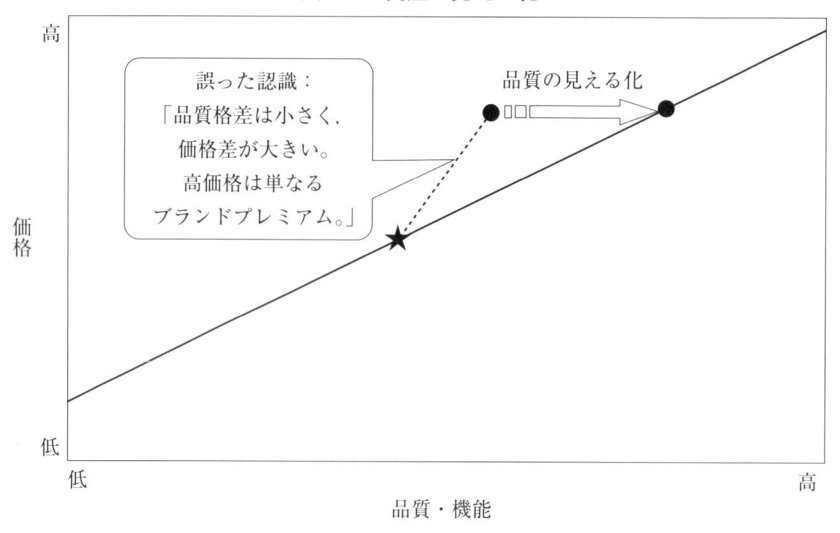

誤った認識：
「品質格差は小さく，
価格差が大きい。
高価格は単なる
ブランドプレミアム。」

品質の見える化

縦軸：価格（低〜高）
横軸：品質・機能（低〜高）

このようなディスク寿命や，その他の品質差についての情報が，消費者に向けて積極的に発信されることはあまりなかった。最近，日本の業界人が中心になって，ディスク寿命を推定する測定方法がISOの国際標準として定められた（ISO/IEC10995）。このような国際標準化は，目に見えない品質差を見える化するための有効な手段である。特定企業の基準では消費者に対する説得力に欠けるので，国際標準の活用が有効である。さらに，これをベースにして，マーケティング活動につなげていくことが重要であろう。

省エネの分野でも同様に，国際標準や国家標準でその差を訴求することが重要である。中国市場で日本製家電製品は長らく苦戦してきた。しかし，最近では中国でも省エネ基準が定められ（1〜5つ星），店頭での表示が義務づけられるようになった。その結果，2008年頃から海外製品のシェアが伸びている。エアコンでは従来，日本製品はインバータ技術で省エネを訴求しようとしたが，低価格でノンインバータの中国製品に勝てなかった。この状況が，省エネ基準表示によって，少しずつ変化しつつある。また，業務用エアコンの分野では，ダイキンが高いシェアを占めている。ダイキンは上海に

「ソリューションセンター」というショールームを作り，その高品質を訴求する努力をしている。

中国の液晶テレビでも少しずつ状況は変わっている。2005年に薄型テレビが普及し始めたときは，またたく間に中国企業が市場を席巻したが，2007年頃から日本製や韓国製のテレビの逆転が始まっている。原因の1つは，売れ筋商品の画面サイズが大型化していることである。画面サイズが大きくなると，比較的小さな画面では目立たなかった画質の差が目立つようになる。大画面化することで，品質差が見える化した例である（図6参照）。

## 3.3. メリハリをつけた現地化商品——差別化軸の転換

第3の戦略はいわゆる現地化商品の開発である。これは差別化軸の転換として言い換えることもできる。日本市場，中国市場，インド市場，それぞれの市場でどのような品質・機能を重視していくかは変わってくる。現地市場が重視する品質・機能軸を高め，現地市場がそれほど重視しない品質・機能軸では若干手を抜く。新興国市場だからといって，すべての機能要求が日本より低いということはない。例えばインドでは自動車泥棒が多いので，防犯のためのメカニズムを強化するためであれば，たとえそれで価格増になっても受け入れられる（朴，2009）。一方，日本の顧客が要求するきめ細かな仕様については，それほど頓着しない面もある。

すなわち，現地市場が気にしない軸では品質レベルを下げてコスト削減し，現地市場が重視する軸はコストをかけても高めていくというのが差別化軸の転換である。それほど価格を上げずに現地市場に差別化商品を投入するには，このような二面戦略が必要である。現地化商品を開発するためには，そのようなメリハリのついた商品開発が必要である。言い換えると，ある軸では前述の第1の戦略，別の軸では第2の戦略を活用するということである（図7参照）。

先進国市場向けの製品から，新興国市場向けの製品に転換するときにこのようなことが必要になる現象は，先に指摘したように，クリステンセンが主

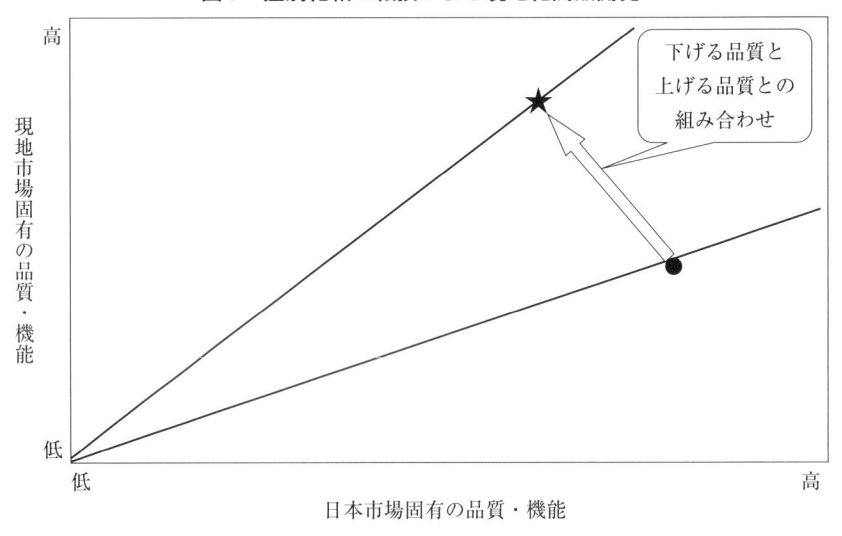

図7　差別化軸の転換による現地化商品開発

縦軸：現地市場固有の品質・機能（低〜高）
横軸：日本市場固有の品質・機能（低〜高）

吹き出し：下げる品質と上げる品質との組み合わせ

張している「イノベーションのジレンマ」と同様のものとして捉えることができる。従来重視してきた価値軸を軽視する一方で，軽視してきた価値軸を重視しなければならないのが，イノベーターのジレンマである。

クリステンセンは顧客層が大きく変わるときに顧客の求める価値が変わり，従来の顧客との価値ネットワークで最も成功してきたリーダー企業は，その価値転換に対応できずに失敗すると主張している。従来の主流市場では評価されない新しい製品技術を「破壊的イノベーション」と呼び，リーダー企業は破壊的イノベーションで失敗するという。

例えば，クリステンセンは自著の中で，ドライブサイズを小さくする価値を横軸に，容量を増大させる価値を縦軸に取って図にプロットし，同じハードディスクドライブでも，ノートPC市場とメインフレーム市場で重視する価値が大きく異なっていることを示している。サイズを小さくすることは，ノートPC市場では正の付加価値だが，メインフレーム市場では負の付加価値になっている。

最近では，日本企業も新興国市場向けの差別化商品を開発しようとして，

様々な取り組みが見られるようになった。一例として，パナソニックが2005年に上海に設立した中国生活研究センターがある。その活動内容は，中国の消費者に対する徹底したフィールド調査を実施して，その情報に基づいて商品企画を提案することである。中国にはインターネットなどからの情報を加工して提供する調査会社は数多くあるが，信頼できるフィールド調査を実施する調査会社は少ない。インターネット調査などからは，生きた情報は手に入らない。そこで，フィールド調査を自らの組織でしっかりやり，日本にいる製品開発部門にフィードバックをかけていこうというのが目的である。日本市場でも，パナソニックが「くらし研究所」，シャープが「生活ソフトセンター」など，同様の機能の組織を持っている。

中国生活研究センターはまだ設立から間もないため，彼らの提案が実際の商品として実現した例はまだ多くない。成功例の1つとしてスリム型冷蔵庫がある。冷蔵庫では従来60cm幅が国際的に標準的であったが，それを55cm幅にした商品である。中国の家庭では冷蔵庫を台所に置かずに居間に置いている例が多い。それについて，「中国人は最新の冷蔵庫を客に見えるように居間に置いているのだ」という言説もあった。しかし，よく調査してみると，中国の一般家庭では台所のドア幅が狭く，60cm幅の冷蔵庫を台所に入れることができなかっただけであった。このサイズ変更を実行しただけで，売上げは10倍にもなったという。

実は台所のドアが狭くて冷蔵庫が入らないという認識は，中国人にとっては当たり前かもしれない。しかし，サイズ変更するには金型などコストのかかる変更が必要になる。また，日本ではわざわざ55cm幅の中途半端な商品を出す価値はない。その価値を日本にいる開発部隊に納得させるために，徹底したフィールド調査データが必要になるのであろう。

現地市場と日本の開発部隊との間の空間的距離，心理的距離をいかに縮めるかが，現地化商品開発を成功させるための1つの鍵になる。パナソニックの生活研究センターは，開発組織は動かさずに解決する1つの方法である。この問題に対するもう1つのアプローチは，開発組織の現地化であろう。イ

ンドのエアコン市場の日立がその成功例である。

　日立はインドのエアコン会社と合弁を設立してインド事業を展開し，現在ではその会社を子会社化している。もともとインド企業であったため，期せずして開発の現地化が実現できた。そこではインド人エンジニアが，日立の技術を利用しながら，インド市場向け商品を開発しているという。その成功商品に自動検知機能付き送風エアコンがある。

　インドやASEAN諸国では日本と異なり，エアコンの冷風が直接感じられなければ，人々はエアコンで冷やされている気がしないという。そこで，インド人エンジニアの発案で，人間の動きを感知するセンサーを付け，人間のいる方向に集中して送風するエアコンを市場投入したところ，好評であったという。このような日本では見られないニーズは，他の家電製品でもある。例えばインドではいまだに停電が多いので，洗濯機を動かしている最中に停電で止まることが多い。通常の洗濯機が停電で止まると，どこまで洗濯が進んだ状態で停止したのかわからない。そこで洗濯機にメモリを付けて，停電した瞬間の洗濯機の状態を記憶させ，停電から回復して洗濯を再開したときに，自動的に続きから始まるようにした。

　また，ある日系メーカーは白物家電製品のASEAN市場開拓のために，タイにタイ人エンジニアからなる設計チームを作った。この会社は，従来は日本の低価格モデルをASEAN市場に投入していたが，売上げも利益も伸びなかった。そこで，日本の高機能モデルを投入する製品戦略の転換を行なった。しかし，日本で開発した高機能モデルでは価格が高すぎる。ASEAN市場向けに低価格の高機能モデルを設計した。基本機能はそのままにして，材料，部品，その他の細かな機能を見直して，現地市場では重視しない部分のコストを削っているという。この見切りが日本人エンジニアでは難しい。現地事情をよく知ったタイ人エンジニアならでは可能になる。その結果，この企業のASEAN事業は急速に収益構造を改善しているという。

## 4. むすび

　現在，深刻な経済危機を打開する鍵として「イノベーション待望論」のような空気が蔓延しつつあるようだ。閉塞状態の中から抜け出すには，画期的なイノベーションで一発大逆転を狙おうという発想は危険である。これは，新興国市場に対しても，技術とイノベーションで勝負すれば良いという考え方にもつながる。新しい市場を開拓するときに，技術力だけでは決して成功しない。

　もう一方で，新興国市場は所得レベルが低いから，とにかく価格を安くすれば良いという発想も危険である。価格低下は，市場開拓の第一歩としては重要だが，価格を下げること自体が重要なのではない。その国の消費者が，何に対してどのくらいの価格を受容できるかが重要である。価格を下げることを目的にして，その市場を理解しようとしなければ，やはり，長期の成功にはつながらないであろう。

　新しいからこそ，その市場をよく理解することが重要である。その上で，技術，製造，販売を統一したビジネスモデルでつなげていくことが求められる。日本企業のものづくり能力を基盤にしながらも，市場からのマーケティング発想を起点にして新興国ビジネスの再構築をはかり，大きな市場獲得につなげられることを期待したい。

注
(1) 本章は，国際協力銀行発行の『国際調査室報』第2号（2009年8月）に掲載された論文を加筆修正したものである。
(2) ホンダのアジア戦略については，天野・新宅（2010）を参照されたい。

参考文献
天野倫文（2007）「インドネシアバイク市場とものづくり」『赤門マネジメント・レビュー』6 (9), 451-458。http://www.gbrc.jp/journal/amr/AMR6-9.html

天野倫文, 新宅純二郎 (2010)「ホンダ二輪事業のASEAN戦略—低価格モデルの投入と製品戦略の革新」『赤門マネジメント・レビュー』9 (11), 783-806。

Christensen, C. (1997). *The Innovator's Dilemma*, HBS Press.

Dawar, N., & Chattopadhyay, A. (2002). Rethinking marketing programs for emerging markets. *Long Range Planning*, 35, 457-474.

Delios, A., & Henisz, W. J. (2000). Japanese firms' investment strategies in emerging economies. *Academy of Management Journal, 43* (3), 305-323.

藤本隆宏 (2003)『能力構築競争』中公新書。

Hart, S. L., & Christensen, C. M. (2002). The great leap: Driving innovation from the base of the pyramid. *Sloan Management Review, 44* (1), 51-56.

Hart, S. L., & Milstein, M. B. (2003). Creating sustainable value. *Academy of Management Executive, 17* (2), 56-69.

Hoskisson, R. E., Eden, L., Lau, C. M., & Wright, M. (2000. Strategy in emerging economies. *Academy of Management Journal, 43* (3), 249-267.

Khanna, T., & Rivkin, J. W. (2001). Estimating the performance effects of business groups in emerging markets. *Strategic Management Journal, 22* (1), 45-74.

London, T., & Hart, S. L. (2004). Reinventing strategies for emerging markets: Beyond the transnational model. *Journal of International Business Studies, 35*, 350-370.

大木清弘, 新宅純二郎 (2009)「ベトナム市場からみる日系電機メーカーの課題と挑戦」『赤門マネジメント・レビュー』8 (7), 417-432。http://www.gbrc.jp/journal/amr/AMR8-7.html

朴英元 (2009)「インド市場で活躍している韓国企業の現地化戦略：現地適応型マーケティングからプレミアム市場の開拓まで」『赤門マネジメント・レビュー』8 (4), 181-210。http://www.gbrc.jp/journal/amr/AMR8-4.html

新宅純二郎, 天野倫文編 (2009)『ものづくりの国際経営戦略：アジアの産業地理学』有斐閣。

新宅純二郎，天野倫文，善本哲夫（2008）「ポーランドへの投資競争と液晶クラスター（前編）」『赤門マネジメント・レビュー』7（5），291-302。http://www.gbrc.jp/journal/amr/AMR7-5.html

新宅純二郎，天野倫文，善本哲夫（2008）「ポーランドへの投資競争と液晶クラスター（後編）」『赤門マネジメント・レビュー』7（6），451-464。http://www.gbrc.jp/journal/amr/AMR7-6.html

高婷，天野倫文，新宅純二郎，善本哲夫（2008）「中国家電市場「三国志」と日本企業―上海の販売マーケティングの現場を訪問して」『赤門マネジメント・レビュー』7（12），893-910。http://www.gbrc.jp/journal/amr/AMR7-12.html

横井克典，善本哲夫，天野倫文（2008）「サンクトペテルブルクからみる西側ロシア市場の性格と供給方法」『赤門マネジメント・レビュー』7（11），841-858。http://www.gbrc.jp/journal/amr/AMR7-11.html

# 第4章

# グローバル市場獲得のための国際標準化とビジネスモデル(*)

立本 博文
小川 紘一
新宅 純二郎

## 1. はじめに

　本章は「標準化」の事業戦略上の意義を明らかにし「標準化を用いて技術イノベーションから収益を得る」ビジネスモデルの構築方法を考察する。

　標準化は産業に大きな影響を与えるため，従来から経営学の中心的な研究対象となっている。研究で扱われている標準化は大きく2つに区分することができる。1つめは企業内標準化である。企業内標準化は企業内に流れる情報を標準化するものであり，現代の大量生産を支えているものである。作業の標準化や社内文書の標準化，さらには意思決定プロセスの標準化も社内標準化に含められる。

　2つめは企業間標準化である。企業間標準化は企業の間でやりとりされる情報を標準化するものである。企業間標準化は，限られた企業間で標準化をするもの（例えば系列取引企業間のみで情報を標準化するもの）と，多くの企業間で幅広く標準化をするもの（産業レベルで情報を標準化するもの）がある。後者を「産業標準（industry-wide standard）」と呼ぶ。産業標準には，寸法・重量などの規格や市場取引で生まれたルール，さらに標準開発機関で定められた規格文書などが含まれる。近年，新しいイノベーションを導

入するために産業標準化を活用するケースが急増し，標準化の戦略的な重要性が急増している。よって本章では，これらの標準の中で「産業標準」に焦点を当てて説明を行う。なお，本章では「産業標準化」という意味で「標準化」という言葉を用いる。

標準化が産業に影響を与えている例を考えてみよう。例えば1990年代に急速に立ち上がった産業を考えると，パソコン産業，デジタル携帯電話産業，DVD産業など，いずれも産業標準が大きく影響を与えている。パソコン産業ではPCIバスやUSBバスなどの各種インターフェース規格，デジタル携帯電話産業ではGSM方式・CDMA方式・PDC方式といった通信方式規格，デジタルコンテンツ産業ではDVD規格が，各製品の速やかな市場形成に大きく貢献している。

これらの例が示すように標準化は巨大なグローバル市場を迅速に形成する機能をもつ。現在「標準化の市場形成機能」を活用したビジネスモデルが重要な役割を演ずるようになっている。このビジネスモデルは1990年代に成立し，多くの産業に影響を与えている。

しかしながら従来の研究では，「なぜ標準化が戦略的に活用されるようになったのか」や「産業標準を用いたビジネスモデルの本質とは何なのか」について焦点を当てたものは少ない。よって本章では，「標準化とは何であるのか」「標準化プロセスの変遷」さらに「標準化を用いたビジネスモデル」について説明する。

本章の構成は以下の通りである。1.の残りでは「オープン化」と「標準化」の関係について整理し，標準化プロセスについて考察を行う。「オープン化」は現代の産業を特徴づける言葉であるが，その解釈は研究によって様々である。本章では「オープン化」が「産業標準化」と同意味であることを指摘する。

2.では，標準化プロセスの変遷について紹介する。標準化は制度（とりわけ独禁法）の影響を大きく受ける。1980年代の制度変更が新しい標準化プ

ロセス（コンセンサス標準化）を生み出したことを指摘する。さらにコンセンサス標準化が従来の標準化プロセス（デファクト標準化，デジュリ標準化）とどのように異なるのかを説明する。

3.では，「標準化がどのような変化を与えるのか」，そして，「どのような国際分業上の変化を導くのか」について説明する。標準化は，部品間のインターフェースの情報を複数企業で共有すること（すなわちオープン化）であり，製品アーキテクチャのオープン化を促す。アーキテクチャのオープン化は分業構造に変化をもたらす。特にインターフェース情報を産業全体で共有するような場合，国際的なレベルで分業構造に変化が生じる。本節ではどのような分業が生じるのかを説明する。

4.では，標準化を用いたビジネスモデルについて議論を行う。標準化は巨大なグローバル市場を形成する。しかしすべての企業がこの市場から収益を上げられるわけではない。標準化を通じたビジネスモデルについて説明をする。

5.では，成功する標準化ビジネスモデルを構築するためのインプリケーションを述べる。

## 1.1.「オープン化」と「標準化」の関係

1990年代に急成長したパソコン産業，デジタル携帯電話産業やDVD産業は，すべて「オープン化」と呼ばれる特徴をもつ。オープン化は，多くの新規参入を呼び込み，短期間の間に巨大なグローバル市場を形成し，大きな経済成長を達成する。そしてオープン化にうまく対応できない企業は，これらの産業で生き残ることはできない。

それでは「オープン化」とは一体何だろうか。オープン化をきちんと定義している研究は実は少ない。オープン化とは情報を企業間で共有することである。情報共有する企業が多ければ多いほどオープン化が進んでいる。オープン化の最も進んだ形は産業レベルで情報を共有することである。産業レベルの情報共有とは，ある情報が産業標準（industry-wide standard）として

成立していることを意味している。すなわちオープン化とは，情報共有の視点から言えば，産業標準化のことである。

オープンビジネスやオープンネットワーク経営と呼ばれるビジネスは，産業標準を基盤とした産業構造（エコシステム）の中で，産業進化の方向を主導しながら収益を上げるビジネスのことである。このようなビジネスでは，あるインターフェース情報が産業標準として成立する「標準化プロセス」が決定的に重要な役割を担っている。よって，オープンビジネス環境下で競争力を構築するためには，標準化プロセスについて深く考察することが必要なのである。

## 1.2. 3つの標準化プロセス

現在，産業標準を形成する方法（標準化プロセス）は3つ存在する。表1は3つの標準化プロセスの特徴を整理したものである。1つめは歴史的に最も古くから存在する「デファクト標準（事実上の標準）」である。例えばある部品が頻繁に市場取引されれば，その部品の規格に従って，製品を作ろうとする企業が増える。多くの製品企業がその規格に従えば，今度は，当該の規格に合致する部品を供給する部品企業が増える。このように市場取引を通じて産業標準が形成される標準が，デファクト標準である。

2つめは「デジュリ標準化（公的標準）」である。デジュリ標準では各国政府や国際機関から特別に任命された機関で合議を行い標準規格を策定する。標準化は産業に大きな影響を与え，さらに，独禁法に抵触する可能性も存在する。合議で標準を決定する場合，その行為はカルテル行為に抵触する可能性がある。そのためデジュリ標準では特別に指定された機関（団体）でのみ，標準化を認めている。

3つめは1980年代半ばの独禁法緩和によって生まれた，「コンセンサス標準」である。コンセンサス標準は，コンソーシアムやフォーラムなどで標準化が行われる。地域標準化団体内のワークグループであることもある。これらで行われる標準化は，参加者の合意形成（コンセンサス）が必要であるた

## 表1　3つの標準化プロセスの比較

| | デファクト標準<br>（事実上の標準） | デジュリ標準<br>（公的標準） | コンセンサス標準 |
|---|---|---|---|
| ①メンバーシップ | 1社。2社以上の場合は合計マーケットシェアが一定以下（例外的）。 | 複数社で固定。メンバーは既存企業。満場一致の原則 | 初期メンバーは自由に決定できる（設置の柔軟性）。コンソーシアムへの参加を拒否することはできない。（メンバーシップのオープン化）。多数決。 |
| ②標準の対象 | 市場取引プロセスを経てドミナントデザインが獲得したものに標準が決定。 | 市場取引前に決定できるが，一般に市場で最も利用されている仕様が規格案として提出される。 | 標準化の対象領域は自由に決めることができる（対象の柔軟性）。市場導入前技術でも良い |
| ③公開の程度 | 「誰に公開するか」，「どの程度，公開するか」を任意に決定できる（限定的オープン性） | 標準化された内容は第三者にも公開（オープン性） | 標準化された内容は第三者にも公開しなくてはいけない（情報のオープン性）。 |
| 具体的な例 | PC（IBM）/VTR（JVC） | ISO/IEC/ITU-T | PCI SIG，DVDフォーラム　AUTOSAR，ETSI内 GSM WG |

めコンセンサス標準と呼ばれる（Cargill, 1989；新宅・江藤，2008）。

　コンセンサス標準は規格策定プロセスが合議によって行われる。この点はデジュリ標準とよく似ている。しかし，両者はまったく異なるものである。デジュリ標準は行政が特別に指定した団体で行われる標準化であるのに対して，コンセンサス標準は企業が自由に連合して標準化を行うものである。

　自由に企業連合できるため，複数のコンソーシアムが乱立し，類似の標準規格が競合することが頻繁に起こる。この点では，コンセンサス標準はデファクト標準と似ている。ただしデファクト標準では技術が製品化され市場導入された後に標準化が行われるのに対して，コンセンサス標準では技術が製

品化されていなくても企業間の合意に基づいて標準規格を策定することができる。この点で，コンセンサス標準はデファクト標準と大きく異なっている。

　3つの標準化プロセスの比較から分かるように，コンセンサス標準は部分的にデファクト標準やデジュリ標準と似た特徴をもっているが，両者とは異なる標準化プロセスなのである。

## 1.3. コンセンサス標準の重要性拡大

　自由に企業連合を行い，柔軟に産業標準を策定することができるため，コンセンサス標準は頻繁に利用されるようになってきている。先に例示したパソコンのインターフェース規格，デジタル携帯電話の通信方式やDVD規格は，すべてコンセンサス標準である。コンセンサス標準は，デファクト標準やデジュリ標準に比べていくつか長所がある。

　まず，コンセンサス標準では，標準間競争で敗れることのリスクを削減することができる。デファクト標準では標準規格間競争で勝利すれば，その見返りとして大きな利益が見込まれる。しかしデファクト競争での勝利は容易なことではない。デファクト標準は1社による産業標準の支配につながりやすいので，もしもデファクト争いの競争に敗退した場合，企業は大きな損失を被ることになる。1社によって標準が支配されることを懸念する企業が多ければ，デジュリ標準が必ずしも義務づけられていなくても事前に協議して協同で標準を決めていこうとする動きが生じる。コンソーシアムでの標準化活動は，標準規格間競争に敗れて標準規格開発が無駄な投資になってしまうリスクを軽減する。

　2つめに，コンセンサス標準は柔軟な標準化プロセスをもつことが挙げられる。デジュリ標準もコンセンサス標準も合議によって標準規格を策定する。しかし，デジュリ標準は行政から指定された特定の団体で標準規格を策定しなくてはいけない。この団体へはすべての利害関係者が参加するが，基本的に網羅的・固定的であり合意形成が難しい。一方，コンセンサス標準で

は，合意さえ作れれば自由に企業連合することができる。コンセンサス標準はとても柔軟なのである。

1990年以降，デファクト標準，デジュリ標準に対して，第3の標準化プロセスであるコンセンサス標準が産業での影響力を強めている。このような変化の中で多くの企業は有効なビジネスモデルを構築できずに困難を味わっているように見える。

次節では，コンセンサス標準が「なぜ1990年代に」大きな影響を産業に与えるようになったのか，を理解するために欧米の標準化政策の推移を概観する。

## 2. 標準化に関する制度の歴史的推移

### 2.1. 欧米の標準化政策の変化

図1は欧米の標準化政策の推移を示したものである。今日のように標準化が大きな役割を演じるようになった引き金は，1980年代の欧米諸国の産業政策の変更にあると考えられる。欧米諸国は1980年代に日本を代表とする東アジア新興諸国の経済的台頭に直面し，産業競争力強化のために様々な施策を講じる必要性に迫られた。アメリカや欧州（後のEU）では国際競争力の再構築のために，様々な制度上の改革が行われた。

制度改革の大きな流れは，企業間の共同研究を推進してイノベーション促進することと，知的財産権を強化することによりR&D投資の成果を保護することであった。標準化が関係するのは主に前者の共同研究奨励政策である。このような産業環境の変化の中で標準化を企業戦略上のツールとして使う企業戦略が形成されていったのである。

### 2.2. アメリカの産業政策の変化

まず1980年代のアメリカの産業政策を例に，共同研究推進と標準化の関

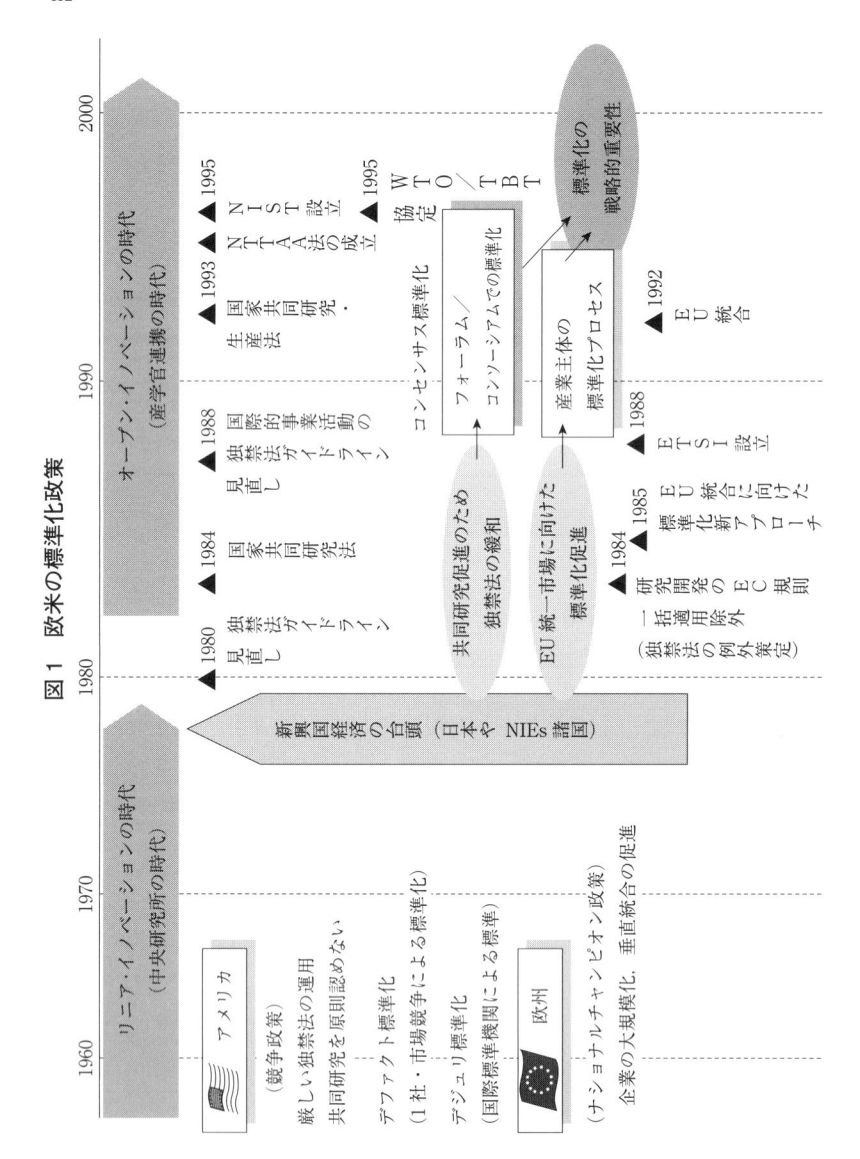

図1 欧米の標準化政策

**リニア・イノベーションの時代**
（中央研究所の時代）

**オープン・イノベーションの時代**
（産学官連携の時代）

アメリカ
（競争政策）
厳しい独禁法の運用
共同研究を原則認めない

デファクト標準化
（1社・市場競争による標準化）

デジュリ標準化
（国際標準機関による標準）

欧州
（ナショナルチャンピオン政策）
企業の大規模化、垂直統合の促進

新興国経済の台頭（日本やNIEs諸国）

▲1980 独禁法ガイドライン見直し
▲1984 国家共同研究法
▲1988 独禁法ガイドライン見直し・国際的事業活動の
▲1993 生産共同研究・法
▲1995 NTTAA法の成立

共同研究促進のため独禁法の緩和

▲1984 研究開発の一括適用除外EC規則
▲1985 EU統合に向けた標準化新アプローチ
▲1988 ETSI設立
▲1992 EU統合
▲1995 WTO/TBT協定

EU統一市場に向けた標準化促進

フォーラム／コンソーシアムでの標準化
コンセンサス標準化
産業主体の標準化プロセス

標準化の戦略的重要性

係を説明しよう。

　産業政策として共同研究を奨励する流れは1980年代初頭よりその気運が高まり，1984年に国家共同法が施行されることによって明確となっていった。さらに，1985年に産業競争力委員会が発表した報告書（通称ヤング・レポート）は，共同研究を通じてイノベーションを活性化しようとするアメリカ産業政策を象徴するものであった。同報告書では，「アメリカの国際競争力低下の問題はドル高だけでない」として新しい取り組みによって本格的な産業競争力強化に官民が取り組むように提言がなされた。

　このような産業政策の見直しの機運の中で，企業間連携を促進する国家共同研究法が成立したのである。国家共同研究法は，1993年には国家共同研究生産法に改変され，共同研究の延長上に生産までも共同して行うことが可能となった。このようにアメリカでは1980年代の産業政策の見直しで共同研究重視の産業政策がとられたのである。

　標準化活動の活発化は，共同研究推奨の産業政策と深く結びついている。両者はどちらも企業連携によって技術開発や標準開発をするものである。「企業連携」―特に産業に影響を与えるような大きな「企業連携」―は，自由に行えるものではなく独禁法によって規制されている。企業連携を積極的に認めるか，それとも消極的な立場をとるのかは，独禁法の運用に大きく依存している。

　1980年以前のアメリカでは独禁法は非常に厳しく運用され，企業連携して共同研究を行ったり標準開発したりする際に，大きな障害となっていた。共同研究は複数企業が連携して技術開発を行うため，参加企業による技術の独占が起こりやすい。そのため共同研究は独禁法の対象となり，独禁法に抵触するような共同研究は厳しく処罰された。例えば複数企業が共同して研究活動を行う場合，参加企業の市場シェア合計がある水準以上（法規には明示されていないが，例えば20％以上）の時には独禁法の対象となる可能性があった。

　より問題となりやすいのは，産業標準規格の開発である。産業標準開発で

は共同研究よりも，より多くの企業が連携することが必要である。一定以上の市場シェアをもつ企業が協力して標準仕様を作成することは，市場参加者に対して排他的な企業行動につながると考えられていた（平林，1993）。そのため，1980年代以前の一般的な産業標準の作成は，デファクト標準かデジュリ標準で行われたのである。

ところが1980年代に共同研究推奨の産業政策が開始されるようになると，独禁法の運用が緩和されるようになっていった。1980年には司法省が「研究のための共同事業に関する反トラストガイド」を発表して，共同研究に対するガイドラインを明確にした。ガイドラインの中で最も重要な項目は，「一定基準以上のシェアをもつ複数企業同士が定めた標準仕様（＝共同研究成果）に対して，第三者が自由にアクセスできることを担保すれば，共同研究による標準仕様の作成も独禁法の対象とならない」としたことであった。1984年には，この方針が国家共同研究法として立法され，明確化された。

1980年代の独禁法緩和によってコンソーシアムやフォーラムで標準規格を開発することができるようになった。これがコンセンサス標準の始まりである。今まで産業標準といえばもっぱらデファクト標準やデジュリ標準であった標準化プロセスに，新しい標準化プロセス（コンセンサス標準）が加わったのである。

## 2.3. 欧州の標準化政策

欧州の場合，1992年の欧州統合に向けて産業標準化が活発化した。それまで各国でばらばらに制定されていた国家規格を「欧州」レベルで統一した標準規格にする必要があったのである。

欧州でも企業が連合して標準規格を策定することは独禁法に抵触する恐れがあった。具体的にはローマ条約第85条と86条に抵触する。しかし1984年12月に発表されたEC規則（研究開発一括適用除外に関するEC委員会規則）で一定のルール下における共同研究と共同生産を認め，大きな方針転換が成された（宮田，1997，p.188）。

さらに1985年には、標準化に関する「新しいアプローチ（New Approach）」が欧州委員会から発表され、産業主導の標準化によって欧州の地域標準を整備することが積極的に肯定された。この宣言によってCEN（欧州標準化委員会），CENELEC（欧州電気標準化委員会）の強化，さらにETSI（欧州電気通信標準化協会）の設立が行われた。欧州では地域経済統合のために標準化が進展し，産業の国際競争力の再構築の必要性から，産業が主導する新しい形の標準化プロセス（コンセンサス標準化）が形成されていったのである。

例えば現在最も世界で普及している携帯電話方式のGSM規格は、コンセンサス標準化プロセスを適用した代表的な成功例である。GSM規格の策定は、欧州統合化を控えた1981年の第二世代携帯電話の周波数帯域確保をきっかけに、1982年に欧州郵便電気通信信主管庁会議（CEPT）内のGSMワーキンググループで開始された。ここまでは旧来の古い標準化プロセス（デジュリ標準化）であった。

大きな転機は1985年に新しいアプローチ（前述）が発表された後に訪れた。1988年にETSI（欧州電気通信標準化協会）が設立され、標準規格策定主体がCEPTからETSIへと移管されたのである。これは標準化プロセスがデジュリ標準化からコンセンサス標準化へと移行した大転換であった。

CEPT内標準化プロセスでは、各国の通信行政担当と電電公社が標準規格策定を主導していた。しかしETSIに標準化プロセスが移管されると、通信行政担当および電電公社も標準化に関与するものの、原則的にどんな企業でも自由に参加することができるようになった。そのため多彩な背景をもつ主体（研究所・大学、ユーザー、オペレーター、行政、通信設備企業等）が標準化プロセスへ参加した。参加者たちは皆、自分が有利になるような標準規格策定を望んでいたが、特に通信設備産業がこの標準化プロセスを主導していった。

当時普及していたアナログ携帯電話の市場で、欧州通信設備機器産業は米国や日本の通信設備機器産業に大きく後れをとっていた。もし欧州統一市場

が誕生した場合，海外の通信産業に奪われるのではないかという危機感が欧州通信機器産業には存在した。このため標準化プロセスでは，欧州通信機器産業は自らの競争力を最大限に生かせるような標準規格を策定することを目指した。通信機器産業が戦略的に標準規格策定を行い，産業競争力強化のために標準化プロセスを主導していったのである（OTA, 1992, p. 69）。

　完成したGSM標準規格は通信設備産業の影響を強く受けたものであった。例えばGSM方式の標準規格は，無線基地局と制御基地局の間のインターフェース等，いくつかの領域で詳細な規格化がなされていない。この領域では通信設備機器企業にとって，技術ノウハウを発揮した差別化が容易になっている。逆に，課金プロトコルなど，それまではオペレーターのノウハウであった部分は，国際ローミングの必要性から詳細に標準化され，技術蓄積の小さいオペレーターであっても，GSMシステムを採用し運用することが可能となった。GSM方式の標準規格は通信設備企業としては参入障壁を作りやすく，技術蓄積の小さい新規オペレーターや新興国オペレーターにとっては採用容易な標準規格となり，エリクソンやノキアといった欧州の通信機器企業の世界市場進出を助けたのである。

## 2.4. コンセンサス標準化の誕生

　イノベーション政策を変化させながら，米国や欧州は，企業が共同して規格を策定する標準化プロセス（コンセンサス標準化）を，共同研究奨励や地域経済統合を契機にして積極的に認めていった。複数企業がコンソーシアム等を通じて合意形成し標準規格を策定することは，企業の競争環境に大きな影響を与える。欧米の産業政策の変化がコンソーシアム等を使った新しい標準化プロセスを積極的に肯定していったので，各企業はコンセンサス標準という強力な経営ツールを使うことが可能となったのである。

　コンセンサス標準は，パソコン産業，デジタル携帯電話産業，DVD産業の例が示すように，大規模な技術イノベーションを市場化する際に利用されることが多い。大規模イノベーションには，多くの企業や行政関係者が調整

を行って標準規格を作る必要がある。部品・材料企業は設備投資のために産業標準が必要だし，完成品企業は互換性維持のために標準規格が必要である。もしも社会に大きな影響を与えるイノベーションであれば，品質保証・信頼性検査法の標準化が必要である。

　従来の標準化プロセスに比べて，コンセンサス標準化は柔軟な標準化プロセスを提供するので，大規模イノベーションを市場化するのに適している。しかも容易に国際的なコンソーシアムを形成することができるため，巨大なグローバル市場を創造することもできる。このためコンセンサス標準はグローバル市場での競争力に影響してしまうのである。

　ただし，非常に柔軟であるがゆえにコンセンサス標準化がどのように分業構造・競争力に影響を与えているのかは分かりづらい。次節では，コンセンサス標準がどのように影響するのかについて説明する。

## 3. 標準化による分業構造・競争力への影響

　標準化が産業に対して影響力をもつようになったことに，多くの研究者が賛成している。しかし，どのように分業構造に影響するのか，さらに，どのように競争力に影響するのかについては曖昧な点が多い。

　例えばコンセンサス標準は規格間競争敗退のリスクはデファクト標準よりも小さいかもしれない。しかし標準規格になった情報はすべて公開されてしまう。だからコンセンサス標準を使って，他社よりも収益を上げることは難しいように思える。

　さらにコンセンサス標準は自由にコンソーシアムを形成することができるため，類似コンソーシアムの乱立がしばしば起こる。コンセンサス標準で規格間競争が起こった場合，どのようなマネジメントが必要なのかについても従来の研究では明確にされていない。

　そこで本節では，コンセンサス標準化がどのように分業構造に影響を及ぼすのか，さらに競争力構築メカニズムにどのような影響を及ぼすのかについ

て説明する。

　コンセンサス標準化は，ある意味で，独禁法の例外条項を活用した標準プロセスである。独禁法自身は，独禁法緩和後であっても，無条件にコンソーシアムでの標準化を認めているわけではない。いくつかの条件をもとに，コンセンサス標準を独禁法の対象から除外しているのである。一番重要な条件は標準化プロセスやその成果に「第三者が自由にアクセス可能である」ということである。自由なアクセスを担保できれば，コンソーシアムでの標準化は競争阻害要因ではないとしたのである。

　標準化の成果がすべての企業に公開されてしまうため，コンセンサス標準化は1990年代初頭，「産業全体のためにボランティアで行う標準化（ボランタリ標準）である」と言われた（Weiss and Cargill, 1992）。「産業発展のために必要であるが，特定の誰かの利益になるものではない。だから有志がボランティアで行わなくてはいけない」という考え方である。現在の多くの企業にとって，コンセンサス標準に対する企業姿勢はこれと同じものであり，コンセンサス標準は競争戦略とは関係がないという認識であった。

　しかし，2000年以後の研究によってコンセンサス標準化を活用して，自社に有利な産業環境を作り出したり，産業進化の方向を主導したりしている事例が報告されるようになった（Gawer and Cusumano, 2002; Iansiti and Levin, 2003；新宅・江藤，2008；立本・高梨，2010）。例えばプラットフォームリーダーと呼ばれる企業は，産業標準を形成する際にコンソーシアムを利用することが多い（Gawer and Cusumano, 2002）。コンソーシアムでは産業全体の発展を考えた標準規格策定が行われており，特定の企業が収益を上げることはできないように見える。しかし全体として見るとプラットフォームリーダー企業は標準化によって形成された市場から持続的に利益を上げている。コンセンサス標準は大きな戦略的な道具となっているのである。

　戦略的道具としてコンセンサス標準を利用する場合，標準普及のスピード

が特に重要である。標準規格は利用する人が多ければ多いほど標準規格の効用が高まるというネットワーク外部性を有する。そして，クリティカルマスを超えると参加者増加が，次の参加者増加を引き起こすという自律的サイクルを引き起こす。この自律的サイクルに入るとネットワーク外部性が急激に大きくなり，ある標準規格の優位性が決定的なものとなる。このため，クリティカルマスを達成するまでの「標準の普及スピード」が重要なマネジメント対象となる。

　コンセンサス標準における標準普及速度をコントロールする戦略を「標準化普及戦略」と呼び，「アーキテクチャのオープン度」「ドライビングフォース組織の整備」「段階的拡大」「ユーザーとサプライヤの関係構築」という4つの要因が普及スピードを加速するために有効であるとされている（立本・高梨，2010）。

　「アーキテクチャのオープン度」とは，標準対象となった領域をどの程度詳細に標準規格化するかということである。標準化対象になったとしても，ほとんど規格化されない領域もあるし，詳細に規格化される領域もある。詳細に規格化されればされるほど，暗黙的な知識はなくなり，誰でも標準規格を利用して製品を作ることができるようになる。

　「ドライビングフォース組織の整備」とは，標準普及を促すための組織整備のことである。例えば互換性チェックのための組織を整備してやることによって標準規格普及を加速させることができる。また標準規格の実装例を整備する組織を作れば，標準規格普及が進む。

　「段階的拡大」は，コンソーシアムへの参加メンバーをどの程度積極的に拡大するかという尺度である。コンソーシアム形成当初は，標準化対象に対して合意が出来ていないため参加メンバーは少ない方が良い。それに対して，標準化対象が定まった後には多くの参加者を巻き込んだ方が標準普及は加速する。

　「ユーザーとサプライヤの関係構築」は，異なる分野間で標準規格化することにより市場を短期間に立ち上げることである。例えば材料・製造装置と

ユーザー企業間で標準化を行えば，材料・装置市場をスムーズに立ち上げることができ，標準規格が速やかに普及する。

これらの要素の中で「アーキテクチャのオープン度」という要因が本質的である。なぜなら「アーキテクチャのオープン度」は，標準規格の普及スピードを速めるだけでなく，①標準対象の製品（システム）の付加価値分布を変え，②新しい分業関係をもたらしたりしてしまうからである。標準化を利用する企業は①②を考慮しながら，戦略的に標準化プロセスを主導しなくてはいけない。次項で詳細に標準化プロセスを検討しながら，「コンセンサス標準化の戦略性」と，標準化の結果もたらされる「付加価値分の変化」や「新しい分業関係」について説明する。

## 3.1. コンセンサス標準の標準化プロセス

標準化プロセス（standardization）は，標準策定プロセス（standard-setting process）と標準普及プロセス（standard-diffusion process）に分けることができる。コンセンサス標準では，この2つのプロセス両方で企業が戦略性を発揮することができる（図2）。

**標準策定プロセス**：コンセンサス標準の標準策定プロセスでは「製品（システム）のどこを標準化するか」という問題に対して，関係者が集まり合意形成を行う。標準化可能な領域は，いくつも存在する。例えば相互に接続する部分であったり，信頼性が必要な部分であったり標準化対象領域は様々である。この段階では2つの戦略性が存在する。

1つめは「誰と標準規格を策定するか」という点である。コンセンサス標準では，標準規格をコンソーシアムで策定する。コンソーシアムへは自由に参加することができ，参加することを拒むことはできない（だからコンセンサス標準が独禁法上の例外として認められている）。ただしコンソーシアムを発起する時には，自由に企業同士が連携することができる。この点が重要である。つまり，戦略的に妥協や連携ができそうなパートナー企業とコンソ

第 4 章　グローバル市場獲得のための国際標準化とビジネスモデル　121

### 図 2　コンセンサス標準化の戦略性

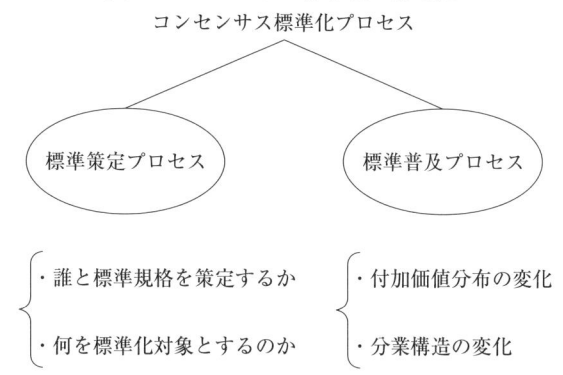

コンセンサス標準化プロセス
├ 標準策定プロセス
│　・誰と標準規格を策定するか
│　・何を標準化対象とするのか
└ 標準普及プロセス
　　・付加価値分布の変化
　　・分業構造の変化

ーシアムを立ち上げることができるのである。コンセンサス標準が非常に柔軟で有用性が高いのは，この点にある。

　コンセンサス標準と同じく合議を行うデジュリ標準と比較すると，コンソーシアム発足時に自由に企業連携できる点が重要であることが分かる。デジュリ標準では行政によって特別に認められた団体で標準化を行う。この参加者は基本的に標準化対象に関係するすべての関係者である。だからデジュリ標準では，そもそも，標準化を行うのか否かという意思決定それ自体について合意ができないことが多い。標準化は後述するように，必ず産業構造に影響を与えてしまうため，誰もが満足するような標準化は難しい。これに対して，コンセンサス標準化では，合意できる相手とだけ合意すれば，標準化プロセスを開始することができる。

　戦略性の2つめとして挙げられるのは，「何を標準化対象とするのか」ということを，非常に柔軟に決められる点である。コンセンサス標準は，合意さえできれば，どのようなものに対しても標準規格を設定することができる。例えば，今まで市場取引ではなく企業内で処理していたようなものに対しても標準規格を設定できる。自動車電子システムでは，プログラム表記方法，開発プロセスの監査方法や機能安全等も標準化の対象になっている（徳田，2008；徳田・立本・小川，2011）。さらに，技術が製品として完成する

前にすら標準化を行うことができる．合意さえできれば，相当の柔軟性をもって標準規格を策定することができるのである．

**標準普及プロセス**：次に標準普及プロセスについて見ていこう．このようにして標準規格が策定されると，標準化の対象となった領域の知識は規格化され，産業全体に対して誰でもアクセス可能な情報となる．標準規格化の対象となった部分は明示的な領域となり，今まで差別化の源泉であった暗黙的な知識やノウハウなどもすべて明らかにされてしまう．誰でも標準規格さえ守れば，標準化対象となったものを作ることができる．このように標準化された領域のことをオープン領域と呼ぶ．

一方，標準化対象とならなかった領域は規格化されず，従来から蓄積された暗黙的な知識やノウハウなどはそのまま差別化の源泉として活用される．この領域のことをクローズド領域と呼ぶ．

標準普及プロセスでは，オープン領域とクローズド領域の特性差によって，付加価値分布や分業構造の変化がもたらされる．

オープン領域では技術的ノウハウ・暗黙的知識や産業での文脈がすべて規格化されてしまい明示化されてしまう．このため既存企業にとっては，今まで蓄積してきた競争力の源泉を失うこととなる．標準規格にそぐわない差別化は受け入れられないため激烈な価格競争が発生する．既存のサプライチェーンや販売チャネルは価格競争の激化とともに破壊され，新しい流通構造が必要となる．オープン化された領域では既存企業がもっていた競争優位はなくなり，この変化に適応するため既存企業は能力の再構築を迫られる．

新規企業にとってはオープン領域が作られることは新しいビジネスチャンスとなる．詳細に標準化されればされるほど参入機会が増える．なぜなら，当該の製品に対するノウハウや産業の文脈などが分からなくても，標準規格に適合した部品を作ることができれば，市場に受け入れられる．標準規格に対応していればどの製品も同様であるため，既存企業との競争を同じ条件で行うことができるのである．

表2　オープン領域とクローズド領域

| 領域 | 規格化の度合い | 新規参入 | 主役 | 競争力の源泉 | 付加価値 |
|---|---|---|---|---|---|
| オープン領域 | 詳細に規格化 | 急激に多くなる | 新規企業 | コスト力 | 蓄積しづらい |
| クローズド領域 | 規格化されない | ほとんど起こらない | 既存企業 | 技術蓄積 | 蓄積しやすい |

　今までの議論をまとめたものが表2である。標準化の対象になり，詳細に標準化が行われた領域はオープン領域となる。必要な知識はほとんど明示的知識となってしまうので，多くの新規参入が起こる。そこでの主役は既存企業ではなく，低コストオペレーションが可能で，柔軟で迅速な意思決定ができる新規参入企業である。この領域では差別化要因が少ないので，コスト力が競争力の源泉となる。多くの新規参入のため価格競争が発生し付加価値が維持することが難しくなる。

　それに対して，ほとんど標準化されなかった領域はクローズド領域となる。ここでは依然として技術ノウハウや技術蓄積といった暗黙的知識が競争力の源泉なる。このため既存企業が産業の主役となりやすい。新規参入もほとんど起こらないため，付加価値を維持することができる。

　標準が普及すればするほど，表2に示された状況は強くなる。この結果，付加価値分布はオープン領域では低くなり，クローズド領域では高くなる。分業構造は，オープン領域では，低コストオペレーションや迅速な投資が行える企業が競争力を発揮しやすくなるのに対して，クローズド領域では依然として技術蓄積に基づいた競争を行える既存企業が競争力を発揮しやすくなる。つまり，「オープン領域の新規企業」と「クローズド領域の既存企業」という分業構造が頻繁に観察されるようになる。

### 3.2. 標準化の国際分業に対する影響

　標準化は付加価値分布を変えてしまうため，分業構造や競争力に対して影

響することを前項で述べた。また標準化は国境を越え，産業レベルで情報共有をしてしまうため，付加価値分布の変化は最終的に国際分業についても大きな変化をもたらす (Shintaku, Ogawa and Yoshimoto, 2006; Tatsumoto, Ogawa and Fujimoto, 2009)。この仕組みについて説明する。

### 3.2.1. 先進国企業と新興国企業の国際分業

　付加価値分布の変化で重要な点は，クローズド領域とオープン領域の違いであった。この特性差が国際的な分業にも変化を及ぼす。クローズド領域では先進国企業が競争力を発揮しやすくなる。クローズド領域として保たれた領域には新規参入が起きにくく，付加価値が集中する。クローズド領域は，既存企業にとって差別化のための暗黙的知識やノウハウまたは企業能力を蓄積するブラックボックスとして機能する。特に中核部品のような高い技術能力が必要な領域は，参入企業は限られるため，付加価値が集中する。だからクローズド領域の期待利益率は高くなる傾向にある。期待利益率が高いクローズド領域は，研究開発を行う先進国企業にとっての生存領域となる（ただしすべての先進国企業が生存できるわけではない。後述のように標準化ビジネスモデルを実施した企業だけが生存できる）。

　技術蓄積が小さい新興国企業にとって，クローズド領域に新規参入することは難しい。なぜならクローズド領域は，技術ノウハウや暗黙的知識を蓄積するブラックボックスとして機能しており，これらが新規参入の障壁として立ちはだかるからである。クローズド領域では，技術蓄積の大きい先進国既存企業は十分に差別化した部品を提供し，新興国新規参入企業に対して競争優位を発揮することができる。

　一方，オープン領域では新興国企業が競争力を発揮しやすくなる。標準化されたオープン領域のビジネスの期待利益率は，低くなる傾向がある。詳細に規格化されていればいるほど，新規参入が容易になる。標準規格さえ守ればオープン領域の市場に受け入れられるので，新規参入企業にとっては参入機会となる。

新規参入企業の中でも，低コストオペレーションを行える新興国企業にとって，この参入機会は絶好の参入機会となる。一般に新興国企業は先進国企業よりも低コストで，標準化された部品を製造したり標準部品で完成品を作ったりすることができる。先進国企業の行っていることをもっと安価に行ったとしても，このような低コストオペレーションを得意とする新興国企業は，十分に利益を出すことができる。このため，先進国企業には歓迎されないオープン化も新興国企業には歓迎される。新興国企業にとって，標準化は参入の絶好のタイミングとして受け取られるのである。

この結果，標準的部品や完成品組立などのオープン領域は新興国企業がコスト優位を発揮して生産を担うようになり，同時に，中核部品などのクローズド領域では差別化による技術優位を発揮して先進国企業生産を担うようになる（Shintaku et al., 2006）。

### 3.2.2. 標準化によるグローバル市場の創造

コンセンサス標準は，多くの利害関係者が存在する大規模イノベーションの市場化に利用されることが多い。大規模イノベーションとは，社会のインフラになるようなイノベーションのことである。先述の例のように，パソコンも，デジタル携帯電話も，DVD機器も，現在ではすべて社会のインフラとなっている。このような社会インフラとなるイノベーションは，世界で共通に活用され，グローバル市場を形成する。この際，標準化を契機にした先進国既存企業と新興国新規参入企業の国際分業によって，グローバル市場の形成が加速される。図３はこの仕組みを示したものである。

標準化によって作られたオープン領域には，多くの新興国企業が参入することができる。この結果，巨大な生産能力が生み出され，規模の経済を背景として安価な製品が供給されるようになる。さらに，オープン領域では激烈な価格競争が繰り返されるため，短期間のうちに部品や製品の価格が下落する。

最後には巨大な新興市場にも受け入れられる価格にまで，短期間のうちに

図3 標準化によるグローバル市場の創造

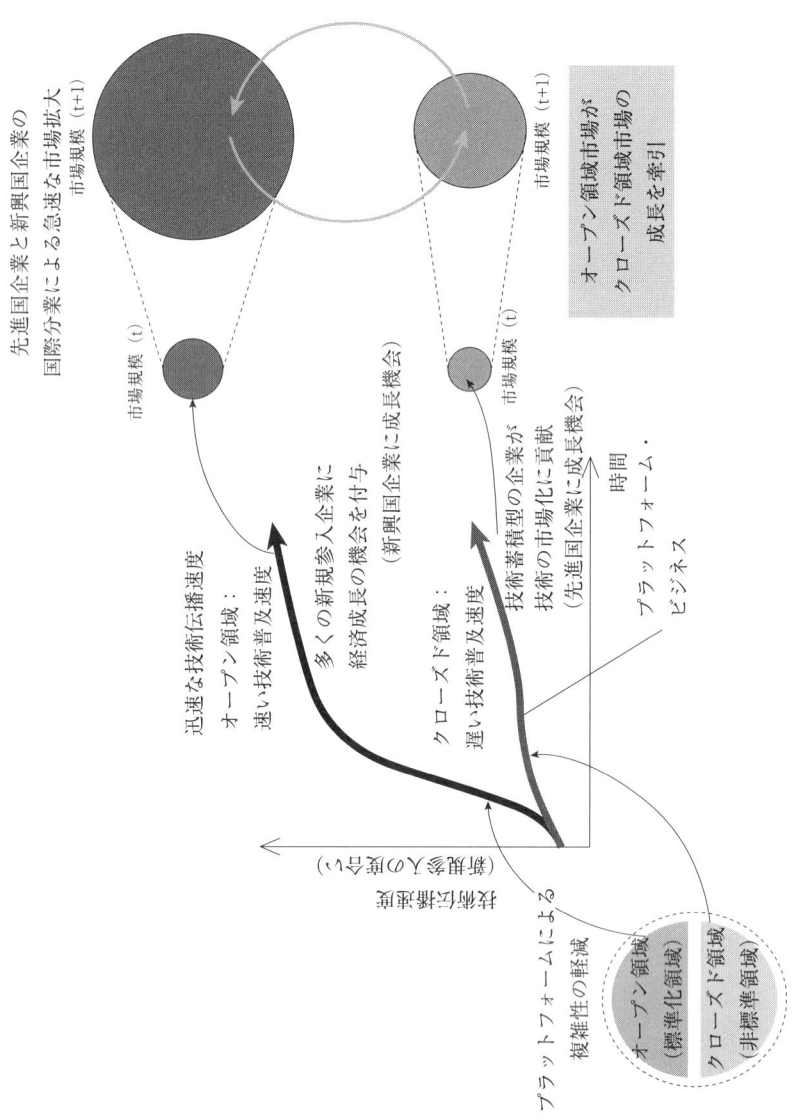

先進国企業と新興国企業の
国際分業による急速な市場拡大

市場規模 (t+1)

市場規模 (t)　市場規模 (t)

オープン領域市場が
クローズド領域市場の
成長を牽引

迅速な技術伝播速度
オープン領域：
速い技術普及速度

多くの新規参入企業に
経済成長の機会を付与
(新興国企業に成長機会)

クローズド領域：
遅い技術普及速度

技術蓄積型の企業が
技術の市場化に貢献
(先進国企業に成長機会)

プラットフォーム・
ビジネス

時間

複雑性の軽減
プラットフォームによる

参入障壁（人の集合）

オープン領域
（標準化領域）
クローズド領域
（非標準領域）

製品価格は下落する。そしてオープン化された製品は世界中に迅速に大量に普及するようになる（Shintaku et al., 2006；小川，2008a）。このように，標準化によって生じる「オープン領域とクローズド領域の差」は，先進国と新興国の間に新しい国際分業を成立させ，短期間のうちに，巨大なグローバル市場を形成する。

　標準化によって作られたグローバル市場は，標準化を主導した先進国企業だけで支えられているわけではなく，先進国企業と新興国企業の国際分業によって支えられている。標準化を介した国際分業の結果，世界中の市場で受け入れられるほど安価な価格を実現できるのである。

　次節では，このような付加価値変化を通じた新しい分業関係構築のプロセスで，「どのように技術イノベーションの収益化を行えばよいか」という標準化ビジネスモデルについて考察する。

## 4. 標準化ビジネスモデル：標準化を通じた競争力構築メカニズム

### 4.1. 標準化のコンセンサス標準化のへの影響

　本節では標準化を主導しながら収益を上げるビジネスモデルについて説明する。標準化を主導するという意味で，本節が対象としているのは要素技術開発を行っている先進国企業のビジネスモデルである。

　要素技術を開発し，標準規格まで開発したのであるから，先進国企業は容易に標準化を通じて利益を上げることができるように思える。しかし現実は，これとは逆のケースが多い。標準化を契機に新興国企業がグローバル市場を席巻し，標準規格を開発した先進国企業はほとんど収益を得られないケースが多い。例えばDVDの標準開発では日本企業が多くの貢献をしたが，実際にDVDプレイヤーで収益を得たのは中国・韓国・台湾などの新興国企

業であった（小川，2009）。

　標準化を通じて先進国企業が事業上失敗する例を詳細に分析すると，オープン領域とクローズド領域の峻別に失敗している事例が多い。中には，この峻別すら行っていないケースすら存在する。これらの企業は，3.で説明したような「標準化による付加価値分布の変化」を上手く活用できていない。標準化を利用した事業戦略の基本は，「標準化による付加価値変化」という環境変化を自社事業の追い風にすることにつきる。

　標準化によって起こる付加価値変化は「オープン領域からクローズド領域へ付加価値が移動する」という変化である。産業レベルの説明では，この表現は正しい。ただし企業レベル（事業レベル）のことを議論したい場合，この表現は十分ではない。つまり「自社の事業がクローズド領域にある」ということは付加価値を獲得するための必要条件ではあるが，十分条件ではない。言い換えるならば「クローズド領域でビジネスをするすべての企業が，標準化によって収益を上げるわけではない」ということである。

　標準化による変化を活用しようとするならば，たとえ標準化対象とならなかったクローズド領域の企業であっても，戦略的な対処が必要なのである。この戦略のことを「標準化ポジショニング戦略」と呼ぶ（立本・高梨，2010）。

## 4.2. 標準化とプラットフォームビジネス

　標準化ポジショニング戦略には様々なビジネスモデルが存在するが，それらの中で最も影響力をもつビジネスモデルであるプラットフォームビジネスを説明する。コンセンサス標準で産業が急激に拡大したパソコンやDVDプレイヤー産業では，プラットフォームを提供した企業に付加価値が集中した。パソコン産業ではインテル，DVDプレイヤー産業では三洋電機がプラットフォームを提供した企業として知られている。

　インテルは1990年代半ばにパソコンの各インターフェースの標準化を主導するのと同時に，自らはCPU（パソコンの中核プロセッサ）を中心とし

ながら周辺回路をチップセット化し、プラットフォームを形成した。そして、このプラットフォームを台湾のマザーボード企業やノートパソコン企業に対象に供給した。インテルは、標準化によってオープン化を行うだけでなく、自らの事業を単なるCPU供給から、チップセットも含めたプラットフォーム供給とし、これを既存企業ではなく、新興国企業に供給したのである。これにより、標準化によって拡大した製品市場がもたらした付加価値を獲得することができたのである（Tatsumoto et al., 2009）。

プラットフォームビジネスの事例はDVDプレイヤーでも見られる。三洋電機は、1990半ば以降、DVD規格が標準化されるとDVDプレイヤーの中核部品である光ピックアップ（OPU）単体のビジネスから、アクチュエータ、ベースデッキやローダを一体化し、プラットフォームとして供給するビジネスへと移行した。彼らのプラットフォーム供給先は、主に中国等の新興企業であった。三洋電機のOPUビジネスも、標準化のタイミングで自社のビジネスの再構築を行って、標準化によって拡大した製品市場から付加価値を拡大することができたのである。

これらの企業行動は、プラットフォームが本質的にもつ「クローズド領域からオープン領域をコントロールする」という基本思想を事業戦略として実行したものである（小川、2008b）。前述のようにクローズド領域はオープン領域と比べて、差別化しやすい。そのため多くの企業は、単にクローズド領域に自社の事業を置くだけで満足してしまっている。

しかし、もしもオープン領域への影響力をクローズド領域（にある自社事業）がもたないのであれば、それは単なる中核部品にすぎず、プラットフォームビジネスとは言えない。自社が提供する中核部品がオープン領域に影響力をもつことによって、初めてプラットフォームビジネスが成立する。そしてこのような影響力をもつので、プラットフォームビジネスは、オープン領域から飛散した付加価値を集め獲得することができるのである。例えばインテルの事例では、CPUだけでなくその周辺の回路まで手がけることによって、オープン領域となったマザーボードやノートパソコンへの影響力をもつ

ことができたのである。

　プラットフォームビジネスの背後には，暗黙的知識をプラットフォームが取り込むことによって，オープン領域へ新規企業の参入を助成するというメカニズムが存在する。インテルが提供するチップセットを使えば，技術的なノウハウの蓄積の小さい企業（当時の台湾の新興企業）であっても，製品を作ることができるのである。

## 4.3. 標準化ビジネスモデル：「クローズド領域の専有化」「オープン領域の新規参入促進」

　以上のような事例を技術の収益化の観点から再考すると，「クローズド領域からオープン領域をコントロールする」ことは，「クローズド領域の専有化」と「オープン領域の新規参入促進」の２つの軸で整理できることが分かる。

　**クローズド領域の専有化**：クローズド領域の専有化とは，自社の事業領域であるクローズド領域には，他社の参入を許さないようにするということである。専有化のためには，暗黙知と知的財産が重要な役割を演ずる（Teece, 1986）。

　先のインテルや三洋電機の事例では，従来扱っていた中核部品に加えて，周辺領域まで統合することによって暗黙的知識の領域を増加させている。周辺の部品を中核部品に統合すると，それまで明示的であった中核部品と周辺部品のインターフェース情報が暗黙的な情報へと変更される。さらに，統合する際に発生する要素間の依存情報なども暗黙的な情報として，プラットフォームを提供する企業だけに蓄積される。これら暗黙的知識は，他社が類似のプラットフォームを提供する際に多大なコストを支払わなければ手に入れることができないものとなり，大きな参入障壁になる。

　また，同様にプラットフォームに蓄えられた知的財産，特に特許も，新規参入企業にとって参入障壁となる。例えば，クアルコムはデジタル携帯電話

のCDMA方式の開発に大きく貢献し，多くの必須特許を保持している。そして，CDMA方式に必要なベースバンド処理，パワーマネジメント処理，符号化処理をIC化し，それらを統合化してプラットフォームとして提供している。彼らのチップセットで構築されたプラットフォームは多くの必須特許を含み，他社がCDMAのチップセットを提供する際の大きな障壁となっている。つまり知的財産が専有可能性を大きく高めているのである。

**オープン領域への新規参入促進**：次に，このようにして構築したプラットフォームの需要先，すなわち，自社が提供する部品を利用してくれるオープン領域の新しいパートナー企業を見つけることが必要である。オープン領域のパートナー企業は，2つの意味で，既存企業ではなく新興国企業を含む新規企業になることが多い。

　第1の理由は，プラットフォームを利用するのは技術的能力の高い企業ではなく，むしろ技術蓄積の小さい企業であるという点である。技術的能力の高い企業は，プラットフォームを提供されることを嫌う，なぜなら，能力のある企業は，自らの技術的優位性を失う危険があるため，プラットフォームのような暗黙的知識を多く含むブラックボックス部品を嫌い，外部企業から適用されるプラットフォームの利用を拒む傾向にある。しかし，技術的蓄積の浅い新親企業は，そのようなことは考えず，むしろ新しい技術を使うためにはプラットフォームは便利であると考える。このためプラットフォームを利用するオープン領域のパートナーは，技術的蓄積の小さい新親企業になることが多い。

　第2の理由は，オープン領域に由来する利益率の低さである。先述のようにクローズド領域に比べてオープン領域は，新規参入が容易になるため期待利益率が低くなる傾向がある。このため低い利益率を低コストオペレーションで対処することができる新興国の新規企業が，プラットフォーム提供企業の主なパートナー企業となる傾向がある。さらに，新興国では税制上の優遇も含めて，プラットフォームを受け入れるための制度上の促進策が施されて

いることが多く（立本，2009），これらが低コストオペレーションを可能にしている。

標準化ビジネスモデルは「クローズド領域の専有化」と「オープン領域への新規参入促進」を行うことで，クローズド領域からオープン領域をコントロールし，自社に有利な産業環境を作り出して事業の収益化を行う。このメカニズムを「標準規格に埋め込めるか」「標準普及時に実現できるか」が，標準化ビジネスモデルのキーとなる。

次節では，今までの議論をまとめ，標準化ビジネスモデルのために必要なインプリケーションを導き出す。

## 5. まとめとインプリケーション

標準化ビジネスモデルには3つの特徴がある。①標準化の対象となった情報は，世界中の企業に対してオープンになってしまうため，新規参入を促進しながら短期間のうちに巨大なグローバル市場を成立させる。②グローバル市場形成の背後には，「先端技術開発を担う先進国産業」と「成長を望む新興国産業」の国際分業が存在する。③このグローバル市場に対して，標準化ビジネスモデルはクローズド領域からオープン領域をコントロールして収益を上げる。

①―③の特徴があるため，標準化ビジネスモデルはグローバル化が進展する限り，強固であり普遍性がある。新興国経済が存在感を強めるほど，標準化ビジネスモデルは有効に機能する。グローバル化をビジネスチャンスとするためには，標準化ビジネスモデルは必修の科目となる。

本章では標準化ビジネスの重要性を繰り返し述べた。「標準化」は大きなビジネスチャンスをもたらすが，すべての企業が「標準化」から収益を上げられるわけではない。きちんとした「標準化ビジネスモデル」を確立できた企業だけが，このビジネスチャンスを生かすことができるのである。

この考察を念頭に、本節では標準化ビジネスを成功させるために必要だと思われる2つのインプリケーション(「知識範囲と事業範囲の調整」と「オープン領域のパートナー選択」)を提示する。

## 5.1. 事業領域と事業範囲の調整

まず、一点めは「知識範囲と事業範囲の調整」についてである。コンセンサス標準は製品をクローズド領域とオープン領域に分け、先進国企業はクローズド領域に集中した事業モデルを構築する必要がある。プラットフォームビジネスでは、事業範囲よりも知識範囲を広くすることによって、クローズド領域からオープン領域への影響を大きくすること(小川, 2008b；立本・高梨, 2008)がビジネス上の指針となる。

例えば、インテルはCPUを供給することを事業としているが、パソコンのイノベーションを起こすために多大なコストを払って、パソコンシステム全体の知識獲得のための組織能力を獲得している。

全体知識をもっているという点から言えば、フルセット型の企業(多くの日本の総合電機企業がこれにあたる)は、プラットフォームビジネスを容易に成功させることができるように見える。たしかに、日本企業の多くはフルセット型企業であるため、中核部品内製を含む製品全体の知識を保持している。もし中核部品の外販を行った場合、完成品知識をもった中核部品企業になり、大きな競争優位をもつ可能性がある。

ところが実際には、フルセット型の企業が中核部品事業で成功するにはいくつかの障害がある。最も大きい問題は、完成品事業と中核部品事業のバランスである。完成品事業から見ると、中核部品を外販することは、競合相手に利することになる。よって、この2つの事業は両立することが難しい。この問題のことを「統合企業のジレンマ」と呼ぶ(榊原, 2005)。

この点について、DVDプレイヤー産業で中核部品事業を行っている三洋電機には、学ぶ点があるように思われる。三洋電機の場合、小規模の完成品事業(DVDドライブ事業)を、中核部品事業(OPU事業)が管轄すること

によって，統合企業のジレンマを解決する事業上のバランスを得ている。そして完成品の知識をもとに，OPU に周辺部品を統合した部品プラットフォームを完成させ，中国企業に部品プラットフォームを提供することに成功している（小川，2008c）。

三洋電機の事例では，プラットフォームビジネスを行う際には，組織的構造上の仕組みが必要であることを示唆している。「中核部品事業が完成品事業を管轄する」という意思決定構造は自然に成立するものではなく，組織上の強いマネジメントが必要なことを示唆している。事業部の中のボトムアップ型の意思決定では，事業部間の意思決定問題を解決することはできない。プラットフォームビジネスを成功させるためには，事業部間のバランスを調整するような，強いトップダウン型の意思決定が必要なのである。

## 5.2. オープン領域のパートナー選択

二点めは「オープン領域のパートナー選択」である。プラットフォームを連供する事業を念頭に置いた場合，そのプラットフォームに必要とされる知識範囲は，オープン領域のパートナー企業の技術的な蓄積に大きく依存する。単に新興国企業が低コストオペレーションを得意とするからといって，すべての新興国企業がパートナーの候補となるわけではない。

例えば第二世代移動通信システムの標準規格競争で GSM が中国に採用され，CDMA 方式が韓国に採用された事例が，これにあたる。

欧州通信設備企業は，GSM 通信方式を実現する通信システム全体をプラットフォーム化して提供することを意図していた。これには中国の産業状況が適合的であった。中国が GSM 採用を決定した 1994 年当時，中国には信頼性のある通信設備を開発生産できる企業が育成されていなかった。このため通信システム全体を包含した通信設備をプラットフォームとして提供してもらう必要があった。中国のオペレーターは，欧州通信設備企業が提供するプラットフォームを用いて，早期にデジタル移動通信サービスを立ち上げることが可能となった。中国移動通信（China Mobile）は 1995 年という早い

時期にデジタル移動通信サービス立ち上げ，現在，世界最大のオペレーターとなっている。

一方，CDMA方式を導入した韓国の場合，中国とは技術蓄積の程度が異なっていた。韓国では1988年以降のデジタル交換機国産化プロジェクトによって交換機の技術が韓国国内にあり，移動通信における無線技術だけが不足していた。CDMA方式を提供するクアルコム社は，もともと無線通信企業であったが，公衆通信設備の経験はなく，デジタル交換横の技術も後れていた。クアルコムにとっては韓国産業が補完的な良いパートナーとなった。CDMA方式の無線技術をもつクアルコムはベースバンド処理などをチップセット化して構成されたプラットフォームを提供し，韓国でも早期にデジタル携帯電話産業が立ち上がった。現在では世界最大のCDMA端末の輸出国となったのである。携帯電話の開発生産の技術蓄積を早期から行ったため，韓国企業は世界有数の端末メーカーとなった。現在，サムスンは端末の世界市場シェアで2位，LGは4位という驚くべき成功を収めている（2008年現在）。

このように，プラットフォーム提供企業は，単に新興国というだけでなく，相手の技術蓄積に応じて，提供先を変えるか，提供するプラットフォームを変える必要がある。先進国が今後プラットフォームを提供する先は，中国・韓国・台湾というような技術蓄積が既にある国（地域）の産業ではなく，もっと技術蓄積の小さい国の産業かもしれない。

## 5.3. 最後に

標準化は世界に共通した巨大な市場を作るものであり，我が国産業が国際競争力を獲得する上で，避けて通ることができない。難題であるが，同時に，経済成長を達成する絶好の機会でもある。標準化を通じて国際分業を促進し，日本産業だけでなく海外産業にも貢献しながら人類の厚生を高めることができる。

しかしながら，我が国産業のこの領域における経験の蓄積は，実務界にお

いでも学術界においても,まだ十分であるとは言い難い。この意味で21世紀の日本企業が国際標準化を事業戦略としてビジネスに深く組み込む組織能力の構築が強く求められている。本章の分析がその一助となれば幸いである。

注
(＊) 本章は,立本・小川・新宅 (2008) に大幅な加筆を行ったものである。本研究は,平成22年度科学技術研究費補助金（若手研究(A)）「大規模イノベーションにおける国際競争力構築メカニズム」（課題番号 22683007）の成果の一部を利用している。

参考文献
Cargill, C. F. (1989) *Information Technology Standardization*, Digital Press.
Gawer, A. and Cusumano, M. A. (2002) *Platform Leadership*, Harvard Business School Press.
Iansiti, M. and Levin, R. (2004) *The Keystone Advantage*, Havard Business School Press.
OTA [U. S. Congress, Office of Technology Assessment] (1992) *Global Standards: Building Blocks for the Future*, TCT-512, Washington, DC: U. S. Government Printing Office.
Shintaku, J., Ogawa, K., and Yoshimoto, T. (2006) "Archltecture-based Approarches to International Standardization and Evolution of Business Models," Contributed Paper from IEC Century Challenge 2006, pp. 18-35.
Teece, D. J. (1986) "Profiting from Technological Innovation: Implications for Integration, Collaboration, Licensing and Public Policy," *Research Policy*, Vol. 15, No. 6, pp. 285-305.
Tatsumoto, H., Ogawa, K., and Fujimoto, T. (2009) "The effect of Technological Platforms on the International Division of Labor: A Case Study on Intel's Platform Business in the PC Industry," in Gawer, A. (ed) (2009) *Platforms, Markets and Innovation*, Cheltenham, UK and Northampton, MA, US: Edward Elgar.

Weiss, M. and Cargill, C. (1992) Consortia in the Standards Development Process, *Journal of the American Society for Information Science*, 43 (8), pp. 559-565.

小川紘一（2008a）「製品アーキテクチャのダイナミズムを前提とした標準化ビジネスモデルの提案」MMRC ディスカッションペーパー，東京大学ものづくり経営研究センター，No. 205。

小川紘一（2008b）「我が国エレクトロニクス産業にみるプラットフォームの形成メカニズム」『赤門マネジメント・レビュー』Vol 7, No 6, pp. 339-407。

小川紘一（2008C）「新興国に勝つ Blu-ray DISC のビジネスモデルを提案する」『日経エレクトロニクス』8月25日号。

小川紘一（2009）『国際標準化と事業戦略―日本型イノベーションとしての標準化ビジネスモデル』白桃書房。

榊原清則（2005）『イノベーションの収益化』有斐閣。

新宅純二郎・江藤学（2008）『コンセンサス標準戦略―事業活用のすべて』日本経済新聞出版社。

立本博文（2009）「国家特殊的優位が国際競争力に与える影響―半導体産業における優遇税制の事例」『国際ビジネス研究』第1巻第2号，pp. 59-73。

立本博文・小川紘一・新宅純二郎（2008）「技術の収益化のための国際標準化とコア技術管理」『日本知財学会誌』Vol. 5, No. 2, pp. 4-11.

立本博文・高梨千賀子（2010）「標準規格をめぐる競争戦略―コンセンサス標準の確立と利益獲得を目指して」『日本経営システム学会誌』Vol. 26, No. 3, pp. 67-81。

徳田昭雄・立本博文・小川紘一（2011）『オープン・イノベーション・システム―欧州における自動車組込みシステムの開発と標準化』晃洋書房。

平林英勝（1993）『共同研究開発に関する独占禁止法ガイドライン』商事法務研究会。

宮田由紀夫（1997）『協同研究開発と産業政策』勁草書房。

第5章

# 国際標準化と比較優位の国際分業,経済成長

小川 紘一

## 1. 本章の基本メッセージとその背景

　本章ではまず第一に国際標準化が比較優位のオープン国際分業を加速させる事実,およびこの分業が同じ産業の内部だけに生まれ,しかも先進工業国と途上国と間に現れることを明らかにする。そして第二に,1990年代後半以降に急成長するアジア製造業にデジタル型エレクトロニクス産業が大きく貢献した事実,その背景に比較優位の国際分業が同じ製品の産業の中で生まれていた事実を紹介する。そして最後に,ビジネス・エコシステムを介した比較優位の国際分業という視点からアジアの成長と共に歩むための日本と日本企業の方向付けを考えてみたい。

　技術が経済成長に及ぼす影響は,これまでそれぞれの国のマクロな統計データを使って議論されてきた。その代表的な事例が外生的成長理論と内生的成長理論である。前者は,それまで考えられていた労働力や工場・設備への投資というより,むしろ技術進歩の蓄積による効果の方が経済成長へ遥かに大きな影響を与えることを数学モデルで明らかにした。

　しかしながら1957年にSolowによって提唱された外生的成長理論では,技術それ自身が外生的に与えられると仮定されており,自らリスクを取って

研究開発することは，前提になっていなかった。技術の進歩は，企業の経済活動と無関係に創出される知の蓄積の派生物として，あるいは時間的・空間的に外部から伝播してくる派生物である，という古典的な科学技術論が暗黙の内に仮定されていた[1]。

このような考え方は，国や企業が新技術開発に巨額の投資をして競争優位を維持拡大しようとする先進工業国の現状は説明できないものの，技術蓄積の少ない途上国が先進国から伝播する，あるいはスピルオーバーしてくる技術体系を活用して成長する，という21世紀の現状をそのまま説明することができる。事実，戦後の日本も，そして1990年代以降の東アジア諸国と中国も，製品とその関連技術知識の移転・取り込みに特化した国の産業政策が，国の経済成長に極めて大きな役割を担った。このステージでは，ビジネスモデルや知財マネージメントという考え方が生まれていない。

1980年代の後半になってRomerが内生的経済成長理論を提案し，技術開発それ自身が紛れもなく市場経済の一翼を担う，と位置付けた。これを国や企業の視点で翻訳すれば，研究開発投資の成果としての技術が蓄積され，人材育成・学習および経験の蓄積などによってさらに技術レベルが高まることが経済成長や企業の競争力に貢献する，という考え方であった。これは，行政がイノベーション政策に深く介在して科学技術投資をする思想的なバックブランドとなっている。

Romerが主張するもう1つの重要な点は，技術イノベーションを生み出すために発生する費用は最初だけであって，一旦技術が生み出されれば追加費用を支払うことなしに誰もが何回でも再利用可能になるという点である（ジョーンズ，1999，第4章）。したがって，技術が伝播しない，あるいは特許権で守られるという条件下でのみ，技術開発の恩恵が投資者である国や企業に競争優位をもたらす。確かに1970年代までの産業であれば，技術伝播が起き難く，特許権も有効に機能した。この意味で，巨額投資が新技術を生み出し，そして新製品を生み出して大量普及すれば必ず国や企業の競争優位に直結するという，リニアーモデルが暗黙の内に期待されたものであっ

た[(2)]。さらには，技術開発投資の成果が必ず需要を生み出すという暗黙の仮定があった。したがって，行政や企業の経営者の役割は，ただ単に研究開発資金の確保ということになり，GDP や売り上げに対する研究開発および特許の数などを指標にした政策が横行する。投資が生み出す技術成果の伝播をコントロールするための知財マネージメント，あるいはこれを競争力や雇用に結びつけるための出口政策とビジネスモデルが強調されることは無かった。しかし 21 世紀の日本が直面する現実は，瞬時に技術が伝播し，特許の質も数も，日本と日本企業の競争力にも雇用にも寄与していないという事実である（小川，2009b）。

ほぼ同じ時期に，内生的研究開発投資と技術イノベーションおよび技術伝播を経済成長へ取り込む理論も現れた[(3)]。ここで新規技術の開発や技術進化のための投資は企業利潤追求するビジネスチャンスをつかむためとされてはいるが，同時に投資の成果を独占すれば経済成長に寄与せず，技術の伝播（スピルオーバー）こそが経済成長に寄与すると，牧歌的に主張している。しかしながら本章の 2. や 5. で紹介するように，ビジネスモデルと知財マネージメントに支えられた Full Turn Key Solution 形のプラットフォームを構築すれば独占と経済成長を同時に達成できるのである。

日本でも，技術導入と国際貿易・外国直接投資などに着目して論じる優れた著作（戸堂，2008）や分業の発展や工業化の過程を含む歴史的な視点で市場と成長を論じる優れた著作も出てきた（斎藤，2008）。しかしこれらのいずれもが，なぜ技術蓄積の少なかったアジア諸国が，自国内の市場ではなくグローバル市場で，しかも極めて短い期間に圧倒的な市場シェアを取れるようになるのか，なぜこれが設計と製造が分離し易いデジタル型のエレクトロニクス産業で最初にしかも大規模に現れたのか，そしてなぜ 1990 年代の後半からアジアの製造業が急成長するようになったのかを説明できない。また技術開発投資の成果の独占とオープン環境の技術伝播が共存するグローバル市場がなぜ出現し，なぜここから先進国と途上国の経済を共に成長させる仕組みが生まれたかも説明できない。また，なぜ日本企業が市場撤退への道を

歩むのかも説明することができない。したがって，21世紀の日本の成長をアジアの成長とリンクさせて議論する枠組みを，従来の議論から導くことは困難である。

経済学は，長期的な成長を決定する要因が資本と労働と生産性である，と教えてきた。経済の供給サイドに働きかけて資本と労働の双方で量・質を高め，生産性が高まれば経済が成長する，というリニアーモデルである。特に日本では，生産性を高める要因として科学技術が位置付けられ，国の進むべき方向が科学技術創造立国であるという供給サイドのリニアーモデル的政策思想が多くの人の共感を得ている。過去15年で60兆円の国税が注ぎ込まれた。企業側の研究開発投資を含めれば，総額200兆円という巨額に及ぶ。その大部分が製造業に対する投資であったが，その製造業は長期にわたってマイナス成長であり，雇用は1990年から2007年まで400万人も減った。

この背景を分析するには，アジア経済圏中の我が国の製造業，という視点が必要である。確かに我々は，技術伝播／着床と経済成長の関係を，技術イノベーション政策に取り込んでこなかった。アジアの成長と共に歩む日本の姿を描き出すには，技術伝播／着床スピードを製品アーキテクチャの視点に着目して論じなければならないのである。そして同時に知財マネージメントの視点から技術伝播のコントロールを論じなければらならいのである（小川，2011）。

日本の国や企業を支えた従来型の国際競争力は，1990年代後期に興隆した比較優位のオープン国際分業によって通用し難くなっていた。それは，同じ産業の中で比較優位の在り方が製品アーキテクチャに大きく依存するようになっていたからである。製品アーキテクチャと国際標準化が技術の伝播／着床スピードを左右して比較優位の国際分業を生み出し，グローバル市場の競争ルールや産業構造を一変させていた，と言い換えてもよい。競争ルールが変われば従来型の供給サイド一辺倒に徹した政策思想を転換させ，そして日本の企業制度の在り方やものづくり一辺倒の経営思想も，比較優位のオープン国際分業に適応させながら変貌・進化させなければならない。

そこで本章では，高度10万メートルの視点に立つ伝統的な供給サイドの政策や成長論ではなく，マクロな経済指標だけを使う議論でもなく，個別産業や個別製品を起点にしながらアジア企業（特に製造業）の国際競争力を論じてみたい。他の産業の影響が相対的に少なければ個別産業や個別製品の競争力とマクロな指標（たとえばGDP）との関係を実証データで把握し易いという意味で，巨大産業に育ったパソコンとDVDおよび半導体を取り上げた。また，パソコンやDVD，半導体などに代表されるデジタルエレクトロニクス産業のGDPが全製造業の中で大きな割合を占めているという意味で，台湾や韓国に焦点を当てて論じた。個別産業・個別製品の競争力をマクロ指標としてのGDPと関係付けながら論じる，という本章の取り組みによってはじめて，アジアの成長と共に歩む日本の方向を具体的に議論できるのではないか。

　本章の論点を支える第一事実は，内部構造がモジュラー型アーキテクチャへ転換し易いデジタル型製品に国際標準化が介在することによって，まず比較優位の国際分業が同じ産業の中で瞬時に生まれ[(1)]，これを起点にデジタル型の産業分野からGDPが急成長の軌道に乗る，というアジアの製造業の姿である。これらの事実を具体的なデータで明らかにしたい。

　本章の論点を支える第二の事実は，たとえ同じ産業内であっても，内部アーキテクチャがモジュラー型に転換する製品／システムなら技術伝播・着床スピードが10倍から30倍も速くなる事実があり，一方，内部アーキテクチャが擦り合わせ型ブラックボックス的な状態を維持するのであれば伝播／着床スピードが非常に遅い，という事実である。ここでアジア諸国企業は技術の伝播／着床スピードが非常に速い，すなわちスピルオーバーし易いモジュラー型の製品セグメントを担って成長軌道に乗り，一方，先進工業国は伝播／着床スピードが遅い，すなわち模倣され難いブラックボックス的な製品セグメントを担い，これを供給するプロセスでの中でアジアの成長を取込む。この意味で，アジア諸国の成長が外生的な成長モデルに近く，先進工業国の成長が内生的であってしかもスピルオーバーしないケースの成長モデルに近

い。

　本章の主張は，この2つのモデルが同じ産業の中で同時に起きて共存するという点にあり，したがって同じ産業の中のビジネス・エコシステムを介した比較優位の国際分業・国際貿易こそがアジア諸国と先進工業国を共に成長させている，という点にある。この2つの事実の組合せによって，技術イノベーション投資の成果の独占とグローバル経済の成長が同時実現可能となるのである。

　同じ産業の中で生まれる比較優位の国際分業が，アジア諸国の製造業をグローバル市場へ躍進させ，経済成長に多大な貢献をしている。一方で，日本で製造業の雇用が急速に減少しているが，その背景にはアーキテクチャベースの"比較優位のオープン国際分業"が政策にも事業戦略にも取り込めていない現実があったのである。一方，欧米諸国は，アジア諸国を分業のパートナーと位置付けることによってアジアの成長を自国の成長に取り込む仕組みを1990年代に完成させた。1980年代に産業構造を強制的に分業型へ転換させていたからである。しかしながら，伝統的な統合型を維持してきた日本企業にとって，アジア諸国は低コスト生産拠点であり，同じ産業の中のオープン・サプライチェーンを共有するパートナーという位置付けではなかった。

　確かに，同じ産業の中で比較優位の国際分業が起きていないのなら，アジア諸国を単なる低コスト生産拠点としての位置付けにするのは当然の発想である。事実1980年代までなら，たとえば1980年代のIBMがデジタル型を代表するパソコン産業で位置付けた日本との関係もこれに近かった。現在の日本の自動車産業も同じである。しかしながら，製品アーキテクチャが完全なオープン・モジュラー型へ転換する製品／産業領域では，必ずビジネス・エコシステムを介した比較優位のオープン国際分業が生まれる。21世紀の現在では，この潮流を人為的に作り出す国の国際標準化戦略や企業の標準化戦略は，それ自身がグローバルな産業構造を一変させ，競争ルールを一変させ，そして国際競争力・経済成長・雇用に大きな影響を与える[5]。パソコン産業でこれが起きたのが1990年代であり，自動車産業や建設機械産業でも

第5章　国際標準化と比較優位の国際分業，経済成長

必ず起きる。以上のような特徴を持つ21世紀のグローバル経済を，個別産業や個別製品から概観してみたい。

一般に人工物の設計とは，製品／システムを構成する基幹技術モジュールの結合公差を拡大させて単純組合せ型へ転換させる一連の行為である。製品／システムの内部構造をモジュラー型のアーキテクチャへ転換させる一連のプロセスである，と言い換えてもよい。しかしながら，モジュラー型へ転換するだけでは，アジア諸国企業がグローバル市場へ短期間で参入することはできない。市場参入が可能になる第一の背景に，国際標準化によって，基幹技術モジュール相互の結合インタフェースがグローバル市場へオープン化され，同時に結合公差が完全オープン化される事実がある。第二に，完全オープン化によって製品設計，生産技術開発，部品調達，大量生産など，あらゆる領域で内部コストが激減する事実がある。技術蓄積の少ないアジア諸国企業でさえ極めて短期間に市場参入できる背景がここにあった。

国際標準化は，同じ産業の中で比較優位の国際分業を加速させる役割を担う。特にインタフェース標準が中心のデジタル型製品でこれが最も先鋭的に現れたという意味で，オープンな比較優位の国際分業がデジタル型の製品から始まった[6]。したがってアジアの製造業の中でも，特にデジタル型の（モジュラー型へ転化した）産業領域から製造業のGDPが急成長に転じた。国際標準化によってアジア諸国の製造業が急成長する背景がここにあったのである。明らかにこれは，ガーシェンクロンの後発性利益という古典的な学説で説明できるものではない。デジタル化や国際標準化が創り出したグローバル産業構造の存在によってはじめて説明できるものである。

デジタル型とは，設計の深部にマイクロプロッセッサーとファームウエアが介在する製品／システムを言う[7]。マイクロプロセッサーとこれを動かすファームウエアが持つ基本的な作用が，製品の内部アーキテクチャを技術モジュールの組合せ型，すなわちモジュラー型へ転換させる。この内部アーキテクチャ転換とオープン国際標準化の重畳が，経済システムを従来のクローズド・グループ内分業からオープン環境のグローバル企業間分業へと発展さ

せる原動力となった⁽⁸⁾。2010年に出荷されたマイクロプロセッサーの数は180億個に及ぶが，2015年に300〜400億個，そして2025年には700〜1,000億個になるという。これが全て製品設計の深部に介存するとすれば，人間社会が生み出す人工物の大部分がビジネス・エコシステムを介した比較優位のオープン国際分業という産業構造になるであろう。

技術モジュールとして流通するマイクロプロセッサーを最初に採用したコンピュータがパソコンである⁽⁹⁾。当時のプロセッサは1980年代になっても非常に性能が悪く，メインフレーム・コンピュータはもとよりミニコンピュータからも全く相手にされなかったが，パソコン産業の興隆を担ったベンチャー企業群がこれを積極的に採用した。技術の全体系を開発する資金も能力も全くない彼らにとって，オープン環境に流通するマイクロプロセッサーを市場から調達する以外に手がなかったからである⁽¹⁰⁾。

ここからパソコン産業で企業間の水平分業が始まり，その延長で国を超えたビジネス・エコシステム型の国際分業構造へと大規模に発展する。パソコン産業の急拡大が，光ディスク産業やディスプレー産業，半導体産業などを興隆・発展させた。このように，同じ産業の中でオープン国際分業が大規模に始まった最初の巨大産業がパソコンだったのである⁽¹¹⁾。その背後で，基幹部品の中でも特に汎用のマイクロプロセッサーが，オープンなグローバル市場で流通する事実があった。

本章の目的は，国際標準化と経済成長の関係を論じることだが⁽¹²⁾，これまで述べたように，その前提が製品アーキテクチャのモジュラー化とここに国際標準化が介在することで生まれる比較優位の国際分業であった。そこで本章は，まず2.と3.でアメリカのパソコン産業と日本の光ディスク産業（CD-ROMやDVD）を取り上げながら，マイクロプロセッサーとファームウエアの作用によって製品アーキテクチャがモジュラー型へ転換し，ここに国際標準化が介在することで，ビジネス・エコシステムを介した比較優位のオープン国際分業が急拡大することを実証する。

前者のパソコンの事例は，本質的にデジタル技術で構成されたコンピュー

タヘオープン標準化が介在し，企業間の分業が大規模に現れた最初の事例である[13]。アメリカのパソコン産業は，オープン標準化を前面に出しながら激しい位置取り競争を繰り広げ，徐々にオープン・モジュラー型のアーキテクチャへ向かう。ほぼ完全なモジュラー型へ転換する1990年代の中期から，アメリカとアジア諸国との間でビジネス・エコシステムを介した比較優位のオープン国際分業が大規模に進展する。

　たとえオープンな企業間分業の産業構造が生まれても，初期のころの分業はパソコンのような製品を生み出す先進工業国の市場に留まった。しかしながら，製品アーキテクチャのモジュラー化が究極まで進んで完全なFull-Turn-Key-Solution型へ転換する時点から（パソコンの場合は1990年代の中期），先進工業国とアジア諸国との間でビジネス・エコシステムが大規模に進展したのである。ここではインテルが決定的な役割を担った。

　後者のCD-ROM装置は，コンピュータ環境（当時はミニコンピュータ）で使われることを前提にして既に1980年代の前半に国際規格ができていた。しかし本質的にアナログ技術で構成された製品だったので，基幹技術相互の結合公差が非常に狭い。国際標準化が介在しても比較優位の国際分業が生まれない。これは初期の据え置き型VTRでも同じであった。しかしながらCD-ROMは，マイクロプロセッサーが製品設計の深部に介在する1990年代の中期からモジュラー型へ転換し（小川，2009b），パソコンと同じように比較優位のオープン国際分業が始まったのである。その延長でDVDの国際分業が生まれる。マイクロプロセッサーの性能・機能がある段階に達して製品設計の深部に介在するレベルにならなければアナログ型製品のモジュラー化が進まず，したがってビジネス・エコシステムを介した比較優位の国際分業化も進展しない。

　たとえ完成品／システムを支える技術体系が全く異なっていても，マイクロプロセッサーが持つ基本的な作用によって製品アーキテクチャがモジュラー型へ転換する。そしてここに国際標準化が介在すれば必ずオープン国際分業が生まれる。基幹技術モジュール相互の結合インタフェースと結合公差が

共にオープン化されるからである。比較優位の国際分業という産業構造がビジネス・エコシステムを形成してグローバル市場に生まれるプロセスは，時空を超えて同じように観察されることが 2. と 3. から理解されるであろう。21 世紀の現在では，ほぼ全てのエレクトロニクス製品で製品設計の深部にマイクロプロセッサー／システム LSI が介在し，そして国際標準化が介在するという意味で，製品出荷の初期の段階から先進工業国とアジア諸国との間で比較優位のオープン国際的分業が当たり前のように進められる。

4. では 1990 年代に顕在化したオープンな国際分業によって，それ以前の 1980 年代より 10～30 倍もの巨大市場が瞬時に生まれる，という事実を色々な事例で紹介したい。そして本章の最終目的である"国際標準化がもたらす経済成長"を論じる。製品アーキテクチャのモジュラー型への転換がオープン標準化と結びつくことによってビジネス・エコシステムが生まれ，先進工業国とアジア諸国とが互いに比較優位の相互依存性を強めながら経済成長に貢献する事実が，一連の実証データによって理解されるであろう。21 世紀の我々がグローバル市場で当たり前のように目にするこれらの経済的・社会的な諸現象が，人工ゲノムとしてのマイクロプロセッサー，あるいはマイコンや DSP，システム LSI およびこれを動かすファームウエアという，一連のデジタル技術体系の進化によってもたらされたのである[14]。

## 2. パソコン産業に見るオープンモジュラー化の進展と比較優位の国際分業

### 2.1. アメリカの産業政策転換とオープンな企業間分業の興隆

1800 年代の後半から大規模に発展したアメリカ企業は，フルセット垂直統合型の企業制度で成功を繰り返した。規模の経営によって内部コスト削減と価格維持を同時実現させたのである。また安定成長を目指して盛んに統合化を行いながら垂直統合型とコングロマリット型の組織能力を磨き[15]，同

時に事業部制を導入することによって大規模組織の効率的なマネージメントを追求してきた。当時のアメリカ巨大産業が扱う製品は，石油，石炭などの素材か，あるいは鉄道，自動車などの擦り合わせ型アーキテクチャを持つ製品であった。その後に興隆するコンシューマ市場のエレクトロニクス製品であっても，全てアナログ的な技術で構成されていたので，21世紀の我々が目にするオープンな企業間分業はもとより同じ産業の中で比較優位のオープン国際分業は，そもそも存在し得なかった。

　1960年代のベトナム戦争によってアメリカの財政が極めて厳しくなった。またその後の1970年代に起きた二度にわたる石油危機によって長期の大量失業とひどいインフレの同時進行に悩まされ，1980年代の初期になってもここから抜け出せないでいた。そこでアメリカ政府は，1980年代に産業政策をダイナミックに変えた[16]。産業構造を強制的に変えようとしたのである。特に現在の我々が当たり前のように語るオープン標準化や企業間分業，ベンチャー企業の躍進が，1980年の著作権法の改正（ソフトウエアに対する著作権による保護を認める）や，1981年ごろのディーア判決によって特許権でもソフトウエアが保護されるようになった事実，1982年の連邦巡回控訴裁判所（CAFC），1982年の中小企業技術革新法（SBIR：研究会開発補助金制度），そして1984年の国家共同研究法の制定など，一連の法律によってこの世に生まれた。

　1980年の著作権法の改定は，1981年10月に出荷されるIBM PCの回路図面やBIOSソース・コードの公開を誘発させ[17]，パソコン産業がオープンな企業間分業へ転換する上で重要な役割を果たした。また独禁法の改定と国家共同研究法の制定，およびこれに関係した諸々の法律改定によって，複数の企業の協業による技術開発が"当然違法の原則"ではなく，"合理の原則"に従って，しかも協業のプロセスと結果をオープンにするのであれば，合法とした[18]。ここから共同開発の成果を業界標準にするという動きが，大きな潮流となってアメリカ製造業のDNAになる。今日のアメリカの競争優位は1985年12月のヤングレポートではなく，それ以前の一連の法律制定

が起点になっていたのである。ヤングレポートの前にアメリカの産業構造を転換させるための政策が具体化されていた。

国家共同研究法が成立したわずか2年後の1986年ころに業界標準となったパソコンのISAバス（Industry Standard Bus），および1988～1989年のEISAバス（Enhanced ISA Bus）のオープン標準化が，パソコンのモジュラー化と企業間の水平分業を加速させた（小川，2009b，第5章）。アメリカの産業政策が特定の産業の構造転換に影響を与えた象徴的な事例である。これがパソコンを起点としたデジタルネットワーク社会の飛躍的な発展に繋がり，ビジネス・エコシステムとしての比較優位のオープン国際分業へと発展する。その担い手はいずれも1980年代に輩出した多種多様なベンチャー型企業であり，伝統的な大企業ではなかった[19]。

## 2.2. オープンモジュラー化の進展と比較優位の国際分業

デジタル技術が製品設計の深部に介在した最初の製品がコンピュータであった。なかでもパソコンは，オープン市場で流通する技術モジュールとしてのマイクロプロセッサーを製品設計の中核に据えていたこともあり，1980年代前期のアメリカで制定された独禁法の大幅緩和や国家共同研究法の制定などの産業政策に後押しされながら，デジタル化とオープン標準化とが結びつく最初の製品となった[20]。

1981年に世に出た初代のIBM PCと1984年に出荷されたIBM PC/ATは，通説のように最初からオープン化していたように見える。しかしながらオープン化されたのは回路図面の概要とBIOSであり，製品として組み立てる場合に最も重要なノウハウとなるデータバスのタイムチャートやインタフェースの細部情報は，すべてIBMという企業の内部で閉じていて公開されていない。また基幹部品を外部調達する分業構造になってはいたが，全てIBMの特別仕様にカスタマイズされていた。したがって少なくともパソコンという完成品の内部構造はモジュラー型だったものの，メインフレームと同じクローズド環境のモジュラー型だったのである。

このような経営環境では，新興企業群が決して主導権を取ることができない。この閉鎖的環境を打開するために，オープン環境で標準化しようとした対象がISAバスであり，その後に続くEISAバスであった。IBMではなく互換機メーカが中心となり，しかもオープン環境で業界標準に制定したという意味で，1980年代初期のアメリカ産業政策が誘発した象徴的な出来事だったのである[21]。以上のようにISAバスのオープン標準化が，完成品としてのパソコンをオープン環境のモジュラー型へ転換させた第一のステップであった。当然のことながらアメリカ政府がこれを強制したのではない。当時興隆したベンチャー企業群が行政側のマクロ政策を活用したのである。

　完成品としてのパソコンをオープンモジュラー型へ転換させた第二のステップは，Bus Bridgeコンセプトの登場である[22]。これもIBMではなく，互換機メーカであるコンパック社から提案された。コンパック提案のBus Bridgeは，既存のレガシー技術（主に周辺機器）に影響を与えず，すなわちそのまま使える互換性を維持し，その上でさらにコンパックが独自にパソコンの性能・機能を進化させるための緩衝レイヤーであった。既に巨大なインストールド・ベースが出来上がったユーザー資産と既存のサプライヤーが作る周辺機器との互換性を維持することでネットワーク外部性を働かせ，その上でコンパックがユーザー資産の技術構造を離れて独自に生み出すイノベーション成果をユーザー・メリットとして提供できるようになったのである。

　ここからコンパックやインテルなどのベンチャー企業群は，独自の高速バスと高速プロセッサー（当時のi-360）を活用して，IBMの考えとは異なる方向へパソコンの機能・性能を進化させた。パソコン産業が一種の自律分散型の技術イノベーションへ向かって歩みはじめた，と言い換えてもよい。これを可能にしたのが，割り込み処理とデータ・バッファリングの組み合わせで構成されたBus Bridgeであり，既存のユーザー資産（レガシー技術）と独自イノベーションとの相互依存性を完全に排除する機能を持っていた。技術モジュール相互の依存性を完全に排除できるBus Bridgeの導入によっ

て，完成品としてのパソコンの内部構造がさらにモジュラー型へと進んだのである。レガシー技術と新規技術の相互依存性を排除する Bus Bridge の登場によってはじめて，パソコンという製品の大量普及と高収益の同時実現がオープン環境で可能になった，と言い換えてもよい。

パソコンのアーキテクチャをオープンモジュラー型へ転換させた第三のステップは，インテルによって仕掛けられた。インテルは，まず自社の付加価値領域（ブラックボックス領域）であるマイクロプロッセサー（MPU）ビジネスを競争相手から守る手段として，新たに North Bridge という緩衝レイヤーを導入した。さらに既存の Bus Bridge を South Bridge というコンセプトに変え，これとインテルが開発した PCI バス経由で North Bridge に直結させた。

我々が特に注目すべき点は，オープン環境で標準化された PCI バスによって，North Bridge 周辺の技術開発を，South Bridge 側へ影響を与えずに，すなわちインテル自身が自らの経営戦略だけで独自に進められようになったことである。これを別の視点から言い換えれば，DRAM メーカやハードデスク・メーカ，グラフィクス関連デバイスのメーカが，インテル MPU 側から独立に，そして同時にレガシー・デバイスが繋がる South Bridge 側から独立に，自律分散型の技術イノベーションを起こせるようになったことを意味する。インテルが導入した2つの Bridge による相互依存性の排除が，実はそのままパソコンのアーキテクチャをさらに細かなモジュールの組合せからなるオープンモジュラー型へ完全転換させる役割を担ったのである。

完成品としてのパソコンが，公差無限大のデジタル型オープンインタフェースを介する完全モジュラー型に転換するタイミングから，今度はインテルの方が，市場支配力の強化を狙って統合型へ向かいはじめた。これが，現在のインテル型ビジネスの原型となった図1のプラットフォームである。図1こそがインテル型ビジネスの原点であり，その後のパソコン産業の完全モジュラー化を象徴する共通プラットフォームとなった。その時期が1995年から1996年ころだったのである。

第5章 国際標準化と比較優位の国際分業，経済成長　153

**図1　オープン標準化を駆使したインテル社のプラットフォーム型ビジネスモデル**

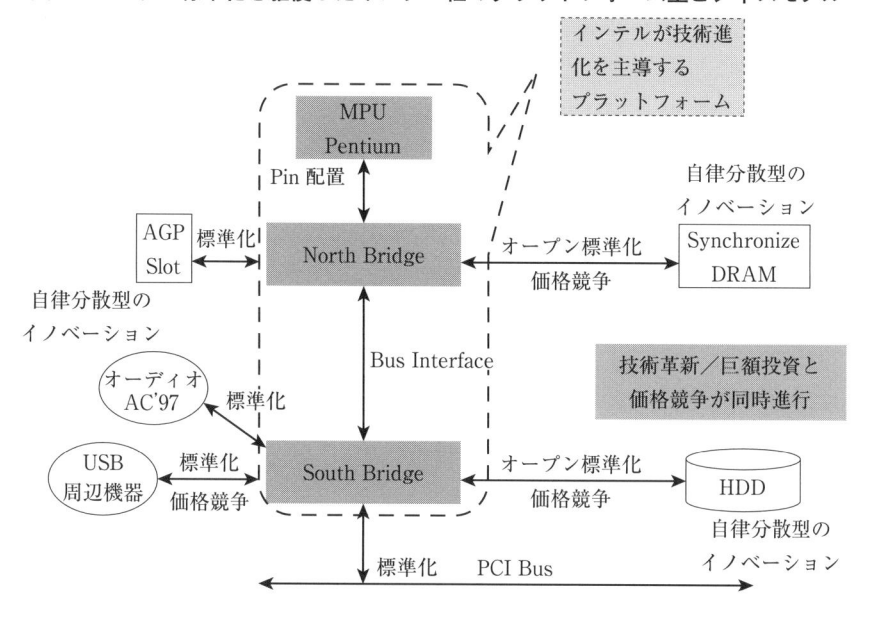

```
                          インテルが技術進
                          化を主導する
                          プラットフォーム

              MPU
              Pentium
              │
              │ Pin配置                    自律分散型の
                                           イノベーション
  AGP    標準化                 オープン標準化   Synchronize
  Slot ←──→ North Bridge ←────────────→   DRAM
自律分散型の                     価格競争
イノベーション
                │
                │ Bus Interface           技術革新／巨額投資と
                │                         価格競争が同時進行
  オーディオ
   AC'97   標準化
  ○ ←──→
  USB    標準化                  オープン標準化
周辺機器 ←──→ South Bridge ←────────────→  HDD
           価格競争                価格競争
                │                          自律分散型の
                │ 標準化  PCI Bus            イノベーション
              ←──→
```

　図1で我々がまず注目すべき点は，自社の技術ノウハウと知財で構成されるマイクロプロセッサー（MPU）およびこれに繋ぐ高速デバイス用のNorth Bridgeとの相互依存性を，さらに強化した点にある。そしてまた，South Bridge（既存のデバイス用）さえ，PCIバスを介してMPUとの相互依存性が強化された[23]。これによって図1の点線で囲んだ領域が，実質的にブラックボックス化されてインテルに囲い込まれることになる。オープン・サプライチェーンの特定領域から独占範囲の拡大（統合化）に向い，オープン市場に対する影響力がここから強化された。

　次に着目すべき点は，プラットフォームに繋ぐDRAMメモリー，ハードディスク，グラフィック関連デバイスやUSBデバイスなど，全てのパソコン基幹部品で，その外部インタフェースがオープン環境で標準化されている点にある。これによって，インテルの付加価値が集中カプセル化された統合モジュール（図1の点線で囲んだ内部）は，他の全ての周辺機器とオープンイ

ンタフェースを介して単純結合することが可能になった。パソコンの完全なオープンモジュール化がここで完成する。

　製品アーキテクチャのモジュラー化が進むと，パソコンの部品や材料とこれを作るための量産設備，さらにはパソコンの組み立てなど，バリューチェーンのそれぞれのセグメントが独立にイノベーションを生み出しても，そのままパソコンの機能・性能向上やコスト削減に直結する。パソコンという巨大産業の全ての技術体系を全く知らなくても，個別セグメントのイノベーションが産業全体のイノベーションに直結するようになったのである。同時にこれは，自律分散のイノベーションが，完成品としてのパソコンを構成するほぼ全ての部品領域に拡大することを意味する。そしてここから，大規模な比較優位のオープン国際分業が，特に先進工業国とアジア諸国の間のビジネス・エコシステムとなって出現する。

　たとえばオープン標準化された ISA バスの登場によってはじめて，アメリカや日本の企業群が IBM とは全く独立に，3.5 インチのハードディスク側でイノベーションを起こすことができた。デジタルインタフェースがオープン標準化されていたからである。事実 3.5 インチ HDD ドライブの内部にアナログ変復調回路やコントローラ回路が全て内蔵されており，完全モジュール構造になっていたので，オープン規格のインタフェース仕様さえ守れば誰でも市場参入できた。1980 年代に世界で専業メーカが 80 社以上もあったという。日本からも多くの企業が 3.5 インチのハードディスク産業へ参入したが，富士通や日立，NEC などの伝統的な大手企業ではなく，いずれも初めてハードディスク産業へ参入する企業群であった。

　また 3. や 4. で紹介するように，台湾のマザーボード産業や EMS 産業も，インテルが完成させた図 1 のプラットフォームを起点に大躍進する。韓国企業がパソコン用の DRAM メモリーで 1990 年代から急成長の軌道に乗ったのも，そしてパソコン用の CRT デスプレーで台湾や韓国企業が躍進した背景にも，またパソコンへ内蔵する CD-ROM 装置や DVD 装置が大量普及しはじめたのも，オープンインタフェースを介して相互依存性を排除し，

自律分散型の技術イノベーションが可能になった時点からであった。いわゆるオープンインタフェースを介したビジネス・エコシステムとしての比較優位の国際分業，およびこれを起点にした自律分散型のイノベーションが世界中で始まり，高性能化・大容量化・高機能化と低コスト化が同時進行したのである。ここからパソコン市場が世界中で爆発的に拡大し，同時にアジア諸国の製造業もパソコン産業のサプライチェーンの特定セグメントを担って急成長する。再度繰り返すが，これはガーシェンクロン型の後発性利益という考え方で説明できる事象とは全く異なる。

## 3. 光ディスク産業に見るオープンモジュラー化の進展と比較優位の国際分業

### 3.1. マイクロプロセッサーの性能向上とデジタルフィードバック制御の登場

製品アーキテクチャの視点から見たフィードバック制御とは，たとえ制御対象物の内部に異常（特性バラツキや経年劣化，誤動作など）があっても，あるいは制御対象物に外乱（たとえばこれを使うシステム側の製造バラツキ，システム側の振動やノイズ，使用環境温や湿度の急激な変化，あるいは操作ミスなど）が重畳しても，これを検出してフィードバックしながら異常や外乱の影響を取り除くことであった。フィードバック制御が組み込まれた技術領域なら同じシステムの他の技術体系へ影響を与えない仕組みが構築されている，と言い換えてもよい。この意味で技術モジュール相互の依存性を排除する効果を持つ。本来なら相互依存性の強いアナログ型の技術体系，あるいは機構系を多く含む技術体系であっても，個々の技術モジュールの組合せ型へと転換する機能を持つのが，フィードバック制御である。

CD-ROM装置やDVD，携帯電話，薄型テレビ，白物家電に代表される電気機器は，回転機構技術や無線技術，アナログ回路技術などが製品機能の

中核を占めることが多く、本質的にアナログ的な技術体系で構成されていた。またここに使われるフィードバック制御も、1980年代までなら全てアナログ型であった。アナログ型であればフィードバック制御を特徴付ける伝達関数（制御アルゴリズム）が固定されて自由に変えることができない。したがってダイナミックレンジが非常に狭い。すなわち内部異常や外乱が小さい場合だけしか、技術モジュールへの単純組合せ型と見なすことができない。アナログ型のフィードバック制御では、ごく限られた条件下でしか完成品を構成する要素技術相互の依存性を排除できないのである。技術モジュール相互の結合公差が非常に狭い、と言い換えてもよい。

　一方、デジタル型のフィードバック制御は、製品開発のプロセスでフィードバック制御のノウハウが多種多様な機能のファームウエア・モジュール群としてメモリーに蓄積されており[24]、伝達関数のパラメータはもとより伝達関数の構造そのものさえ、ファームウエアの単純入れ替えだけで自由自在に変えることができる。この意味で、たとえ内部異常や外乱が非常に大きくてもこれに対応して伝達関数（ファームウエア・モジュール）を入れ替えれば、これが他の技術体系へ及ぼす影響を排除することができる。すなわちダイナミックレンジが非常に広くなって、完成品を構成する要素技術相互の結合公差が実質的に拡大する。この意味で、デジタルフィードバック制御は、要素技術相互の依存性を広範囲にわたって排除する機能を持っている。製品アーキテクチャをモジュラー型へ転換させる作用を持つ、と言い換えてもよい（図2参照）[25]。

　ジェームズ・ワットの蒸気機関を起点にする伝統的な機械技術の製品から現在のメカトロニクス製品まで、その技術革新を支えてきたのがフィードバック制御である。ここにデジタル技術が介在することによる相互依存性の排除、すなわちモジュラー型への転換が、人工物の設計と製造の在り方のみならず、技術伝播／着床スピードも、そしてグローバル産業構造さえも一変させてしまった。

　デジタル化がもたらす新たな可能性はかなり前から理解されており、コン

ピュータが誕生するとすぐフィードバック制御への応用が研究された。しかしながら複雑な伝達関数を介した一連のフィードバック制御をリアルタイムで処理するには高速演算が必要だったので，1970年代までは専用のミニコンピュータが使われていた。これがあらゆる製品領域に広がるには，超小型コンピュータ，すなわちマイクロプロセッサーの登場まで待たなければならないが，1971年に誕生したマイクロプロセッサーは性能が非常に悪くしかも高価だった。デジタルフィードバック制御が製品設計の基幹領域に採用されるようになったのは，性能が飛躍的に向上してリアルタイム高速処理ができるようになり，大量生産によってマイクロプロセッサーの価格が急激に下がる1990年代からだったのである。

　コンピュータの場合は，たとえ初期のころであっても，計算速度が人間より遥かに高速であってプロセッサーの性能の遅さが問題になることは全くなかった。1980年代であっても，個人が使うパソコンなら表計算の速度が人間の処理スピードより遥かに高速である。またたとえ複雑な処理に時間がかかっても，メインフレームやミニコンではなく個人が一人で使うパソコンなら待てばよかった。

　しかしCD-ROM装置やDVD，あるいはテレビや携帯電話は，処理時間がアナログ時代の技術仕様や人間の感性などによって決まり，マイクロプロセッサーがこの時間内で高速リアルタイム処理を完了できる性能になっていなければ，製品設計者はプロセッサーを活用することができない。したがって初期のころは，たとえマイクロプロセッサーをエンジンにするマイコンやDSPが家電機器で使われても，その用途が非常に限定的であった。家電機器のアーキテクチャをモジュラー型に転換させ，競争ルールを変えながら産業構造を一変させるには，超微細加工のプロセス技術に支えられた半導体側の技術イノベーションを待たなければならなかったのである。

　本章が着目するマイクロプロセッサーの性能は，半導体の技術革新に支えられて1990年代から飛躍的に進化した。たとえば1970年代は性能が0.07〜1MIPS（Million Instruction Per Second）であって，しかも10年でせいぜ

**図 2 家電製品のアーキテクチャ転換**

1980年代のアナログ型

基幹部品の相互依存性が非常に強く、
超精密な部品の組合せによってはじめて製品機能を歩留まり良く復元できる

- 製品を構成する部品
  超精密で特別仕様の部品を採用
- 製品の機能
  管理された仕様条件で製品機能を維持する

2000年代のデジタル型

ファームウェアの作用で基幹部品の多層的・複合的な相互依存性を排除
低コスト汎用部品を使ってもファームウェアの作用が使用条件を緩和し、製品機能を拡大

- ファームウェアのモジュール群
- マイクロプロセッサー
- 低コストで流通する汎用部品を活用
- デジタルインタフェース
- 使用条件の大幅緩和と機能の拡大

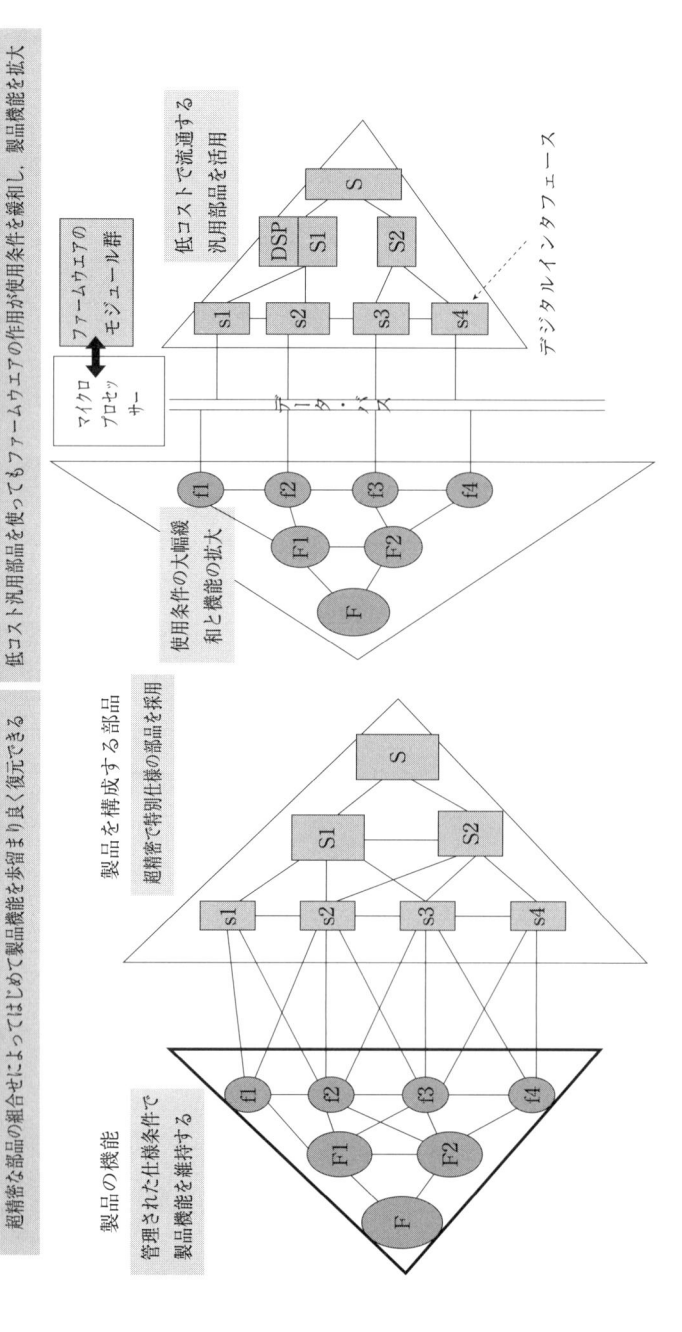

い15倍しか向上しなかった。1980年代になっても1〜30 MPISであって性能の向上も30倍程度であった。しかしながら1990年代になると10年間に約100倍以上も性能が向上する。特に1990年代後半には500〜3000 MIPSという驚異的な性能になり，同時にコストも激減してその用途が飛躍的に拡大した。光ディスク装置設計の深部にマイクロプロセッサーが介在したのも1990年代の中期からだったのである。

## 3.2. オープンモジュラー化の進展と比較優位の国際分業

　アナログ技術で構成される電機機器では，たとえフィードバック制御が使われていたとしても基幹技術相互の結合公差が非常に狭い。したがって要素技術・基幹部品が多層的なヒエラルキーを構成する場合は，必ず多面的に絡み合った相互依存性を排除できない。その様子を図2の左側に示した。ここに表現された部品相互あるいは部品と機能の多層的・複合的関係は，乗用車やデジカメにおける製品アーキテクチャと同じく"擦り合わせ型"であった[26]。たとえ製品設計側で努力したとしても基幹部品相互の結合公差が依然として非常に狭いので，設計技術・基幹部品技術，そして生産技術などの全ての技術体系を内部に持つ統合型の企業だけが市場参入することができたのである。

　一方，製品設計の基幹技術領域にデジタル技術，すなわちマイクロプロセッサーとファームウエアが介在するということは[27]，基幹部品相互あるいは部品と機能の相互関係が図2の右側の構造になることを意味する。基幹部品が直接あるいは間接的にプロセッサーのデータバスにデジタル結合されており，基幹部品の動作はプロセッサーを動かすファームウエア・モジュール群が最適生成するフィードバック制御情報によって常にコントロールされるのである。

　たとえばCD-ROM装置であれば，フィードバック制御が対象とするのが光ピックアップのレンズ・アクチュエータである。ここでレーザ光の動きをセンサーで常に監視しているが，センサー情報はアナログなのでデジタル信

号に変換してからデータバスを介してプロセッサー側へ送られる。そしてプロセッサーの中のファームウエアは，アクチュエータの内部異常（性能のバラツキや劣化など）やシステム側の外乱（ここではディスク媒体の面ブレや偏芯）があっても，これを補正して正常に戻すための制御情報をリアルタイムで生成する。この制御情報が光ピックアップのレンズ・アクチュエータを動かし，レンズで絞られたレーザ光を常にジャストフォーカスさせながら光ピックアップが本来の持つべき機能・性能を正常状態に戻すのである。

また他の部品に異常が起きる場合は，プロセッサーとファームウエアがこの異常を補うように，それ以外のフィードバック制御系を動かして全体を正常動作に戻す。あるいはユーザが操作を間違えて異常が起きても，プロセッサーとファームウエアがリアルタイムにフィードバック制御の指令を出しながら，CD-ROM や DVD としてのトータルな機能・性能を維持する。

ここで我々が注目すべきことは，これらの一連の動作を保証するノウハウがプロセッサー側にファームウエア・モジュール群として蓄積されている，という事実である。これらの部品が流通するようになれば，基礎研究による技術蓄積が不要になるだけでなく，製品設計のノウハウを自ら開発するための追加コストが全く不要になる。したがって技術ノウハウのスピルオーバー（技術伝播）を事業戦略としてコントロールするためのビジネスモデルや知財マネージメントが，極めて重要な役割を担う。

いずれにせよ，技術伝播によって単に流通するこれらの部品を調達して単純組立するだけで，完成品としての CD-ROM 装置を量産できるようになれば，ここから製品化技術の開発と製品設計の機能が分離し，さらに設計と製造も分離する。製品アーキテクチャが完全モジュラー型に転換し，大規模なオープン分業型の産業構造がグローバル市場に出現するのである。

CD-ROM 装置の設計にプロセッサーが介在しないアナログフィードバック型の技術体系では，制御対象自身に許される特性バラツキは僅かであり，また CD-ROM 装置の組立製造バラツキも僅かしか許されなかった。したがって量産組立工程の1つひとつが厳格な調整プロセスと検査プロセスの組合

第5章　国際標準化と比較優位の国際分業, 経済成長　161

せによって構成されていた。アナログ型では基幹部品に許容される公差が実質的に非常に狭いので, 正確に微調整を行うための冶工具やそれぞれの工程で検査装置を必要とするが, これらは全て設計部門や組立部門および生産技術部門・検査部門が連携し合いながら積み重ねた擦り合わせ型ノウハウの結晶である。またこれらに携わるスタッフやオペレータ（組立作業をする人）も, 企業が長期にわたる企業内教育で育成した人材である。この意味で, 長期にわたる設計や組立の擦り合わせ型ノウハウを組織能力として蓄積した統合型の大規模企業だけが, CD-ROM装置のビジネスに参入することができた。事実, アナログ技術で構成されるCD-ROM装置のビジネスに, 日本以外の, アジア諸国企業が参入することはできなかったのである。1990年中期のサムスンやLG電子も, そして台湾や香港, シンガポールの企業も例外ではなかった。

　しかしながらマイクロプロセッサーが設計の深部に介在して, すなわちデジタルフィードバック制御が採用されて, 基幹部品相互の結合公差が飛躍的に拡大すると, 量産組立の工程が一変する。結合公差が拡大して相互依存性が排除されるので, 設計・組立・生産技術・検査部門などの擦り合わせ型ノウハウが全く不要になったのである。ファームウエア・モジュール付きの高速プロセッサーが内蔵されたIC Chipset（当時はシステムLSIが無かった）と他の基幹部品を購入するだけで, 誰でも簡単にCD-ROM装置を組み立てられるようになった, と言い換えてもよい。アジア諸国企業が大挙して市場参入できる経営環境が到来したのである。ここから基幹部品がグローバル市場で大量に流通するようになり, 市場の利用コストも小さくなり, そしてビジネス・エコシステムを介した比較優位の国際分業が大規模に展開される。

　パソコンの場合は基幹技術が最初からデジタル型であり, フィードバック制御が介在する技術領域も全てデジタル型だったので, 基幹部品相互の結合公差が本質的に広い。当初はクローズド・モジュラー型のアーキテクチャであったが[28], 本質的に基幹部品相互の結合公差が非常に広いので, プロセッサーのデータバスや周辺機器のインタフェースがオープン環境で標準化さ

れ，基幹部品のインタフェースと結合公差がオープン化されれば，全ての基幹部品が瞬時に伝播／着床する。技術体系の一部しか持たないキャッチアップ型のベンチャー企業であっても，ここからパソコン産業へ参入できるようになったのである。最初からデジタル技術で構成される製品／システムでは，オープン標準化だけがビジネス・エコシステムを生み出す主要因であった。一方，アナログ型の技術で構成される製品群が比較優位の国際分業へ転換するには，マイクロプロセッサーの高性能化と低コスト化が同時実現して製品設計の深部に広く介在し，その上でさらにオープンな国際標準化の介在が必要であった。

21世紀の現在では，たとえデジタル技術が介在しなくても完成品の内部構造が疑似モジュラー型へ転換し易くなって業界共通の規格が定着し[29]，これを起点に日本と韓国・台湾・中国との間でビジネス・エコシステムを介した比較優位の国際分業が急拡大する。公的な国際標準化ではなく，業界に自然に生まれたオープンなデファクト標準よって自律分散型の技術イノベーションが次々に起こり，高機能化と低コスト化が同時進行するようになるのである。その代表的な事例が太陽光発電や液晶テレビ，LED照明などであり，比較優位の国際分業が韓国や台湾・中国の製造業のGDPを急成長させることになる。これらはいずれもガーシェンクロン型の経済成長ではない。

## 4. 比較優位の国際分業が生み出す巨大市場とアジア諸国の経済成長

### 4.1. パソコン産業の国際分業とアジア企業の興隆

オープン標準化を駆使しながらインテルが完成させた図1のプラットフォーム登場によって，パソコンのアーキテクチャが完全なオープンモジュラー型へ転換した。またCD-ROM装置も，デジタルフィードバック制御が取り込まれて図2の右側のオープンモジュラー型へ転換した。類似の現象が他の

多くのエレクトロニクス製品に拡大して比較優位の国際分業が急拡大することは，これまで何度も繰り返した。これらはいずれも1990年代の中期に顕在化したのである。

たとえば台湾のマザーボード産業やEMS産業，ノートパソコン産業などが急成長したのが1990年代の中期以降であり，そして韓国や台湾のCD-ROMやDVDなどの光ディスク産業や半導体産業も，同じように1990年代の後半から躍進する。技術の伝播／着床スピードが非常に速まったのである。背後で共通する特徴は，韓国や台湾の企業がモジュラー型に転換した完成品／システムから躍進した点であり，そして比較優位を政策的に生み出しやすい"設備主導型の産業"から躍進した点である。

台湾の貿易統計データによれば，1990年から1994年までの5年間でマザーボードの輸出が20 Billion NT\$ から32 Billion NT\$ とわずか15％程度しか増えていないが，1995年から5年間で4.5倍も急増し，170 Billion NT\$ の巨額になった[30]。台湾のマザーボード生産枚数が2000年に世界の70％を占め，2005年には80％を超える。1995年以降の急増は，図1の構造が完成するタイミングでインテルがマザーボード製造技術を台湾へ提供し，台湾がこれを世界中のパソコンメーカへ提供したためである。Full Turn Key Solutionとして図1のプラットフォームが提供されれば，台湾製のマザーボードにメモリーやハードディスク，ディスプレー，キーボードなどを単純結合するだけで，世界中の人が完成品としてのパソコンを簡単に量産できるようになる。技術の伝播／着床スピードがさらに速まって途上国の製造業の成長に寄与するのは言うまでもない。

台湾がマザーボードやパソコンのベアボーンからIC Chipsetの製造，CRTディスプレー，パソコン内蔵用のCD-ROMやDVD装置と記録媒体の製造を担い，韓国がDRAMメモリーやCD-ROM，DVD装置などの製造を担った。一方，日本やアメリカが擦り合わせ型のハードディスクや製造設備を，そしてアメリカが図1の中核を占めるMPUやChipsetおよびオペレーティングシステムやアプリケーションなどのソフトウエア産業を担ったので

ある。

　形式知化され，しかも基幹モジュール相互の結合公差が非常に広いオープン・インタフェースを介して比較優位のオープン国際分業が始まり，世界中で自律分散型のイノベーションが次々に起きる。1980年代にせいぜい年間1,000万台だったパソコン市場が1995～1996年に年間6,000万台となり，そのわずか3年後に1億台を超えた。2007年に年間2億5,000万台も出荷された。これが台湾などアジア諸国のIT産業を飛躍的に発展させ，巨大な雇用を生み出しながらアジア経済を急成長させることになる。その背後で，新規技術の取り込みと新規産業の育成を目的とした経済特区や優遇政策など，製造段階で競争力の強化を図る産業政策があったのは言うまでもない。台湾政府は人為的・政策的に比較優位を作り出してグローバル競争力を支えたのである[31]。

　比較優位のオープン国際分業を象徴するEMS（Electronic Manufacturing Service System）も，パソコン・アーキテクチャの完全モジュラー化（図1の完成）によって驚異的な成長軌道に乗った。EMSは典型的な製造アウトソーシングであり，設計と製造が完全に分離してはじめて生まれる産業である。設計と製造の完全分離が起きていなかったら，すなわちデジタル技術が発展しなければ，製造専業メーカであるFoxconnの出番は無かったであろう。

　現在世界最大のEMSとして名高いFoxconnは，IBM PCが世に出て2年後の1983年に創業した。当初から優れた金型技術を持っていたのでデスクトップパソコンの外枠製造を請け負っていたが，その10年後の1993年になっても売り上げが伸びず長期低迷を続けた。飛躍のチャンスが生まれたのは，インテルがパソコンのマザーボードとその関連部品の製造レシピを台湾企業へ一括提供し，設計と製造が完全に分離するようになった1995～1996年以降のことであった。単にパソコンの外枠だけでなく，ケースと電源とマザーボードを一体化したベアボーンと呼ばれる複合部品モジュールの量産を世界中のパソコンメーカから受注しはじめたのである。

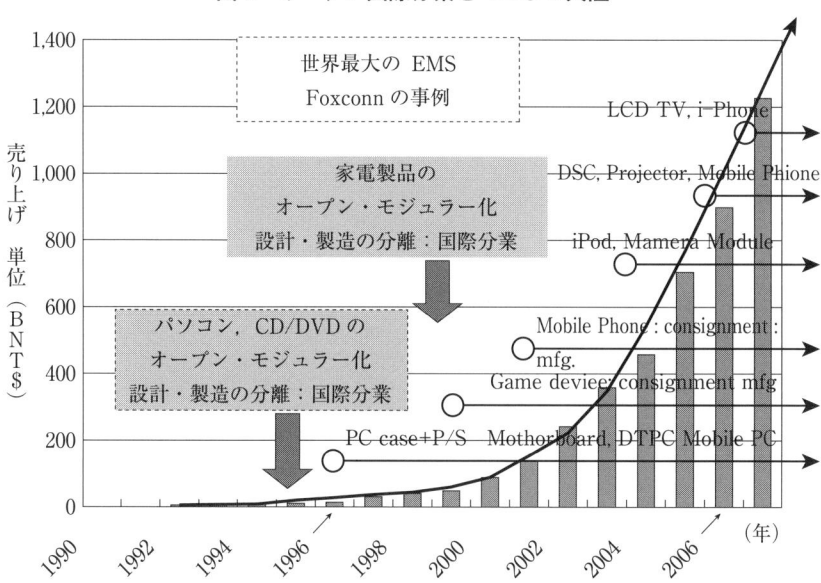

第5章　国際標準化と比較優位の国際分業，経済成長　165

### 図3　オープン国際分業と EMS の興隆

縦軸：売り上げ　単位（BNT$）　0〜1,400
横軸：1990〜2006（年）

図中の注記：
- 世界最大の EMS Foxconn の事例
- 家電製品のオープン・モジュラー化　設計・製造の分離：国際分業
- パソコン，CD/DVD のオープン・モジュラー化　設計・製造の分離：国際分業
- LCD TV, i-Phone
- DSC, Projector, Mobile Phone
- iPod, Mamera Module
- Mobile Phone : consignment : mfg.
- Game device consignment mfg
- PC case+P/S　Motherboard, DTPC Mobile PC

出典：アジア経済研究所，川上桃子氏のデータを小川が加工

　その様子を図3に示すが，1990年から1994年まで25〜50 Billion NT$ の低いレベルで低迷していた売り上げが，1998年の約80 Billion NT$ を経て2002年に200 Billion NT$，そして2007年は1,100 Billion NT$（グループ全体では1,400 Billion NT$）という驚異的な売り上げを記録した。2007年の売り上げ1,400 Billion NT$ は台湾の全 GDP の約10％以上にも達する驚異的な数字である。

　Foxconn は設計と製造が完全分離する流れに乗って果敢に投資をし，1996〜1997年から中国に巨大な工場を作り続けた。現在では，広東省深圳，江蘇省昆山，浙江省杭州，山東省煙台，等が主要拠点である。特に深圳には従業員規模約20万人という想像を絶する巨大な工場を建設し，ゲーム機，携帯電話，iPod, デジカメ，液晶テレビ，iPhone の量産組み立てを次々に取り込みながら，図3のような急成長を続けている[32]。いずれも図3の○印を起点に新しい製品の組み立て製造を請け負っているが，このタイミングは

擦り合わせ設計製造を必要とせず，少なくとも低コストの汎用品なら基幹部品の組合せで製品設計が可能になった時期である。設計と製造が完全分離する時期であったと言い換えてもよい。同時に中国の経済特区に設定された地方政府による徹底した優遇政策（優遇税制だけでなく，土地，工場，設備などの貸与なども含む）が圧倒的な低コスト大量生産という，製造段階での比較優位を支えたのは言うまでもない。自然発生的な比較優位ではなく人為的に比較優位を作り出していたのである。これによってその地域に巨大な雇用が生まれて税収が増え，そして中国のそれぞれの省や地方都市で産業興隆や経済活性化に大きく貢献することになる。

エレクトロニクス系の製品でいわゆる EMS などを活用するアウトソーシングが興隆した 1990 年代の中期から，設計と組み立てが互いに相互依存性の少ない技術体系へ機能分離していた。製品アーキテクチャが完全モジュラー型へ転換した後のパソコン産業やデジタル家電産業に見る国際分業とは，先進工業国とアジア諸国がグローバルな巨大市場でそれぞれの国が比較優位の得意技を生かしながら，ビジネス・エコシステムを介した相互依存性を強めていく姿であった。主に先進工業国の企業が擦り合わせ型のアーキテクチャを持つ先端の中核技術領域を担い，アジア諸国の企業が同じ産業のモジュラー型アーキテクチャを持つ領域に特化しながら低コスト組立製造という技術領域を担ったのである。

## 4.2. 光ディスク産業の国際分業化とアジア企業の興隆

コンピュータ用の CD-ROM 装置を世界で初めて出荷したのは日本企業であり，1987 年のことであった。当時はまだマイクロプロセッサーの性能が遅かったので，アナログフィードバック制御が採用されていた。したがって国際分業が生まれず，1991 年になって 90 万台，1992 年でも 180 万台にすぎない。普及スピードが非常に遅かったのである。

大量普及が始まるのは 1994 年からであり，一気に年間 2,000 万台の市場へと急拡大する。この 1994 年は CD-ROM 装置用のマイコン入り IC

Chipsetがオープン環境の汎用部品として流通した最初の年であり，東芝からCD-X，EXシリーズとして出荷された。アナログ技術体系を一気にデジタル型の体系へ転換させる役割を担ったのが，このIC Chipsetだったのである。

しかしながらデジタルフィードバック制御のIC Chipsetを活用して大量普及を担ったのは，日本企業でなく韓国や台湾の企業であった。その様子を図4に示す。たとえば1990年代の後半からグローバル市場で圧倒的な市場シェアを持つに至った台湾のライトオン社（Lite-on）やベンキュー社（BenQ）および韓国のサムスン（Samsung）電子やエルジー（LG）電子は，いずれもデジタルフィードバック制御のIC Chipsetがオープン市場で流通した1994〜1995年から初めて市場参入できるようになった。これらの企業はいずれも，5〜6年後に売り上げ1 billion US$を誇って巨大ビジネスを担うまでに急成長する。

その後，CD-ROMに続くCD-RやDVDなど，全ての光ディスク装置にデジタルフィードバック制御が採用され，製品アーキテクチャが瞬時にモジュラー型へ転換した。そして同じように韓国や台湾企業がグローバル市場を支配したのである（図4）。

オープン標準化とは，モジュラー型に転じた完成品で技術モジュール（基幹部品）のインタフェースとモジュール相互の結合公差を，共にグローバル市場へオープン化することである。ここから製品を設計して量産に至るまでの企業内部コストが激減し，同時に市場を利用するための外部コストの非常に低い経営環境が生まれる[33]。オープン市場で大量に流通する技術モジュールを調達して組み立て，完成品ビジネスへ参入するキャッチアップ型の企業群がここから興隆する様子は，図3や図4のデータから理解されるであろう。

図5には，2006年の時点の光ディスク産業を例にとり，グローバルなビジネス・エコシステムの中で，それぞれの国がどのようなセグメントを担っているかを模式的に示した。図から明らかなように，結合公差が飛躍的に拡

### 図4 製品アーキテクチャのモジュラー化によって韓国・台湾企業がグローバル市場へ躍進

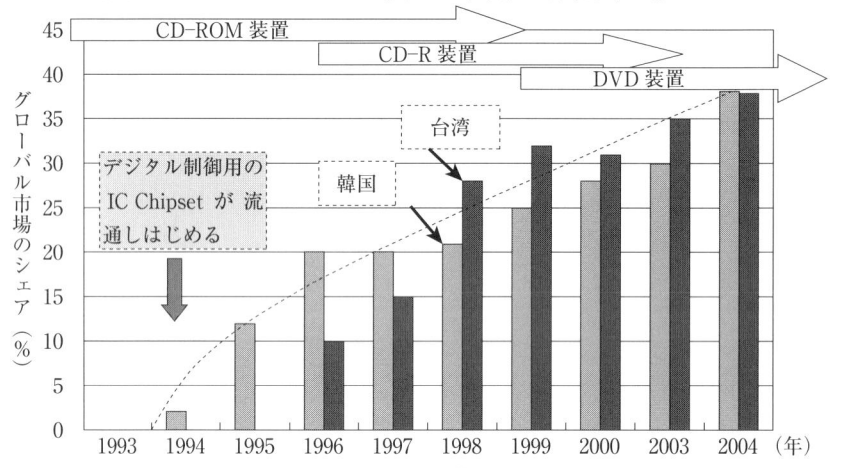

擦り合わせ型⇒モジュラー型へ転換：比較優位の国際分業が加速

出典：Techno System Research の調査データを筆者が加工

大して基幹部品が大量流通するタイミングで，CD-ROM 装置や DVD プレイヤーおよび記録型 DVD 装置という完成品のビジネスを主導するのは，いずれも韓国，台湾・中国の企業であった。

その中でも基幹部品の結合公差が非常に広くなって擦り合わせが不要になった DVD プレイヤーでは，中国企業が世界シェアの 60％以上を占めていて韓国企業の市場シェアが小さい[34]。しかしながら結合公差の狭い領域がまだ残って擦り合わせを必要とする記録型の DVD 装置では，中国企業が未だに参入困難な状況にあり（2006 年の時点），韓国や台湾が世界市場の 80％を占めている。これが市場の実態である。

一方，光ピックアップやマイクロ光学部品などの基幹部品は，設計時に技術モジュールのインタフェースを形式知化し難く，たとえできても量産ラインを構成する各工程の許容公差が非常に狭いので，技術の全体系が一括して伝播しないと，実質的な技術伝播は起きない。そもそもこれらの部品・材料の内部構造，デジタルフィードバック制御を活用できず，技術ノウハウがブ

**図5 製品アーキテクチャのダイナミズムが作り出す我が国とNIES/BRICs諸国の国際分業**

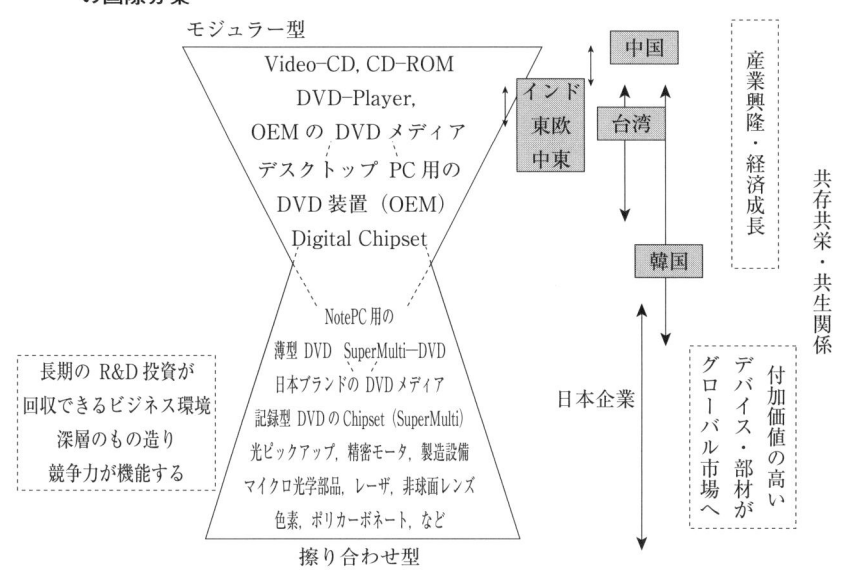

```
                    モジュラー型
              Video-CD, CD-ROM
              DVD-Player,              中国
              OEMのDVDメディア       ┆
              デスクトップPC用の   インド  台湾      産業興隆・経済成長
              DVD装置（OEM）       東欧
              Digital Chipset       中東                              共存共栄・共生関係
                                              韓国
              NotePC用の
              薄型DVD  SuperMulti-DVD
              日本ブランドのDVDメディア        日本企業    付加価値の高いデバイス・部材がグローバル市場へ
              記録型DVDのChipset（SuperMulti）
              光ピックアップ，精密モータ，製造設備
              マイクロ光学部品，レーザ，非球面レンズ
              色素，ポリカーボネート，など
                    擦り合わせ型
```

長期のR&D投資が回収できるビジネス環境　深層のもの造り競争力が機能する

ラックボックスとして封じ込められやすいので，図5の下側に位置取りされる基幹部品や基幹材料は，光ディスク技術の全体系を持つ製造大国の日本だけが長期にわたってグローバル市場を席巻している。

　これを韓国，台湾，中国の企業から見れば，内部コストとしての擦り合わせ技術開発・設計コスト，企業間の擦り合わせ協業による開発コスト，製造設備や製造工程の擦り合わせ開発コスト市場など，市場参入に必要なコストが非常に高い技術領域（図5の下側）に位置取りされる技術体系であった。したがって技術は伝播も着床もし難い[35]。伝播／着床しなければ途上国のビジネス制度設計や途上国企業を特徴付ける異常に低いオーバーヘッドなどの比較優位を発揮できず，先進国企業に対するトータルビジネス上のコスト優位を構築できない。韓国，台湾，中国の企業が，いずれも技術が伝播し難い図5の下側の技術領域を日本企業に任せて調達する，という比較優位の国際分業がこのような背景で生まれたのである。ここから日本の擦り合わせ型

技術体系が，韓国や台湾・中国の企業群が担うモジュラー型の製品／システムによって，大量にグローバル市場へ運ばれるようになった[36]。国際標準化が基幹部品の結合公差を拡大し，ビジネス・エコシステムを介した比較優位のオープン国際分業が形成されることで，先進工業国とアジア諸国との経済的な共存共栄関係が強化されたのである。

このような経営環境は，国際標準化が介在するケースで例外無く観察される[37]。その代表的な事例がパソコンやインターネットであり，CD-ROMやDVDであり，そして携帯電話であった。実は，超精密な機構部品で構成され，典型的な擦り合わせ型アーキテクチャを持つ製品と言われたVTRですら，デジタルフィードバック技術が介在する1980年代の中期から国際分業が始まり，比較優位のオープン国際分業が生まれていた[38]。ここで擦り合わせ型ブラックボックス技術としての基幹部品を提供したのは，いずれも日本企業だったのである。

以上の事例からわかるように，デジタル時代の国際標準化とは，モジュラー型へ転換した完成品ビジネスへの市場参入コストが急激に下がったグローバルな巨大市場で，それぞれの国が比較優位の得意技を生かし，国際貿易によって相互依存性を強めていく姿であった。そしてそれぞれの国が持つ比較優位は，製品アーキテクチャによって際立った違いを持っていたのである。背後で共通するのが，マイクロプロセッサーとファームウエア（組み込みソフト）が人工物（本章では製品／システム）の設計へ介在することによる"技術モジュール相互の結合インタフェースの形式知化"であり，インタフェースの結合公差の飛躍的な拡大であり，そして形式知化されたインタフェースと結合公差のオープン化だったのである。

## 5. 比較優位の国際分業が生み出す巨大市場と台湾・韓国の経済成長

### 5.1. 巨大市場の興隆

　これまで紹介したパソコン産業や光ディスク産業と同じように，1990年代の初期に興隆したデジタル携帯電話でも，国際標準化によって比較優位の国際分業が生まれており，わずか15年後の2006年に30億人以上が使う巨大な文明装置となった[39]。2012年には，これが全人類の3分の2に相当する45億人まで拡大すると予想されている。国際分業が製品コストを劇的に低下させるからである。極貧に苦しむ開発途上国の人々がグラミン銀行の低金利・無担保の融資で携帯電話を買い，正しい市場情報を直接知ることで，ささやかではあるが努力が報われるようになったとも言われる[40]。国際標準化が途上国の経済活動を活性化する萌芽をここでも見ることができるのではないか。また個人が国際標準化を主導したインターネットは，大量普及の兆しが見えた1990年代初期からわずか15年後に年間4兆ドルの経済活動を生み出した。この4兆ドルという金額は，ほぼ中国全体のGDPに相当する（いずれも2006年の時点）。

　1990年代の中期に，日本主導で国際標準化が始まったDVDも，デジタル携帯電話と全く同じスピードで瞬時にグローバル市場へ普及した。現在ではDVDの無いパソコンを手にすることすら困難である。DVDプレイヤーは，大量普及の兆しが見えたわずか5〜6年後に70％以上が開発途上国の人々へ娯楽を運ぶ役割さえ担うまでになった。またデジタルカメラも日本企業が主導した標準化によって大量普及の軌道に乗り，日本企業の収益に多大な貢献をした。フィルムカメラが70年かけて作った年間3,700万台の市場をわずか6年で追い越し，12年後の2007年に1億台を超える巨大市場となって日本企業を潤したのである。

　以上を図6に要約するが，アナログ技術で構成された1980年代の携帯電

**図6 デジタル化とオープン標準化の重畳で市場規模が10倍以上に拡大**

| アナログ・デファクト標準化 | デジタル・オープン標準化 | |
|---|---|---|
| 擦り合わせ型の製品 | モジュラー型へ転換した製品 | |
| 携帯電話　3,300万台／年　アナログ | 　　　　12億台／年　デジタル | ア ジ ア 経 済 が 急 成 長 |
| VTR　5,000万台／年 | DVD　5億台／年 | |
| 銀塩フィルムカメラ　3,700万台／年 | デジカメ　DSC　1.3億台／年 | |
| | 携帯電話用カメラモジュール　7億台／年 | |
| アナログ・インタフェースのHDD　100万台／年 | デジタル・インタフェースのHDD　5.3億台／年 | |
| クローズド垂直統合 | オープン国際分業 | |

デジタル化と国際分業がアジア経済を活性化させた

話に比べて，オープン環境で多数の参加者が国際標準化に参加したデジタル携帯電話は，10倍以上の巨大市場をグローバル市場に創り出した。同じく世界の20カ国から200社以上が国際標準化に参加したDVDも，VTRの10倍という巨大市場を生み出したが，その普及スピードはデジタル携帯電話と全く同じであった（小川，2009b）。国際標準化は瞬時に10～30倍の巨大市場を出現させて先進国から開発途上国の経済を共に活性化させ，グローバル市場の構造や国の産業政策および企業の事業戦略に大きな影響を与える。世界中の国々が，そして世界中の企業が国際標準化を積極的に取り込むようになった背景が，ここにあったのである。

## 5.2. 韓国製造業と台湾製造業の急成長

アジア諸国は1970年代になって経済成長が始まったが，現在のような急成長軌道に乗ることはなかった。1987年にサムスンの二代目会長（CEO）となるイ・ゴンヒ氏は，初代会長に隠れて1982年ころから密かに半導体事業（DRAM）を手掛けていた。その背景には，1980年代のアメリカが産業

第5章　国際標準化と比較優位の国際分業，経済成長　173

構造を強制的に転換させ，オープン標準化によって企業間分業が見え隠れするパソコン産業の興隆があった。本章の2.で述べたように，1980年代の中期からパソコンの内部構造にオープン標準化が介在するようになり，基幹部品の結合インタフェースが徐々にオープン化されていった。ここからベンチャー起業が大挙して市場参入する。1980年代の中期でさえパソコンメーカがアメリカに100社以上もあったという。

　資金力が無く，パソコンという巨大なサプライチェーンの特定セグメントに集中せざるを得ないベンチャー企業は，巨額投資が必要なDRAM開発に手を出すことができない[41]。したがって必然的にオープン環境でDRAMメモリーを調達するビジネスモデルを取らざるを得ない。イ・ゴンヒ氏はここにDRAMのビジネス・チャンスがあると判断したのである[42]。

　それでもサムスンが今日のような急成長の軌道に乗ったのは，次々に仕掛けられるオープン標準化によってパソコン部品の相互インタフェースがオープン化され，基幹部品が大量に流通しはじめた1990年代の後半である[43]。1990年代の後半には，ほぼ全てのパソコン基幹部品でデジタルインタフェースが標準化されて多量に流通する。また本章の3.と4.で述べたように，1990年代の後半から多くの家電機器で設計にデジタルフィードバック制御が採用されてモジュラー型に転換し，ここから基幹部品が大量に流通してオープン国際分業化が進展した[44]。このような経営環境の到来がサムスンをグローバル市場で飛躍させ，エルジー電子を飛躍させ，そして韓国製造業のGDPが急成長することになる。その様子を図7に示す。

　パソコンなどのデジタル型の製品であれば，インタフェース規約の範囲なら基幹技術の結合公差が無限大になると同じ効果になる。したがって基幹部品の結合インタフェースがオープン化されれば，技術の全体系を持たない新興企業であってもパソコン・サプライチェーンの特定セグメントへ市場参入できる。サプライチェーンの他の技術体系を一切知らなくてもインタフェース仕様だけをガイドに設計・製造できるからである。たとえば1990年代の韓国にとって，オープン国際分業型のパソコン産業でビジネスチャンスをつ

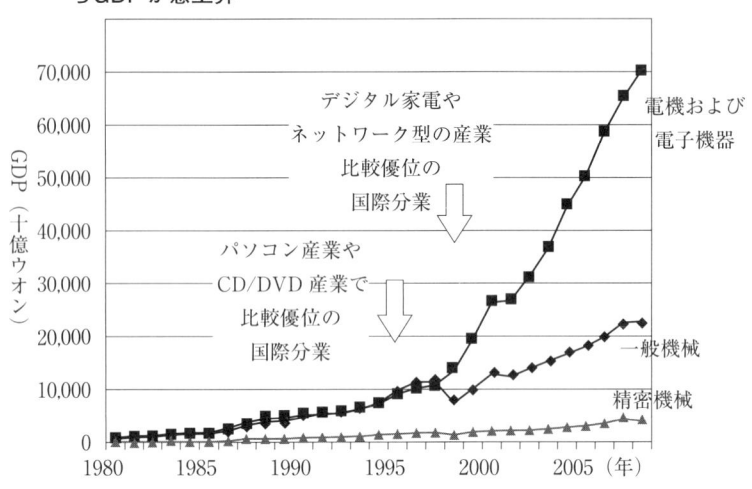

図7 韓国の製造業は比較優位の国際分業が進むデジタル型の産業領域からGDP が急上昇

GDP（十億ウォン）

デジタル家電や
ネットワーク型の産業
比較優位の
国際分業

パソコン産業や
CD/DVD 産業で
比較優位の
国際分業

電機および電子機器

一般機械

精密機械

かんだセグメントが DRAM メモリーや CD–ROM 装置であった。デジタル家電産業でも 1990 年代の後半から類似の経営環境が到来する。

　図 7 に示すように，韓国の電機・電子産業は，製品アーキテクチャがモジュラー型に転換して国際的な比較優位のオープン分業構造が現在化する 1990 年代の後期から，その GDP を急上昇させた。しかしながら製品アーキテクチャがモジュラー型へ転換せず，したがってオープン国際分業が起き難い，すなわち技術がスピルオーバーしない産業機械や精密機械などの領域では，GDP の急成長が観察されない。技術の伝播／着床スピードと比較優位の国際分業が，したがって韓国製造業の成長が，明らかに製品アーキテクチャによって左右されていた。ガーシェンクロンとは全く異なるモデルで成長していたのである。

　台湾も 1970 年代から経済成長の兆しは見えたものの，1990 年代の中期までエレクトロニクス産業が現在のような成長軌道に乗ることはなかった。本章の 2. や 3. で述べたように，1990 年代の中期にパソコン産業で比較優位のオープン国際分業が大規模に生まれるが，ここから台湾がマザーボードやパ

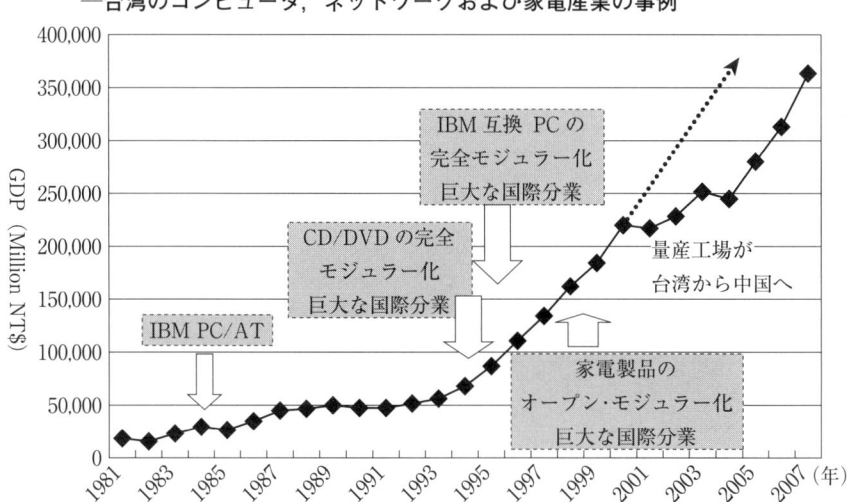

**図8 台湾の製造業も国際分業が進むデジタル型の製品分野からGDPが急上昇**
　　　　―台湾のコンピュータ,ネットワークおよび家電産業の事例

出典:台湾行政院主計處ホームページのデータを小川が加工

ソコンのベアボーンから IC Chipset の製造,CRT ディスプレー,パソコン内蔵用の CD-ROM や DVD 装置と記録媒体の製造,そして大規模 EMS による低コスト製造で,ビジネスチャンスをつかんだ。

　台湾の製造業の中で,特にデジタル型のエレクトロニクス産業に焦点を当てた GDP の変化を図8に示す。1980年から台湾のエレクトロニクス産業が長期低迷を続け,1984年に IBM が画期的なパソコンと言われた PC/AT を出荷しても,その後に ISA バスがオープン標準化されても,そしてコンパックを中心にした Bus Bridge 構造の提案によってパソコンが部分的にオープンモジュラー型に近づいた1980年代の後半になっても,台湾エレクトロニクス産業の GDP が成長することはなかった。

　急成長に転じたのは,完成品としてのパソコンが図1に示す完全なオープンモジュラー型に転じた1990年代の中期であり,そして CD-ROM などのパソコン内蔵用の光ディスク装置が図2の右側に示す完全モジュラー型へ転じた1990年代の中期からだったのである。図8に示す1995～1996年以降の

GDP の急成長が本章の仮説を支える。

エレクトロニクス産業（電機および電子産業）の GDP が台湾の全製造業の GDP に占める割合は，1990 年と 1995 年にわずか 2% と 2.5% にすぎなかったが，2000 年には約 10% まで急成長し，2007 年には 15% を占めるまでになった。2001 年から中国大陸へノートパソコン関連産業の工場が移転されていなければ，これが 20% に近づいたと言われる。この GDP の伸び率は 10 年で 4 倍であり，図 7 に示す韓国の電機・電子機器製品がデジタル型に転じた後の成長と全く同じであった。

1980 年代にアメリカ政府によって推進された一連のマクロなオープン化政策が，まずパソコン産業を企業内のクローズド分業から企業間のオープン分業型へ転換させる上で重要な役割を担った。基幹部品（技術モジュールで）の結合公差がデジタル化によって拡大し，その上でさらにオープン標準化される 1990 年代の中期から，パソコンも日本の光ディスク産業やデジタル家電も，そして欧米の携帯電話産業など，ほぼ全てのエレクトロニクス産業で国を超えたビジネス・エコシステムが形成され，比較優位のオープン国際分業構造へと発展する[45]。ここから台湾でも，そして韓国でも，まずはデジタル型に転換したエレクトロニクス産業の分野の GDP から，図 7 や図 8 に示すような成長軌道に乗ったのである。

当然のことながら類似の経営環境が少し遅れて中国にも到来する。その背後にマイクロプロセッサーの性能の飛躍的な進化があり，これが製品設計の深部に介在することによる製品アーキテクチャの大転換が起こり，ここに重畳したオープン国際標準化の作用によって巨大なビジネス・エコシステム型のサプライチェーンが生まれた。このサプライチェーンの特定領域を選んで比較優位を作り出すアジア諸国の産業政策が，自国の経済成長に多大な貢献をしたのである。

## 5.3. 急成長と雇用拡大に貢献するビジネス制度設計

半導体デバイスはサイエンス型・プロセス型の産業であり，長期にわたる

科学・技術知識の蓄積および多層的な人材を育成すること無くして大規模な産業まで育成することができない。しかも巨大投資を繰り返す産業である。この意味でパソコンやDVDなどと明らかに異なり，オープン国際分業型の産業構造になったというだけでは，台湾や韓国の半導体産業が世界的な競争優位を持つに至った理由を説明できない。

　アジア諸国は，1970年代から1980年代に積極的な技術導入政策をとった。その基本的な考え方は，戦後の日本と同じように，まず外為法を使って外国資本の直接投資を規制し，その上で国内市場の開放や低コストの製造インフラを提供した。この見返りとして技術を移転させたのである。しかしながら台湾や韓国は自国内の市場規模が小さく，その効果は限定的であった。また当時は，多くの製品でアーキテクチャが擦り合わせ型だったために，技術の全体系を一括導入しなければならないが，先進工業国は一括提供に必ずしも積極的ではなかった。

　1990年代になるとこの事態が一変する。設計と製造がオープン環境で完全分離するようになったからである。オープン化されたインタフェース（外部仕様）がグローバル市場で共有されれば，全ての技術体系ではなく，サプライチェーンの特定セグメントの技術体系だけを技術導入するだけで巨大市場へ参入できる。長期の技術体系の蓄積や長期の人材育成必ずしも必要としない。このような経済環境が顕在化するタイミングで特定セグメントへ国の優遇政策を集中させれば，たとえ技術蓄積の少ない開発途上国であっても非常に短い期間でグローバル市場の競争優位を築くことが可能になる。以上のような背景を持って生まれた産業政策が，人為的に比較優位を作り出すビジネス制度設計である。代表的な事例として半導体のファンドリー（量産製造の専業工場）を挙げることができる。

　巨額投資に悩む先進工業国の企業に代わって半導体産業のファンドリーという特定産業の特定セグメントへ集中する優遇政策が，1990年代になって台湾などの産業政策に組み込まれるようになった。具体的には，設備主導型の産業で製品コストに最も大きな影響を与える減価償却費の割増償却や加速

償却，あるいは新規設備導入に対する優遇処置や利益に対する大幅減税・免税などがその代表的な事例である。特に製品コストに占める減価償却費が工場原価の60％以上に達する半導体デバイスでは，もし償却期間が1年であれば，理論的には翌年からコストが半分となって圧倒的な価格競争力を持つことができる。また設備の減価償却のために無理して工場を動かす必要もない。たとえシリコンサイクルの不況時に工場の稼働率が低くなっても工場原価や利益への影響は限定的である。

　しかしながらこのような制度設計を取れずに償却期間が非常に長い日本では，たとえ売れ行きが悪くなっても償却費を吸収するために赤字覚悟で工場稼働率を上げざるを得ない[46]。ここから異常な値下げ競争が始まり，事業そのものが一気に赤字転落する。1995年から2004年までの10年間で，日本の半導体産業（トップ5社）のフリーキャッシュフローは，合計2兆円のマイナスであった（年平均で2,000億円のマイナス）。

　ビジネス制度設計が半導体ビジネスのフリーキャッシュフローに及ぼす影響を詳細に分析した立本の優れた研究を図9に要約した（立本，2009）。この図は，日本の制度設計で行う場合に比べて台湾のTSMCや韓国のサムスン電子がキャッシュフローでどの程度優位に立つかを，公開済みの財務諸表から試算したものである。1990年代の後半からこの制度設計が既に採用されていたが，その効果が顕在化したのは2000年代になってからであった。2005年から2007年にかけて台湾のTSMC社は年平均で2,000億円以上も，また韓国のサムスン電子は3,000億円も，日本の制度設計に比べてキャッシュフローの優位性を持つ。制度設計がこれだけキャッシュフローに影響を与えるなら，日本企業がたとえ技術で優位に立ってもグローバル市場で決して勝てない[47]。

　2000年は日本が半導体産業の復権を目指して産学官連携のプロジェクト案を確定した年であり，2001年4月からASKA, DIN, MIRAI, HALKAなどと呼ばれる巨大な国家プロジェクトが，技術革新による競争力の強化を目指して次々にスタートしている。しかしながらプロジェクトが終了する

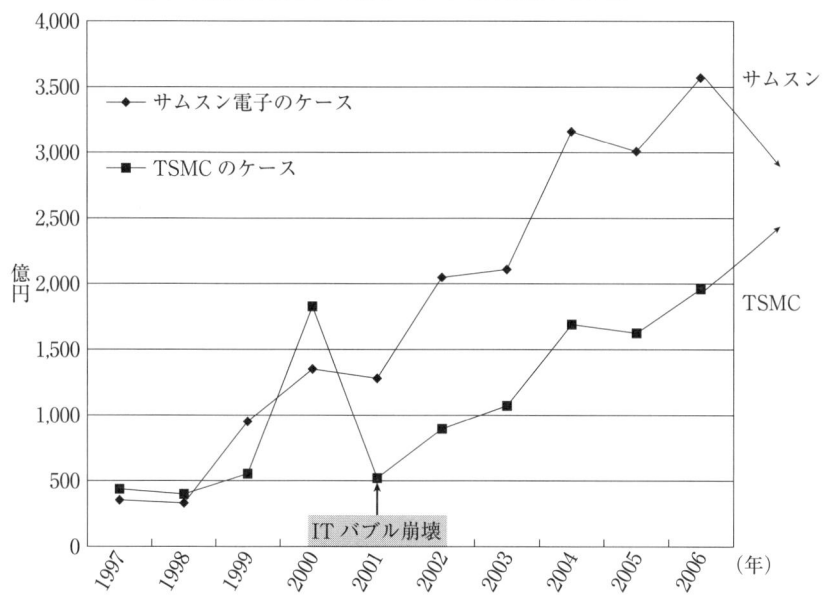

## 第5章　国際標準化と比較優位の国際分業，経済成長

**図9　制度設計の違いで生まれる半導体ビジネスのキャッシュフローの差**
　　　　──日本の制度を基準にしたサムスンとTSMCの事例

[グラフ：1997年から2006年までのサムスン電子のケースとTSMCのケースのキャッシュフロー推移（単位：億円）。2001年にITバブル崩壊の矢印あり。2006年時点でサムスン約3,550億円、TSMC約1,950億円]

出典：立本（2009）

2005年や2006年にこれを振り返ると，グローバル市場の競争力を左右したのは技術イノベーションではなく，比較優位のビジネス制度設計を強化することによるトータルビジネスコストの大幅低減であり，これを可能にする出口主導の政策イノベーションだったのである。

　これが比較優位のビジネス制度設計の効果であるが，同じことが1990年代後半のCD-Rメディアや2000年以降の記録型DVDメディアでも観察され，必須特許も基本技術も持たない台湾メーカが世界で60％以上の製造シェアを持つ。一方，国内に製造工場を持ってDVDメディアのビジネスを継続できた日本企業は，コスト競争に敗れて市場撤退への道を歩み，現在残る企業はわずか1社にすぎない。そして圧倒的な技術力を持って国際標準を主導した日本企業の製造シェアが，インドと同じ12％になってしまった。類似の事例が2000年以降の液晶パネルや最近の太陽光発電セル，あるいは個

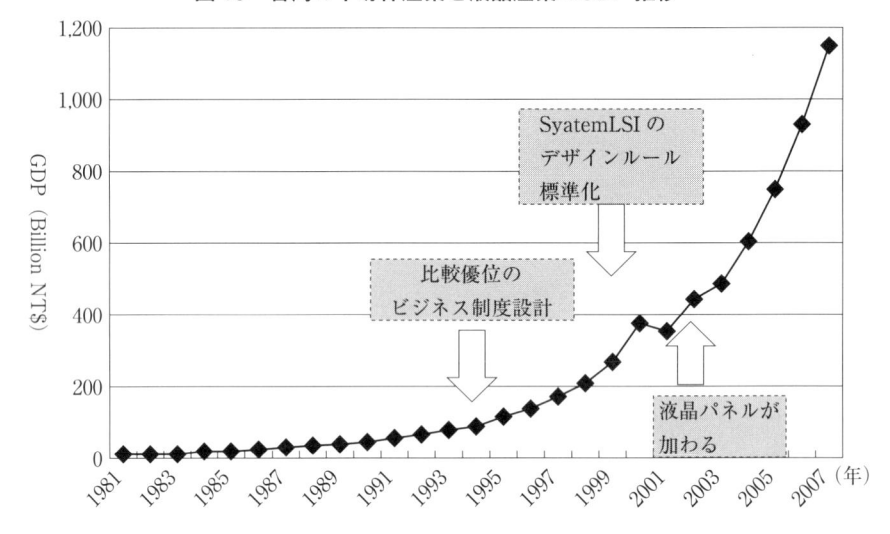

図10　台湾の半導体産業と液晶産業のGDP推移

グラフ内の注釈:
- 比較優位のビジネス制度設計
- SyatemLSIのデザインルール標準化
- 液晶パネルが加わる

縦軸: GDP (Billion NT$)
横軸: 1981～2007 (年)

体照明を支えるLED素子やリチュームイオン電池など，非常に多くの産業領域で同じように観察される。

　台湾政府が成功させた比較優位のビジネス制度設計によって，半導体産業のGDPが1990年代の中期から急上昇に転じた姿を図10に示す。急成長に転じた1990年代の中期から10年で5倍以上という驚異的な成長を示したことが理解されるであろう。これを台湾製造業の中で比較すると，半導体産業のGDPは1990年と1995年にそれぞれ全製造業のわずか2％と3％にすぎなかったが，5年後の2000年には16％に，そして2007年には33％を占めるようになった。2002年ころから液晶パネルが半導体に加算されたデータになっているが，液晶パネルも半導体と同じように設備主導型の産業であって制度設計が国際競争力を決める大きな要因だったのである。

　以上，図9と図10から理解されるように，半導体や液晶産業を含むエレクトロニクス産業全体でGDPが急成長する韓国や台湾の背後に，比較優位のビジネス制度設計があったのであり，そしてこの背景にはビジネス・エコシステム型のオープン国際分業があったのである。21世紀の現在では，台

湾や韓国以外にシンガポールやインド，そして中国も類似の制度設計を強化して自国産業の育成や雇用の創出に大きく貢献している。

## 5．4．日本がアジアの成長と共に歩むために―比較優位の国際分業の中の重商主義

　21世紀の日本が成長するには，急成長するアジア諸国と共に歩む仕組みを構築しなければならない。アジアの成長が比較優位のオープン国際分業によってもたらされたのであれば，ビジネス・エコシステムを介したオープン国際分業を前提にする競争政策や事業戦略によって，アジアの成長を日本の成長と雇用拡大へ取り込む仕組みを考えなければならない。デジタル化やオープン標準化がグローバル市場に作る比較優位のオープン国際分業とは，先進工業国が途上国の経済成長と共に歩む仕組みだからである。

　確かに，同じ産業の中で比較優位の国際分業が起きていない産業なら，伝統的な統合型企業の多くはアジア諸国を単なる低コスト生産拠点としての位置付けをしていてもよかった。しかし製品アーキテクチャが完全なオープン・モジュラー型へ転換する製品／産業領域では，必ず比較優位のオープン国際分業が生まれる。日本企業でこの兆候が顕在化したのが1990年代の中期だが，依然として伝統的な統合型の経営思想が支配していて，アジア企業をビジネス・エコシステムのパートナーと位置付けることは稀であった[48]。

　確かに同じ産業の中でオープン国際分業が起きていない場合は，アジア諸国が価格競争の相手であり，あるいは単なる低コスト生産拠点としての位置付けで良かったかもしれない。しかしながら欧米諸国は，比較優位のオープン国際分業型産業の到来を既に1980年代から1990年代の初期に経験し，アジア諸国を競争相手ではなくビジネス・エコシステムのパートナーと位置付けるノウハウを身に付けた。アジアの成長を自国の成長に取り込む仕組みを構築したのである[49]。

　2010年の6月に発表された日本の経済成長戦略で，環境・エネルギー産

業が雇用と成長を担う重要産業に位置付けられた。課題先進国としての日本は，高度な省エネルギー技術開発に他国よりも先に取り組み，多種多様な技術イノベーションを生み出してきたからである。特に，これらを統合化しながら新興国の街づくりやインフラ整備支援をも視野に入れたスマートコミュニティー構想は，アジアが持つ潜在的な成長力を背景にした21世紀の日本と日本企業を方向付ける上で，極めて重要な役割を担う。

　しかしながらここでは，世界で200を超える国際標準化グループが活動している。蓄電池単体（セル）ですら大規模な国際機関が標準化を主導しており，日本が誇る自動車用の蓄電池産業でも，グローバル市場にオープン国際分業が生まれるであろう。もし日本企業がこの本質を理解せず，従来と同じ取り組みで市場参入すれば，たとえ圧倒的な技術力と知財を誇ったとしてもパソコンやDVD産業，携帯電話産業がたどった同じ道を歩むのではないか。デジタル家電用のリチュームイオン電池では，日本企業が劣勢に立ってしまった。電池の性能を左右する材料（特に正極材料）ですら，圧倒的な特許数を誇る日本企業の優位性が崩れようとしている。

　国際標準化が作る巨大な環境・エネルギー市場を日本の成長と雇用拡大に寄与させるには，まず第一に標準化が作る比較優位のオープンなビジネス・エコシステムを先行して事前設計し，日本の得意技が生きる領域を選んで集中しなければならない。しかしこれだけでは不十分である。最も重要なのは，ここからオープンなエコシステムに強い影響力を持たせる仕組みを，事業戦略として事前設計しなければならない点にある[50]。課題先進国として多種多様な技術イノベーションを他国よりも先に生み出してきたからこそ，ビジネス・エコシステムの構造や事業戦略の事前設計が可能になる。もし事前設計せず，比較優位がもたらす競争ルールの変化を無視して従来型のモデルでブラックボックス化だけを言い続けるのであれば，必ずガラパゴス島へ引き返すことになるであろう。一方，オープン化や国際標準化だけを言い続けるのであれば，日本が誇る環境・エネルギー分野の技術が一瞬にして流出する。いずれの場合でも日本の雇用や成長に対する貢献は限定的である。

日本がこれまで語り継いだのは，ハードパワーとしてのものづくりであった。オープン標準化がグローバル市場に生み出すビジネス・エコシステム構造を経験することが少なかったためか，ハードパワーの成果をオープンな国際分業構造の中で高収益へ結びつける仕組み作り，すなわちソフトパワーは常に脇役にすぎなかった。しかしながら21世紀の国際標準化が技術伝播速度を10〜30倍も加速させ，瞬時にビジネス・エコシステムが生まれるという意味で，ソフトパワーとしての事業戦略無しにガラパゴス島からグローバル市場へは出航できない。

アダム・スミスは国富論の中で，同じ産業の中の分業が労働生産性を飛躍的に向上させて国を富ませると主張し，同時に重商主義を一貫して批判した。しかしながら，アダム・スミスが否定し続けたのは，国内の産業基盤強化よりも貿易を重視する重商主義であった。21世紀の我々が目にする光景は，同じ産業の中で生まれる比較優位の国際分業の中の，特定セグメントに特化した重商主義である。そしてこの政策によってアジア諸国が経済成長の軌道に乗り，先進国はビジネス・エコシステムを介してアジアの成長を自国の成長に結びつける。

我々は，まず出口主導型の産業政策を比較優位の国際分業を前提に再構築しなければならない。その上でさらに，比較優位のオープン国際分業が作るグローバルなビジネス構造の全体系を把握し，自分たちのシナリオでグローバルなビジネス・エコシステムを事前設計し，ビジネスモデルと知財マネジメントを駆使しながらビジネス・エコシステムをコントロールする仕組みを構築し，同時に世界中の技術イノベーション成果を自国／自社の収益に直結させる仕組みを構築する，という一連の事業戦略を事前設計しなければならない。これが，国際標準化を推進する上で最も重要な経営ツールになったのである。国際標準化が生み出す巨大市場を日本企業の成長に直結させるソフトパワーとしてのビジネスモデルや知財マネジメントがあってはじめて，アジアの成長と共に歩む日本および日本企業になる。この意味で我々には，まず国内の確固たる産業基盤を強化し，その上でビジネス・エコシステ

ムを介した21世紀型の重商主義が求められているのではないか。古典的な貿易理論による批判を覚悟して再度強調すれば，同じ産業の中に現れるオープンな比較優位の国際分業と21世紀型の重商主義との共存こそが，先進国と途上国の経済を共に発展させる原動力になっているのである。国際標準化がここで極めて大きな役割を担っていることを再度強調して本章を終えたい。

注
(1) 1940年ころまでのアメリカでは，基礎技術がヨーロッパから伝播してくることが多かった。また技術開発の担い手は，大手企業による研究開発ではなく，むしろエジソンなどの個人発明家であった。しかし1945年10月のブッシュレポートを起点に，大手アメリカ企業が中央研究所を持って基礎研究に巨額の投資をする。企業の基礎研究によって生まれたナイロンの発見がデュポンに巨額の利益をもたらした事実を多くの企業人が理解し，研究開発投資それ自身が経済活動そのものであるという考えを持つに至ったためである。しかしながら1957年代にSolowが完成させた外生的成長理論のモデルでは，技術が経済活動と無関係に与えられるという1940年代以前（Solowモデル完成の約20～30年前）の考え方が仮定されており，Solowの身近で起きた当時の実ビジネスの実態が取り込まれていなかった。また1980年代後半に登場するRomerの内生的成長理論モデルは，その30～35年前の1950代の経済人が既に目にした現実であった。これがアカデミアの世界である。なおアメリカ科学アカデミーの提言書に「経済成長の85%は技術革新による」と書かれているようだが，Solowのモデルで技術を外生的に扱って導かれたのが85%である。この意味で基礎研究者に支持されやすい。
(2) 少なくとも1970年代までなら本章の意味でのリニアーモデルが成立する事例が数多く見られた。21世紀の現在でも設計と製造が分離し難く，また技術伝播が起き難い擦り合わせ型の産業ではリニアーモデルが成立し易い。しかしながら，デジタル・エレクトロニクス産業に代表されるオープン・モジュラー型の産業では技術伝播／着床スピードが非常に速いので，たとえ大量普及する製品を開発してもこれが企業の競争力に必ずしも直結しなくなり，本章の意味でのリニアーモデルが成立しなくなった（小川，2009aの図1）。技術開発投資の成果を企業収益に結びつけるためのビジネスモデルや知財マネージ

メントが必要となったのである．（たとえば小川（2011）参照）．

（3）たとえばグロスマン・ヘルプマン（1998）が代表的な事例．彼らは技術伝播と成長の関係を議論しているものの，企業人から見れば地上10万メートルから語るマクロな議論であって，国や企業の競争優位を議論するには牧歌的すぎる．この本は技術や技術知識のスピルオーバーを本格的に取り込んではいるが，400ページを越えるこの大著で特許とその関連事項に言及した箇所は合計しても2ページであろう．

（4）これまで語られる比較優位の国際分業は，農作物と工業製品，織物製品と自動車などという異なる産業を事例に議論されてきた．本章は，たとえばDVDやパソコン，携帯電話などのそれぞれの産業の中だけで比較優位の国際分業がビジネス・エコシステムを介して生まれ，これが国際標準化によってもたらされたと主張している．

（5）小川（2009b）の第2章，第3章．

（6）ソフトウエアもデジタル型製品を特徴付ける典型的な技術モジュールであり，非常に早い段階から国際分業が始まった．1980年代から始まり1990年代に急拡大するアメリカとインドの国際分業が，その代表的な事例である．インド産業の急成長はまずデジタル型を象徴するソフトウエア産業から始まったが，2000年ころから次第に自動車産業へシフトしはじめた．ソフトウエアは高度な教育を受けた人材の雇用に結びつき易いが，自動車産業なら教育を受ける機会の無かった人々の雇用をも拡大させる巨大産業になるからである．

（7）マイクロプロセッサーはMPU（Microprocessor Unit）と略称され，インテル社が1971年に世界で初めて商品化し，市場に流通させた．MPUを動かすソフトウエアをここではファームウエア（Firmware）と定義する．現在ではこれが，多くのケースで組み込みソフトと呼ばれる．本質的にモジュラー型のアーキテクチャを持つ当時のメインフレームやミニコンは垂直統合型の企業がビジネスの担い手であり，コンピュータの機能と性能を左右するプロセッサー機能を流通させることなど，全く考えられなかったのである．

（8）本章が焦点を当てる国際分業は，国際標準化が作るオープン・グローバル市場を前提にしている．日本の自動車産業に見るグループ内のクローズド分業，あるいは低コスト生産を求めて工場を途上国に作るクローズド国際分業，そして海外工場から自社製品だけに使う部品・材料を調達するクローズド国際分業とは，全く異なる．

（9）柴田（2008）を参照のこと．初期のマイクロプロセッサーは性能が遅いのでメイ

ンフレームやミニコンに採用されることはなかったが，半導体の技術革新によって起きた飛躍的な性能向上と急激コスト低下の同時実現によって，1980年代の中期から全てのパソコンメーカが当たり前にように採用するようになる。

（10）技術体系の一部しか担うことのできないベンチャー企業は，長期の技術蓄積と巨額投資を必要とするプロセッサーを自前で開発・製造することができない。市場に流通する技術モジュールとしてのマイクロプロセッサーが登場してはじめて，小さなベンチャー企業でさえコンピュータ・ビジネスへ参入できるようになったのである。この傾向は，技術蓄積が少ない現在のNIES/BRICs企業が巨大なサプライチェーンの特定セグメントに集中しながら市場参入する姿と全く同じである。

（11）ミニコンピュータが興隆する1970年代になると，アメリカと日本の間で国際分業が生まれた。しかしながらこの場合でも技術モジュールのインタフェースがオープン環境で標準化されたことが起点になっている。そもそもこのインタフェースは，アメリカのベンチャー企業同士の企業間分業を目的にしたものであったが，インタフェースがSMD規約としてオープン標準化された1970年代の後半から，日本企業がハードディスク装置を提供する国際分業型の構造が生まれた。

（12）本章では国際標準化とオープン標準化を区別しないで用いている。たとえば1980年代のアメリカに興隆したパソコン産業の標準化は，アメリカ国内のオープン標準であっても，ビジネスの視点から言えばそのまま国際標準と同じ意味を持つようになった。CD-ROMやCD-Rは特定の有力企業が主導したデファクト標準であったが，ビジネス的には実質的なオープン標準化，国際標準化と同等の役割を持つようになった。厳密な定義は異なるものの，本章ではビジネス上の視点でオープン標準化と国際標準化とを特に区別せず，状況に応じて使い分けている。

（13）同じデジタル型を代表するネットワーク産業でも同じだったが，詳細は別稿に譲りたい。

（14）これまで本章ではマイコンとシステムLSIを区別しないで用いた。初期のころはマイクロプロセッサーに入出力インタフェースのコントローラ機能を付けたマイコン（あるいはDSP：Digital Signal Processor）が中心であったが，1990年代の半導体技術革新がこれをSystemLSIに進化させた。SystemLSIにはマイコンやSDPと多種多様な機能のソフトウエアモジュールが一体統合された巨大システムとなっている。その基本機能が製品／システムの内部構造を基幹部品の組合せ型へ転換させるという意味で，基本

的にマイコンと同じ作用を本質的に持つ。

(15) 1950年のアメリカ議会が制定させたセラー・キーフォバー法によって，いかなる商業分野においても競争を減少あるいは低下させる合併が違法となったので，アメリカ企業は自社の得意領域と無関係な事業領域へ多角化する以外に成長の道がなかったのである。

(16) このような潮流を生み出す背景にハイエクやミルトン・フリードマンの経済思想があるが，この二人を支えたのがアダム・スミスの国富論であると言われる。国富論では冒頭から分業化が持つ経済合理性が一貫して主張されている。この分業化をグローバル市場へ大きく拡大するきっかけになったのが1980年代のアメリカの産業政策であり，これと呼応したパソコン産業やデジタルネットワーク産業で興隆したオープン標準化である。デジタル型産業は，基幹部品の結合公差が非常に広いので，インタフェースがオープン標準化されれば，企業間の水平分業が瞬時に生まれる。

(17) 著作権法で守られるなら改版権を守れると考えたIBMがソース・コードを公開した。しかしながら，結果的に守ることができず，多くのベンチャー企業がパソコン産業へ参入できるようになった。

(18) これら一連の政策については，宮田（2009）から学んだ。

(19) 我が国でも中小企業の活性化・育成に力を入れているが，アメリカの教訓で言えば，製品アーキテクチャがモジュラー型へ転換した製品であってオープン環境で分業化され易い産業でなければ，アメリカ的な意味でのオープンイノベーションがおき難い。中小企業やベンチャー企業の育成には，製品アーキテクチャの視点を取り込む産業政策が必要である。

(20) 注（12）でも述べたが，IBM互換パソコンの内部バスの標準化は当時のアメリカだけで通用するものだったのであり，一種のデファクト標準的な性格を持つ。しかしながらその後これが全世界でビジネス上の実質的な標準となったという意味で，本章ではオープン標準化と国際標準化を同じ意味で使う。

(21) 小川（2009b）の第5章参照。

(22) 小川（2009b）の第5章，図5.3参照。

(23) 1990年代の後半から図1のNorth BridgeとSouth Bridgeは，それぞMedia Control HubおよびI/O Control Hubへと名称が変わり，さらに進化し続けている。

(24) ファームウエアを現在では組み込みソフトと呼ぶことが多い。

(25) 図2の右側で，s1，s2，…，S1，S2，…は内部にデジタルフィードバック制御機能を持つ。データバスを介してs1，s2，…などからセンサー信号を受け，これを起点に制御信号を作り出すのが図2のマイクロプロセッサーである。
(26) たとえば小川（2009b）の第8章，図8.2参照。
(27) 具体的には，マイコン，DSP，SystmLSIのエンジンとしてマイクロプロセッサーを使う。
(28) 小川（2009b）の第5章。
(29) 小川（2009b）の第11章。
(30) アメリカのドル（US$）と台湾ドル（NT$）の関係は，1992～1995年で1US$が26～27NT$，1996～2005年が29～30NT$であった。
(31) たとえば立本（2009）。
(32) 以上のデータや事実はアジア経済研究所の川上桃子氏にご教示頂いた。
(33) 厳密には，企業内で製品開発から量産に至るまでの擦り合わせ内部コスト（擦り合わせコーディネーションコスト）および，調達および調達のための契約コストや知財のコスト，情報の非対称によって生じるコスト，販売コストなどの市場利用コストも含まれる。これらの一部が小川（2011）で論じられている。
(34) これは日本企業の中国工場ではなく，中国資本による中国工場の生産シェアである。表に出ているシェアは60%だが，部品の供給状況から見た中国企業のシェアは70%を超える。
(35) ただしこれらの製造装置が流通すれば，たとえブラックボックス型の技術であっても，モジュラー化した完成品と同じ速度で伝播／着床する。
(36) 図3，4，5はこのような経営環境の到来によってはじめて顕在化したのである。なお韓国のサムスンやLGは，21世紀になると自らの手でプロダクト・イノベーションを主導できる技術力を身につけたが，依然として擦り合わせ型の基幹部品や材料の多くを日本企業から調達する構図になっている。そこで21世紀の韓国政府は，産学官連携の国家プロジェクトをスタートさせて材料技術の育成に取り組みはじめた。日本企業による技術移転に強力なインセンティブを新設したのは言うまでもない。デジタル家電に使われる材料・部品で，既に韓国企業が内製を加速させ，日本企業が劣勢に立つケースも散見される。これを重商主義と呼ぶのなら，重商主義を悪とする古典的・牧歌的な貿易理論が機能し得なくなったのではないか。

(37) たとえば，小川（2009a）の第 2 章および第 4 章を参照のこと。図 2 から分かるように国際標準化が創る比較優位の国際分業は，DVD やパソコン，携帯電話といった同じ産業の中で生まれるものであり，古典的な定義と異なることに注意。また現在の国際分業は，製品アーキテクチャもモジュラー化に呼応して NIES/BRICs 諸国が 1990 年代に制度設計した比較優位の産業政策によって顕在化するようになった。詳細は小川（2009b）の第 3 章および立本（2009）を参照のこと。

(38) 小川（2009b）の第 1 章，図 1.14 参照。

(39) 文明装置という表現は，森谷（1998）の第 2 章から借用した。

(40) グラミン銀行については，ユヌス（2009）。

(41) 1970 年代に興隆した DEC や WANG などのミニコンメーカも，ハードディスクや DRAM を外部調達するモジュール・クラスター型のビジネス構造を生み出していた。パソコンと大きく異なるのは中央処理装置としてのプロセッサーをミニコンメーカが全て独自開発した点である。パソコンメーカは一部を除いて全て外部調達した。

(42) 当時の日本の DRAM メーカは，1990 年代の前半まで，メインフレームやミニコン，ワークステーションなどを主たる市場に考えていた。高い信頼性を必要とし，販売価格も高かったからである。サムスンは敢えて日本企業と競合する市場を避け，パソコン市場にターゲットを絞ったといわれる。1990 年代になると，サムスンは日本企業と競合しない市場，すなわち開発途上国市場への展開を，すべての製品分野で徹底した。低コストビジネスで勝つ組織能力がここで養われ，その延長で欧米市場の日本企業を脅かす力を持つに至った。

(43) 白物家電で途上国市場へ大規模に参入したのも 1990 年代の初期であり，これがサムスンや LG 電子などを飛躍させる大きな要因の 1 つであったが，その詳細は別稿に譲る。

(44) パソコンの製品アーキテクチャが 1980 年代の初期から 1995 年にかけてモジュラー型へ転換するプロセスについては小川（2009b）の第 5 章を参照。その深層には，本章の 2.2. で述べるように，組み立て製造公差の拡大とオープン化があった。

(45) パソコンのインタフェースは 1990 年代の ISA バスのように，初期のころからオープン標準化によって部分的には公開されていたが，Full-Turn-Key-Solution 型のインタフェースとして公開されたのは 1995～1996 年ころのインテル・プラットフォームであった。

(46) 日本企業の場合は，設備償却の問題以外に，工場で働く人々の雇用維持も大きな課題であった。雇用を守るためにも，工場を動かし続けなければならない。したがって，シリコン・サイクルの中で，価格が下落した底値の時期でも長期契約を結ぶことが多いので，市況が回復しても赤字が続く。一方，台湾や韓国の企業は，減価償却が終わっているので稼働率が極端に下がっても無理な注文を取る必要がなく（台湾のTSMCは稼働率40％でも黒字），市況が回復すればすぐに高収益へ転換する。

(47) ビジネス制度設計が大きな役割を持つには先進国から技術が伝播してこなければならない。オープン分業型の産業構造の進展が技術伝播を加速させたのである。半導体産業でこれを象徴する出来事が，設計と製造を分離させた1980年代初期のASIC型ビジネスモデルであり，1990年代末のSystemLSIのビジネスモデルであった。いずれもその背後に，半導体デバイスの設計ルールのオープン標準化があった。これについては小川（2007）の第3章で少し言及している。

(48) 稀な例外事例として，省エネ型エアコンの世界的メーカであるダイキン工業が，2008年ころから中国の格力社（ギャランツ）を完全なパートナーにしながら世界市場へ展開しはじめた。その他，小川（2009b）の第9章に紹介した三菱化学の事例も，国際的な分業構造の中で途上国企業をパートナーにしながら成功した代表的な事例である。

(49) 途上国と先進工業国が互いにパートーナーとして協業し，ここからアジアの成長と共に歩むという事例が欧米に多く見られる。これらの詳細は別稿に譲りたい。

(50) たとえば小川（2009b）の第4章。

参考文献

小川紘一（2007）「製品アーキテクチャのダイナミズムを前提にした日本型イノベーション・システムの再構築」，東京大学ものづくり経営研究センター，ディスカッション・ペーパー，MMRC-J-184，2007年11月。http://www.ut-mmrc.jp/dp/PDF/MMRC184_2007.pdf

小川紘一（2009a）「製品アーキテクチャのダイナミズムと日本型イノベーションシステム―プロダクト・イノベーションからビジネスモデル・イノベーションへ」『赤門マネージメント・レビュー』第8巻第2号。

小川紘一（2009b）『国際標準化と事業戦略』白桃書房。

小川紘一（2011）「知財立国のジレンマ」本シリーズ第1巻第3章。

G. M. グロスマン・E. ヘルプマン（1998）『イノベーションと内生的経済成長―グローバル経済における理論分析』大住圭介訳，創文社。

斎藤修（2008）『比較経済発展論』岩波書店。

柴田友厚（2008）「パラダイム転換のマネージメント」，児玉文雄編『技術潮流の変化を読む』日経BP社，第8章，p. 198。

立本博文（2009）「国際特殊的優位が国際競争力に与える影響：半導体産業における投資優遇税制の事例」『国際ビジネス研究』Vol. 1, No. 2, pp. 1-15。

チャールズ I. ジョーンズ（1999）『経済成長理論入門』香西泰監訳，日本経済新聞社。

戸堂康之（2008）『技術伝播と経済成長』勁草書房，pp. 3-24。

宮田由紀夫（2009）「アメリカの産官学連携―大学の有用性について」，土井教之編著『ビジネス・イノベーション』日本評論社。

森谷正規（1998）『文明の技術史観』中公新書。

ユヌス，ムハマド（2009）「グラミン銀行の軌跡と奇跡」『一橋ビジネスレビュー』第57巻第1号，p. 6。

第6章

# ドイツにみる産業政策と太陽光発電産業の興隆
―欧州産業政策と国家特殊優位―[*]

富田 純一
立本 博文
新宅 純二郎
小川 紘一

## 1. はじめに

　本章の目的は，産業政策の観点から，ドイツの太陽光発電産業（Photovoltaic Industry，以下PV産業と略）発展のプロセスおよび新興企業の急成長の要因を探ることにある。

　本書ではこれまでアジアを中心とした新興国市場におけるイノベーション・システムやビジネスモデル，標準化戦略，国際分業などの問題を取り上げてきた。しかし，成長する新興市場は先進国でも観察される。そのひとつがドイツPV産業である。ドイツではベルリンの壁崩壊以降，旧東独地域の経済発展のため，様々な経済振興策が実施された。その一環として，PV産業では，投資優遇制度など種々のインセンティブ制度により旧東独地域で国内外からの投資を呼び込み，「ソーラーバレー」と呼ばれる一大産業集積を築いた。一方，市場面においても，ドイツ政府がFIT（Feed In Tariff）などの市場創出政策を積極的に推奨したことで，市場は急速に立ち上がった。

　図1は国別の太陽光発電の使用量を時系列で示したグラフである。2003年以降のドイツ市場の急成長が見て取れる。かつては日本が1999年頃から

成長軌道に乗り，使用量トップに立っていたが，2005年には急速に伸びてきたドイツにあっという間に追い抜かれてしまった。ドイツのPV産業がこんなにも短期間の間に発展することができたのは，ドイツ産業政策による影響が大きいと考えられる。そこで以下では，産業政策の観点からドイツ急発展のプロセスを詳細に検討する。

　一方，企業別にPV市場における競争力を見てみても，ドイツ，米国，中国など日本以外の企業の近年の躍進ぶりが目立つ。図2は太陽電池セルメーカー上位10社の生産量を時系列で示したものである。太陽電池セルの生産量を見ても，2000年代前半は日本企業が上位を独占してきたにもかかわらず，現在は急成長してきた新興企業の後塵を拝している。トップシェアを維持してきたシャープも，2007年にドイツのQ-Cells，2008年には中国のSuntech Power，米国のFirst Solarに抜かれ，業界4位となってしまった。これらの新興企業が急成長を遂げることができたのはなぜだろうか。とりわけ，Q-Cellsは，多くの企業が太陽電池ビジネスに参入した中で，なぜ同社だけがセル・ビジネスで急成長することができたのか。また，First Solar

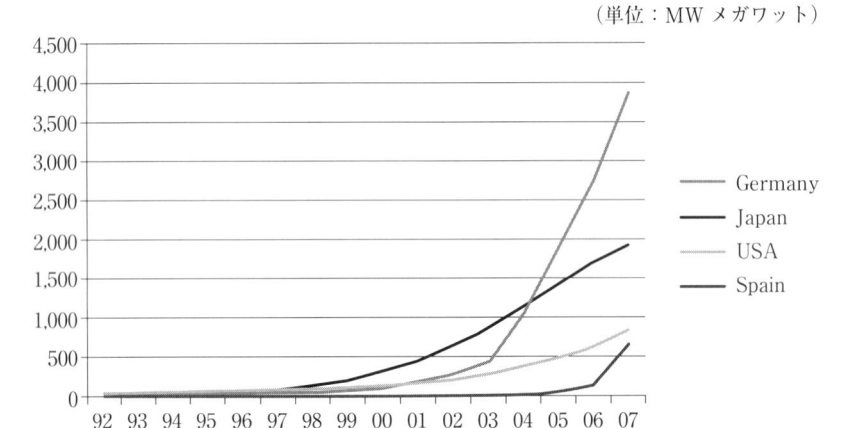

**図1　太陽光発電の国別使用量**

（単位：MW メガワット）

出所）　JETRO（2009）より作成。原出所，Trends in Photovoltaic Applications 2008, IEA

### 図2 太陽電池セルメーカー上位10社の生産量の推移

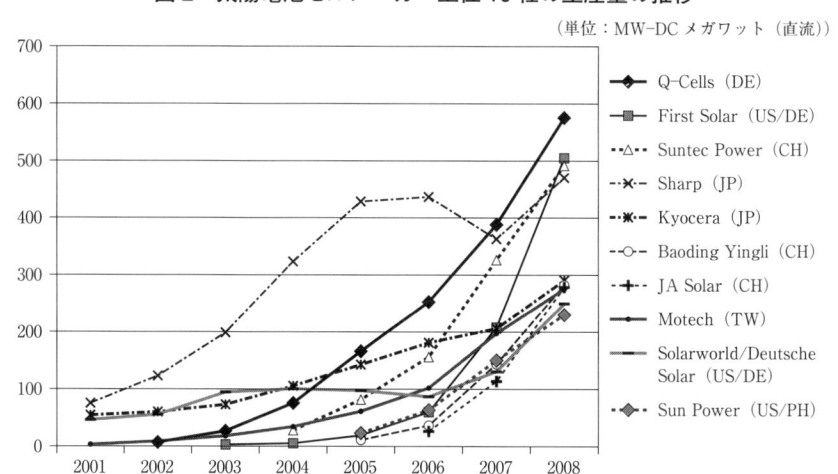

(単位：MW-DC メガワット（直流）)

- Q-Cells（DE）
- First Solar（US/DE）
- Suntec Power（CH）
- Sharp（JP）
- Kyocera（JP）
- Baoding Yingli（CH）
- JA Solar（CH）
- Motech（TW）
- Solarworld/Deutsche Solar（US/DE）
- Sun Power（US/PH）

出所) 2001-2007年のデータは Prometheus Institute for Sustainable Development & Greentech Media（2008），田野辺，戸澤（2009）に基づいて作成。2008年のデータは Press Journal（2009）に基づいて作成。

は結晶系電池に変換効率で劣ると言われる薄膜系電池において，なぜ急成長を遂げることができたのか。

　これらの問題意識のもと，本章ではドイツにおける産業政策に焦点を当て，同国PV産業急発展のプロセスを検討するとともに，Q-Cells，First Solar 2社の事例分析を通じて急成長の要因を明らかにする。

　次節ではドイツのPV産業発展の契機となった再生可能エネルギー法について言及した上で，3.で旧東独を中心とするEU，国家，州という三段階の経済振興策を概観する。4.ではそうした振興策の恩恵を最も受けていると推察される，Q-CellsとFirst Solar 2社の事例分析を行うことで，これら新興企業の急成長の要因を検討する。5.でディスカッションを行い，6.でまとめと今後の課題を提示する。

## 2. ドイツの再生可能エネルギー政策

　ドイツは 2000 年 4 月に「再生可能エネルギー法」(以下，EEG 法）を施行し，ドイツ国内のエネルギー消費に占める再生可能エネルギーの割合を 2010 年までに 2 倍にするという数値目標を掲げた。この背景には，京都議定書の温室効果ガスの排出量削減目標がある。「京都議定書の承認に関する理事会決定 2002／358／EG」の附則 II では，2012 年に 1990 年比 21％削減が数値目標となっていることが挙げられる。しかしその一方で，原子力発電の廃止（2002 年制定）も進められてきた。したがって，ドイツにとって温室効果ガスを削減するためには，再生可能エネルギーへの注力が必須であり，EEG 法制定はそれを実現するための手段だったのである。

　以下，渡邉（2005）に基づいて概略を見ていくことにしよう。EEG 法とは，一言で言えば，再生可能エネルギーの普及を目的としてそれらの利用を優先するための法律である。従来と異なる特徴は，FIT（Feed In Tariff），すなわち電力買取に固定価格が導入された点である。それ以前の「電力供給法」（1991 年制定）では，電力供給事業者による再生可能エネルギーの電力買取は小売価格に対する比率で定められていたため，発電事業者は小売価格の変動リスクを負わなければならなかった。これに対して，EEG 法では固定価格での買取が補償されている。例えば，2000 年における 1kW 時あたりの買取価格は，水力（0.0767 ユーロ：500kW 以下，0.0665 ユーロ：500kW 超），バイオマス（0.1023 ユーロ：500kW 以下，0.0921 ユーロ：5MW 以下，0.0870 ユーロ：5MW 超），風力（0.0910 ユーロ：稼働から 5 年以内，0.0619 ユーロ：稼働から 5 年超），太陽光（0.5062 ユーロ）である。したがって，EEG 法により，ドイツのエネルギー政策は大きく転換したと言える。

　とりわけ，太陽光は通常の電力料金（0.18 ユーロ／kW 時）の 3 倍近い価格での買取が補償されている。その後，太陽光の買取価格は段階的に引き下げられたものの，電力供給事業者による買取が 20 年間約束されているため，一般家庭においても発電事業所においても，PV 産業に対する投資はより確

## 図3 ドイツにおける発電シェア（2007）

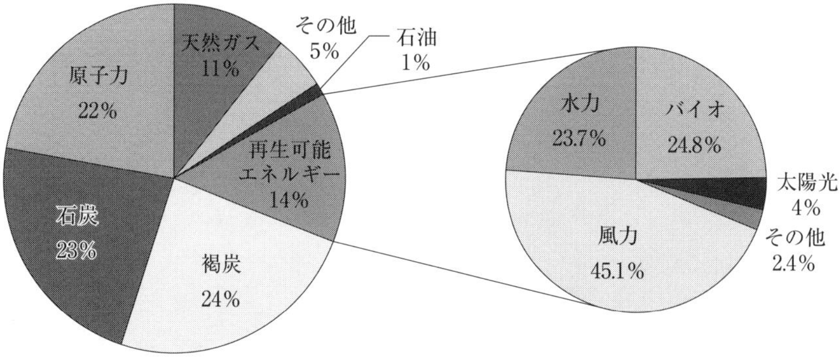

（原子力 22%、天然ガス 11%、その他 5%、石油 1%、再生可能エネルギー 14%、褐炭 24%、石炭 23%）

再生可能エネルギー内訳：水力 23.7%、バイオ 24.8%、太陽光 4%、その他 2.4%、風力 45.1%

出所）田辺（2009）より作成。原出所，Arbeitsgemeinschaft Energiebilzanzan as presented by AGEE Stat, ifne

実で高収益の見込めるものとなった（丸川，2008）。

このほか，電力供給事業者に買取義務が発生する発電施設の規模についても，太陽光は出力上限が350MWから1,000MW（2002年7月）へと段階的に引き上げられ，2004年1月にはEEG法の第二次改正により，買取義務の出力上限が撤廃，買取補償額も設置内容に応じて約2-4割の増額がされることとなった。これにより，ドイツPV産業への投資がより一層促進されたと考えられる。実際，ドイツにおけるPV使用量は2004年以降に急拡大している（図1参照）。その結果，2000年時点でドイツ国内の全エネルギー供給に占める再生可能エネルギーの割合は2.6%しかなかったが，2007年には14%を占めるまでに至っている（図3参照）。

ただし，再生可能エネルギーで最大の発電量を誇るのは風力発電である。2007年のドイツの電力発電の内訳は図3の通りである。再生可能エネルギー14%のうち，発電シェアは風力が45.1%と最大シェアを占めており，続いてバイオ24.8%，水力23.7%と続いており，太陽光はわずか4.0%を占めるに過ぎない。

ちなみに風力発電の設置場所はドイツ北部に集中している（図4）。良い風が吹くからである。一方，太陽光の発電施設はドイツ南部に集中してい

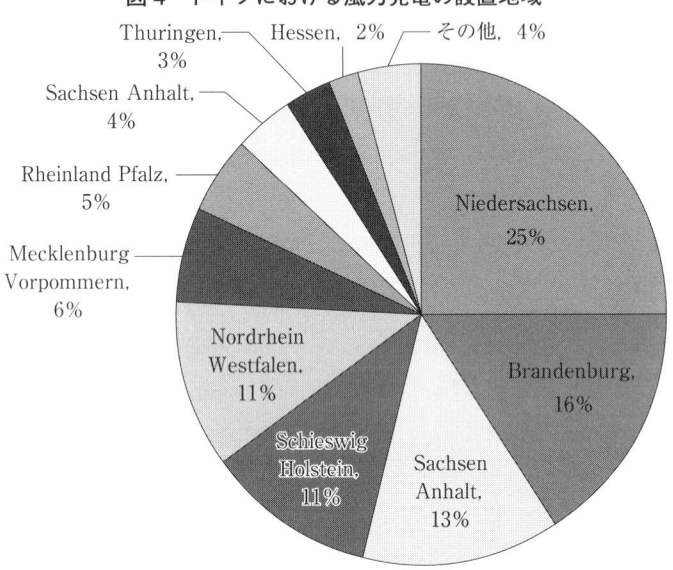

図4 ドイツにおける風力発電の設置地域

- Thuringen, 3%
- Hessen, 2%
- その他, 4%
- Sachsen Anhalt, 4%
- Rheinland Pfalz, 5%
- Mecklenburg Vorpommern, 6%
- Nordrhein Westfalen, 11%
- Schleswig Holstein, 11%
- Niedersachsen, 25%
- Brandenburg, 16%
- Sachsen Anhalt, 13%

出所）田辺（2009）より作成。原出所，DEWI

る。日照時間が長いからである。したがって，ドイツでは風力は北部，太陽光は南部と自然エネルギーを使い分けている。ただし，現在は陸上での風車の設置場所が少なくなってきており，太陽光発電を含むその他自然エネルギーによる発電量増加が期待されている。

## 3. 旧東独にみる「ソーラーバレー」と三段階の経済振興策

ドイツのPVセル／モジュール企業は，ほとんど東側，とりわけドレスデン，ライプチヒのあるザクセン州，北隣のアンハルト＝ザクセン州，西隣のテューリンゲン州に集中している（図5参照）。これら3州一帯の太陽光産業集積は「ソーラーバレー」と呼ばれている。旧東独側への投資集中の傾向は，シリコン結晶系（wafer-based technologies）のPVセル／モジュール産業よりも，ターンキー化が進み投資競争への傾倒が顕著な薄膜系（thin-

**図5 ドイツにおける PV セルおよびモジュール企業の投資分布（2009）**

(1) Companies in wafer-based technologies　(2) Companies in thin-film technologies

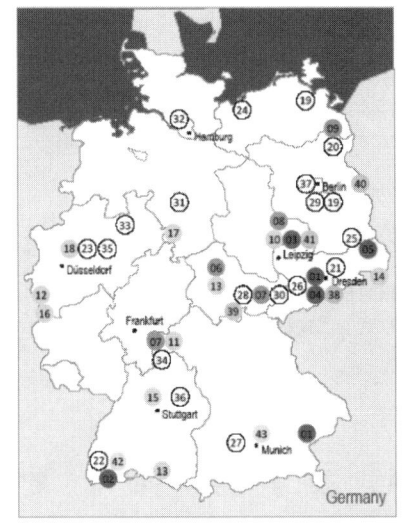

出所）　Germany Trade & Invest（2009b）より抜粋

film technologies）で明確に現れている（図5の（2））。

　旧東独地域にソーラーバレーが作られたのは，EU およびドイツの経済振興策の影響が大きい。EU では加盟国内の経済格差の是正や長期的な EU 経済発展・維持のため，発展地域（Regional Competitiveness and Employment Regions）と発展途上地域（Convergence Regions）に分け，後者に予算を重点配分し，かつ投資減税などの補助を認めている。この EU による分類によれば，ドイツは東西できれいに分かれる。つまり，旧東独地域はいまだ経済発展が遅れているとされる。

　もともとドイツは，東西統一以降，旧東独地域に旧西独地域の産業を呼び込むためのインセンティブ政策を展開してきた。しかし，統一直後の旧西独側産業は旧東独に産業基盤を移すことは考えておらず，東に市場が出来たという程度の意識しかなかったという。しかし，その後の旧東独地域の市場経済化プロセスの中で，旧東独側の市場を拡大するには，まず彼らの所得を上

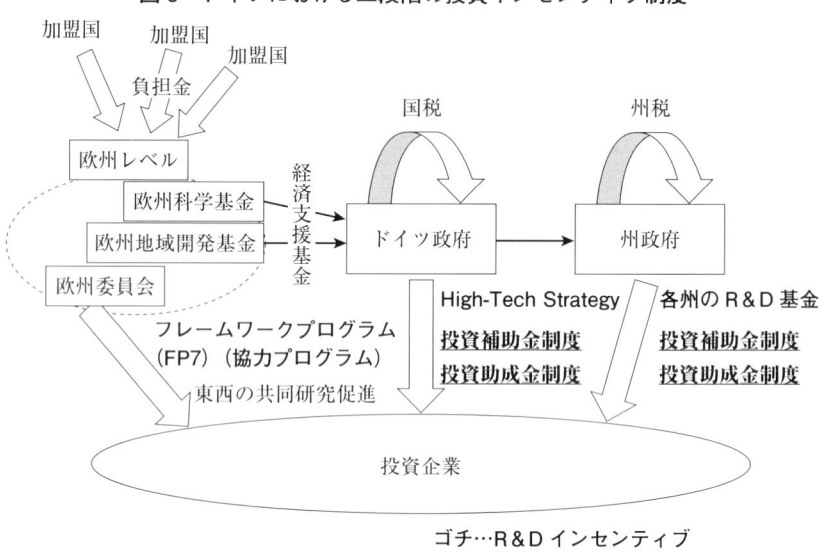

図6　ドイツにおける三段階の投資インセンティブ制度

[図：欧州レベル（欧州科学基金、欧州地域開発基金、欧州委員会）→経済支援基金→ドイツ政府（国税）→州政府（州税）→投資企業。加盟国からの負担金が欧州レベルへ。フレームワークプログラム（FP7）（協力プログラム）は東西の共同研究促進。ドイツ政府からHigh-Tech Strategy（**投資補助金制度**、**投資助成金制度**）、州政府から各州のR&D基金（**投資補助金制度**、**投資助成金制度**）が投資企業へ。]

ゴチ…R&Dインセンティブ
下線…キャッシュインセンティブ
　　　（量産投資に対するインセンティブ）

出所）　Germany Trade & Invest（2009a）に基づいて筆者作成

げる必要があるとの認識が広まり，1990年代後半から様々な産業誘致政策が始まった。PV産業の誘致もそうした取り組みの一環である。

　産業誘致策のひとつがEU，ドイツ国家，州（州税が大きい）の三段階で実施されるインセンティブ制度（投資の一定割合を税額控除，または現金補助など）である。その概要は，図6に示すように，まずEUが経済支援基金の中からドイツ国家に対して予算配分し，ドイツ国家はそれを税収（国税）と合算して国家予算と州予算に配分する。州は国からの予算配分と自らの税収（州税）を合算し，州予算とする。国家・州はそれぞれ，投資内容（企業規模，立地，投資金額，投資対象など）に応じたインセンティブを企業に提供する。

　現在，ドイツは国内・海外を問わず，企業・投資家に対して旧東独地域に投資することに様々なインセンティブ制度を提供している。この制度のファ

ンドの大部分はEU，具体的にはEU圏内の経済支援を目的とした二つの基金，欧州科学基金（ESF, the European Social Fund）と欧州地域開発基金（ERDF, the European Regional Development Fund）から提供され，2007年から2013年まで合計255億ユーロの支援を受ける予定である（Germany Trade & Invest, 2009b）。これらの資金は，ドイツ政府および各州の予算と共同運用（co-financing）されている。

以下，EUならびにドイツ政府の経済支援の柱となっているR&Dとキャッシュ（設備投資）に関するインセンティブ制度について詳しく見ていくことにしよう。まずR&Dインセンティブについて説明する。R&Dに関して，EUレベル，国家レベル，州レベルといった三段階の施策が行われている。第一のEUレベルのR&Dについて，EUのFP7（7th Research Framework Program）によると，2013年まで国家および業種を超えた共同プロジェクト（コンソーシアム）に対して財務的支援を行うという。FP7では発展地域企業と発展途上地域企業間での共同プロジェクトを高めに評価して優先的に採択する仕組みが備わっている（FP7と共同研究支援については小川・立本，2009を参照）。

FP7は総額500億ユーロ以上の予算を持つ欧州最大のR&Dインセンティブ制度であり，中小企業に対して最大75％の補助金を提供するという。なお，European Commissionの定義に基づき，小企業は従業員数50名以下かつ年間売上高が1,000万ユーロ以下（または資産1,000万ユーロ以下），中規模小企業は250名以下かつ売上高5,000万ユーロ以下（または資産4,300万ユーロ以下），大企業は250名以上かつ売上高5,000万ユーロ以上（または資産4,300万ユーロ以上），と定義されている。FP7には中小企業・スタートアップ支援の役割があるのである。

第二の国家レベルについて，ドイツのインセンティブ制度は，オペレーショナル・インセンティブ（operational incentive）と投資インセンティブ（investment incentive）に大きく分けられる（図7参照）。前者は，経営をサポートするものでR&Dインセンティブや労働関連のインセンティブが挙

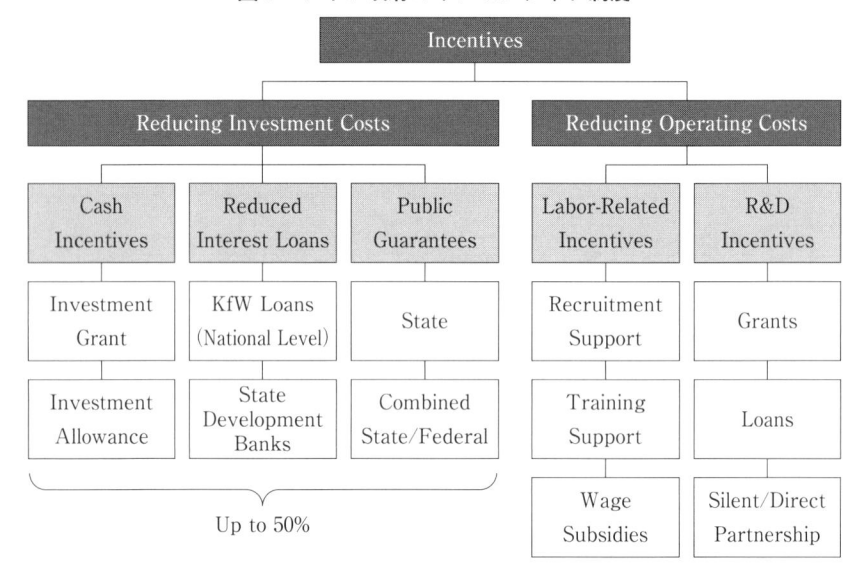

図7 ドイツ政府のインセンティブ制度

```
Incentives
├── Reducing Investment Costs
│   ├── Cash Incentives
│   │   ├── Investment Grant
│   │   └── Investment Allowance
│   ├── Reduced Interest Loans
│   │   ├── KfW Loans (National Level)
│   │   └── State Development Banks
│   └── Public Guarantees
│       ├── State
│       └── Combined State/Federal
│   （Cash Incentives〜Public Guarantees: Up to 50%）
└── Reducing Operating Costs
    ├── Labor-Related Incentives
    │   ├── Recruitment Support
    │   ├── Training Support
    │   └── Wage Subsidies
    └── R&D Incentives
        ├── Grants
        ├── Loans
        └── Silent/Direct Partnership
```

注) Investment Allowance は旧東独地域のみ適用
出所) Germany Trade & Invest (2009a, 2009b) より抜粋

げられる。後者は，投資費用の低減に寄与するものでキャッシュ・インセンティブや低金利ローンなどが挙げられる。

　これらインセンティブ制度の中で，ドイツ政府はR&Dをドイツ経済発展のために最重要課題のひとつと認識しており，毎年GDPの約3％，約700億ユーロを投入している。中でも，航空宇宙やエネルギーなど17に及ぶ戦略分野に補助金を重点配分する"High-Tech Strategy"を掲げている。補助金のうち，約120億ユーロ分は返還不要であり，大企業はR&Dプロジェクト費用の最大50％まで補助を受けられる（中小企業はこの限りではない）。この制度は，いわば競争的研究資金制度であり，企業と研究所のコラボレーションが必要であり，コンペを勝ち抜いたプロジェクトだけが助成を受けられる仕組みになっている。いわばPVクラスターの技術開発のスピードを上げることで，競争力が高まるよう設けられたドイツ政府の政策である。加えて，ドイツ政府は2009年，新規技術開発をより一層促進するための一時的

な措置として，各省庁から予算を集め，150億ユーロを最先端技術に投入することを決定した。これは，"High Strategy"キャンペーンと呼ばれている。

旧東独地域にフォーカスしたインセンティブ制度もある。ドイツ政府は，同地域の戦略的イニシアティブ強化や産業研究強化を目的とした「旧東独地域の先端技術とイノベーション」に関するプログラムや，「経済的にハンディキャップのある地域に存在する成長性のある企業の研究開発活動への助成支援」に関する技術支援プログラムなどを実施している。ただし，これらの地域には，技術移転を促進する大企業やイノベーション能力を有する中小企業ネットワークが存在しないケースが多いため，研究インフラストラクチャーとして公益産業研究施設の役割が重要となるという。したがって，ドイツ政府はこうした研究施設のコンピタンス強化を目的とした「産業先行研究支援」に関するプログラムの実施も図っている（徳田，2009）。

こうしたドイツ政府のインセンティブ制度に加え，第三レベルの各州のR&D基金がある。州ごとに特定の産業クラスターに補助金を重点配分している。各州が行うR&D基金についてはFP7と異なり，企業側は助成を受けるにあたって必ずしも共同プロジェクトを立ち上げる必要はない。ここでは州ごとの事情に合わせた柔軟な投資サポートが行われている。

次にキャッシュ（投資）に関するインセンティブについて説明する。キャッシュ・インセンティブは主にドイツ政府と州政府によって行われている。ただし，キャッシュ・インセンティブについてEUレベルの施策と無関係に行われている，というわけではない。先に述べたように，一連のインセンティブ制度のファンドの大部分はEUの二つの基金（ESFとERDF）から提供される。欧州委員会競争当局は，特定地域に対する過大なキャッシュ・インセンティブは，「補助金ルール」を基に審査を行うとしている。もしも競争当局で承認がおりなかった場合，特定地域に対するキャッシュ・インセンティブを行うことはできない。「ソーラーバレー」に大きなキャッシュ・インセンティブを設定することができるのは，この地域が旧東独地域に該当

し，発展途上地域に指定されているからである。

　ドイツ政府が提供するキャッシュ・インセンティブは，主として設備投資費用の低減のための手段として提供されている。このため二つの主要な制度を用意している。ひとつは，ドイツ全域に適用される「投資補助金制度」(Investment Grants Program で，the Joint Task for the Promotion of Industry and Trade と呼ばれる）で，もうひとつは旧東独地域のみ適用される「投資助成金制度」(Investment Allowance Program）である。

　前者は，資本支出や労働コストに対する現金補助の形式をとる。この制度が適用される条件は，①投資事業において長期雇用創出すること（ドイツで5年以上活動を続けること），②民間銀行から事業資金の保証を得ること（投資総額に対して民間資本の占める率が最低25％必要）。投資企業は投資費用の一部を現金で受け取ることができる。受け取れる補助金の金額は，進出地域と企業規模によって異なっている。例えば，A region（旧東独地域）の小企業が投資額の50％の補助金が得られるのに対し，C region（旧西独地域）の大企業は15％の補助金となっている（図8参照）。

　後者は，建物・機械・機器等の投資費用の相殺を目的としており，投資事業が完了してから旧東独で最低5年間の活動維持が適用の条件となる。具体的には，ベルリン，ブランデンブルク州，メクレンブルク＝フォアポンメルン州，ザクセン州，ザクセン＝アンハルト州，テューリンゲン州が適用地域となる。投資補助金との最大の違いは，投資助成金は無税であるという点である。一般的には税額控除の形で配賦されるが，現金支払いの形で提供することも可能である。「投資助成金制度」のもとでは，投資企業は審査基準を満たしていれば，自動的に（通常のインセンティブ制度の手続きを踏むことなく）投資助成を受けられる。

　この制度は2013年まで継続される。助成金額は，投資の内容と企業規模，投資時期に応じて助成金比率が決まる（図9参照）。例えば，2009年に建物，機械に関する投資を行った場合，大企業なら12.5％，中小企業なら25.0％を助成金として受け取ることができる。

## 図8　ドイツにおける「投資補助金制度」

| | Large companies |
|---|---|
| A Region¹ | 30% |
| A Region in transition² | 30% (until end 2010) 20% (from 2011 on) |
| C Region | 15% |
| D Region | max. EUR 200,0003 |
| C/D Region | 15% / max. EUR 200,0003 |

Source: 36th GA Framework Plan "Improving the Regional Economic Structure"

| 地域 | 小企業 | 中企業 | 大企業 |
|---|---|---|---|
| A Region | 50% | 40% | 30% |
| A Region in Transition | 50%（2010年末まで）40%（2011年以降） | 40%（2010年末まで）30%（2011年以降） | 30%（2010年末まで）20%（2011年以降） |
| C Region | 35% | 25% | 15% |
| D Region | 20% | 10% | 最大50万ユーロ（3年以内） |
| C/D Region | 35%／20% | 25%／10% | 15%／最大50万ユーロ（3年以内） |

出所）　上図は Germany Trade & Invest（2009b）より抜粋，下図は Germany Trade & Invest（2009a）より作成

　しかも，企業は旧東独地域に投資した場合，投資補助金比率の上限を超えない範囲で，投資助成金と組み合わせて現金補助を得ることが可能である。例えば，中企業が2009年に旧東独に3,000万ユーロ投資したとすると，「投資助成金制度」による補助金比率は40％となる（図8参照）。仮に3,000万

図9 旧東独地域における「投資助成金制度」

| Company size | investment good | Start in 2009 | Start in 2010 | Start in 2011 | Start in 2012 | Start in 2013 |
|---|---|---|---|---|---|---|
| Small or medium-sized enterprise | Building[1] | 12.5% | 10.0% | 7.5% | 5.0% | 2.5% |
| | Machinery, equipment[2] | 25.0% | 20.0% | 15.0% | 10.0% | 5.0% |
| Large enterprise | Building1, machinery, equipment[2] | 12.5% | 10.0% | 7.5% | 5.0% | 2.5% |

出所) Germany Trade & Invest (2009b) より抜粋

ユーロのうち，工場・設備に2,800万ユーロ，建物に200万ユーロを投資したとすると，まず「投資助成金制度」により，工場・設備投資の25％（2,800万ユーロ×25％）＋建物投資の12.5％（200万ユーロ×12.5％）＝725万ユーロの税額控除を受ける（図9参照）。さらに「投資補助金制度」により，工場・設備投資の残りの15％（2,800万ユーロ×15％）＋建物投資の残りの27.5％（200万ユーロ×27.5％）＝475万ユーロをキャッシュで受け取ることができる（図8参照）。

このように見てくると，ドイツはPVの市場があっただけでなく，セルなど設備集約型産業を立地するのにも，キャッシュ・インセンティブなどで有利な土地だったと言える。ドイツの中でも，Q-Cells（ザクセン＝アンハルト州に工場立地）やFirst Solar（ブランデンブルク州に工場立地）のような会社が伸びた背景にはこうした制度的要因がある。

興味深いのは，こうした東側の投資優遇措置があるにもかかわらず，装置産業は西側に立地しているという点である（図10参照）。この点に関して半導体産業や液晶産業で製造装置産業は先進国に立地しているにもかかわらず，半導体産業や液晶パネル産業は新興国で活性化している東アジア地域と状況はきわめて似ている（新宅，立本，善本，富田，朴，2008）。

東西地域によって立地している産業に差がある点は，シリコン結晶系の製

## 図10 ドイツにおける PV 装置メーカーの投資分布 (2009)

(1) Equipment companies in wafer-based technologies

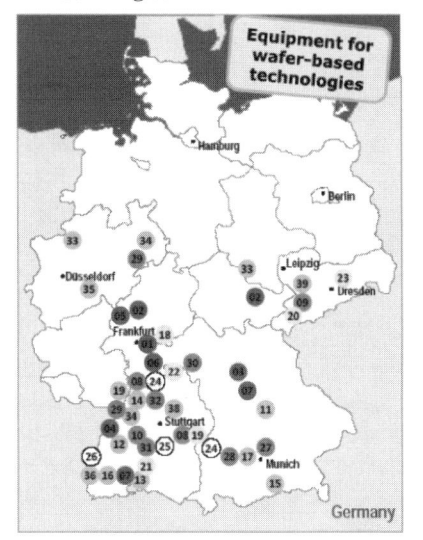

(2) Equipment companies in thin-film technologies

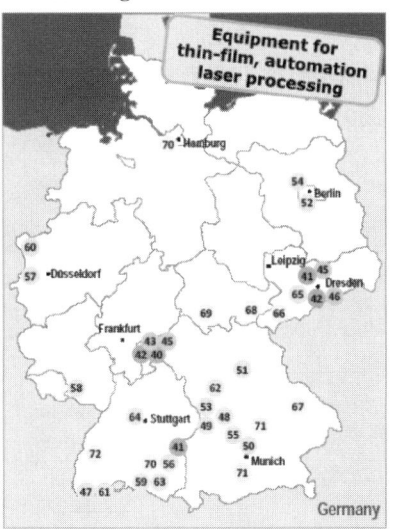

出所) Germany Trade & Invest (2009b) より抜粋

造装置産業と PV セル／モジュール産業の立地対比（図5の(1)と図10の(1)）と，薄膜系の製造装置と PV セル／モジュール産業の立地対比（図5の(2)と図10の(2)）を比較すると，よりはっきりとした傾向が読み取れる。後者の薄膜系の方が，製造装置立地の旧西独地域と製造装置・工場投資を受け入れ PV セル／モジュール産業立地の旧東独地域という明確な分業構造が観察される。旧西独と旧東独の分業関係については，今後より詳細な実証分析が必要であるが，薄膜系でより顕著な分業構造が観察されるのは，結晶系に比べてターンキー・ソリューション化がより進んでいるからだと考えられる。薄膜系の PV 産業では，工程のプラットフォーム化，アーキテクチャの階層分離，技術伝播速度の加速といった現象が起こっており，製造装置に組み込まれた技術の受け入れ先地域が投資優遇制度を構築している地域だったと推察される。この点はアメリカ・日本の半導体製造装置産業と台湾・

韓国の半導体産業が，投資優遇制度を懸け橋にして強い協業関係にある状況と同じ現象であると考えられる（立本，2009）。

## 4. 躍進する海外企業

本節では，前節の経済振興策の恩恵を最も受けているとされるドイツ Q-Cells と米国 First Solar の事例を取り上げる。前者に関しては，多くの企業が太陽電池ビジネスに参入した中で，なぜ Q-Cells だけがセル・ビジネスで急成長することができたのかについて事例分析を行う。後者は薄膜系太陽電池ビジネスで唯一急拡大した企業である。結晶系電池に変換効率で劣ると言われる薄膜系電池において，同社はなぜ急成長を遂げることができたのか。こちらも事例による分析を試みる。

なお，Q-Cells のケースは，同社広報担当者へのインタビューおよびアニュアル・レポート（Q-Cells, 2008a, 2009a），企業概要パンフレット（Q-Cells, 2009b）に，First Solar の記述は，同社のアニュアル・レポート（First Solar, 2006, 2008）および投資家向け企業概要（First Solar, 2009），雑誌記事（Fairley, 2007; Greentech Solar, 2009）に基づいている。もう1社躍進を遂げた企業として，Suntech Power が有名であるが，同社の分析は丸川（2008）に詳しいので，そちらを参照されたい。また国際標準化の観点から行った太陽光発電産業のビジネスモデル分析は小川（2009）が詳しいので，そちらを参照されたい。

【Q-Cells】

Q-Cells SE は1999年に設立（本社は独ザクセン＝アンハルト州）された。創業者はイギリス人の Anton Milner（2000年以降 CEO，マッキンゼー出身）ら4人である。彼らは2000年にザクセン＝アンハルト州 Thalheim に小さな工場を立ち上げた。この場所を選んだのは，前述のドイツ政府および州政府の積極的なインセンティブ制度があり，優秀な人材も豊

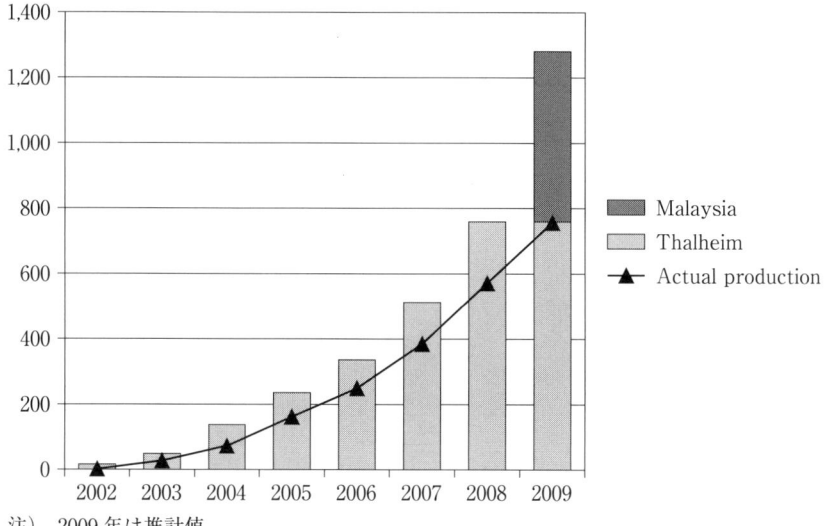

図11　Q-Cellsにおける生産能力と実生産量の推移（単位：MW）

注）　2009年は推計値
出所）　Q-Cells（2009a, 2009b）より作成

富だったからである。同社は2001年に商業生産を開始し，2005年フランクフルト証券取引所上場，2005年12月にはTecDAX（ドイツ大企業30社株価指数）の構成銘柄に追加された。従業員は創業当初19名であったが，今や2,500名以上（うち科学者および技術者200名以上）の大企業である。

　同社は当初，結晶系太陽電池セルの技術開発に特化し，ザクセン＝アンハルト州で工場を立ち上げた。2002年には17MWの生産能力であったが，毎年能力拡張して2004年に136MW，2006年に336MW，2007年には516MW，生産量でも389.2MWを達成し，シャープを抜いて業界1位となった（図2，図11参照）。2008年には生産能力760MWを実現，同年の市場規模が5.3GWであるから，同社の生産能力がいかに大きいかがよく分かる。2009年中には，マレーシアのKualaLumpur近くのSelangor Science Parkに520MWの大規模工場を稼働させ，同年末には生産能力1,320MWに達する見込みである。

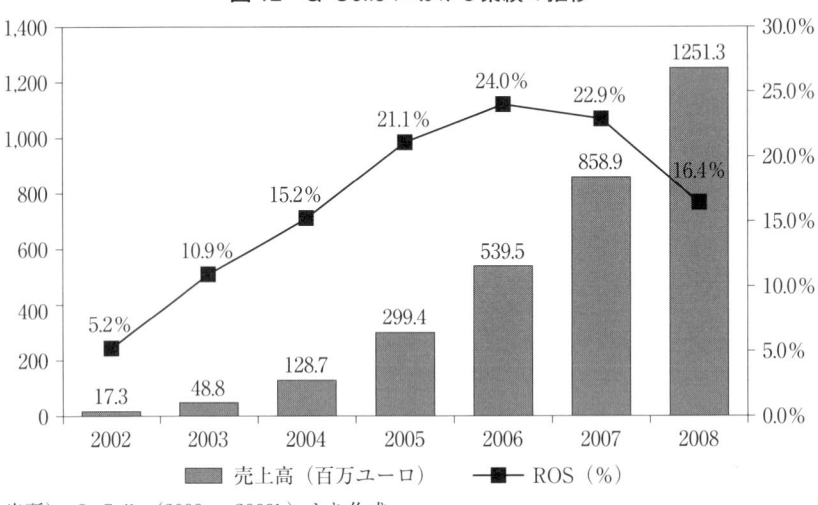

図 12　Q-Cells における業績の推移

出所）Q-Cells（2009a，2009b）より作成

　同社の業績の推移を見ると，商業生産を開始した翌2002年にはすでにROS 5.2％を達成している点には驚かされる（図12参照）。その後も生産能力の拡大と合わせて順調に業績を拡大し，2004年には売上高1億ユーロを突破（1億2,870万ユーロ），2005年には売上高約3億ユーロ（2億9,940万ユーロ），ROS 21.1％と20％を超えた。2006年には売上高5億3,950万ユーロ，ROS 24.0％と過去最高益を記録，2007年には売上高8億5,890万ユーロ，ROS 22.9％，2008年には過去最高売上12億5,130万ユーロ（ROS 16.4％）を記録，過去5年間は業績を急拡大しながら，ROSも15％以上を維持してきた点は注目に値する。ちなみに売上の構成比は，輸出が7割にも上り，40カ国以上に太陽電池を供給している。
　ではなぜQ-Cellsだけがセル専業ビジネスで成功することができたのか。以下，筆者らの同社広報へのヒアリングによれば，以下の3点が挙げられるという。
　第一に，前述したEEG法の施行である。そもそもこの法律は，ドイツ政府が1999年に目標として掲げた太陽光エネルギー普及事業 "100,000 roofs

program"，すなわち「10万戸の屋根」（10万戸の家屋の屋根に太陽光エネルギー発電施設を設置することを目標とした補助金の支給など）を実現するために施行された。これにより，PVセクターは安定的かつ信頼できる投資環境を得た。これは，Q–Cellsに限った話ではないが，新興企業が成長していくための大きなチャンスであった。

　第二に，EU，ドイツ政府に加え，州政府によるインセンティブ制度の利用が挙げられる。州政府のR&D基金や雇用補助金が用意されているほか，助成金や減税など様々な投資インセンティブ制度が用意されているという。前述したように，Q–Cellsは経済的に弱いとされる旧東独地域のザクセン＝アンハルト州で設備投資，生産能力を拡大してきた。とりわけ，EEG法第二次改正がなされた2004年以降，同社は毎年，生産能力を急拡大させており，同時期におけるドイツ市場全体の急成長とも一致している（図1，図11参照）。このことから，同社は市場拡大のタイミングを上手く見計らいながら投資拡大を図ったこと，その際，より有利な立地条件となる旧東独に投資することで，より多くのキャッシュ・インセンティブ（少なくとも投資額の3割の助成金）を得ていたものと推察される。

　Q–Cellsがザクセン＝アンハルト州に注目した理由はもうひとつある。この地域は伝統的に化学産業が盛んだった。ところが，1999年に同産業で1万人の失業者が出た。州政府としてもできるだけ早く州経済を復活させたい。丁度Q–Cellsも量産ラインの早期立ち上げを目指していた。両者の思惑が一致し，Q–Cellsは化学産業の大量の熟練失業者（skilled worker）をセル生産のケミカルプロセスで雇用した。

　第三に，セル・ビジネスにフォーカスしたことが挙げられる。Q–Cellsは参入以来，セル・テクノロジーの開発にフォーカスしてきた。中でも6インチ・サイズのセルに注力し，2004年にQ–Cells主導で6インチ・フォーマットを作成した。これ以来，多くの企業が同じフォーマットを使用しており，業界ではこのサイズがデファクト・スタンダードになっている。

　このほかにも，大学・研究所，他社との連携により，早期から様々な

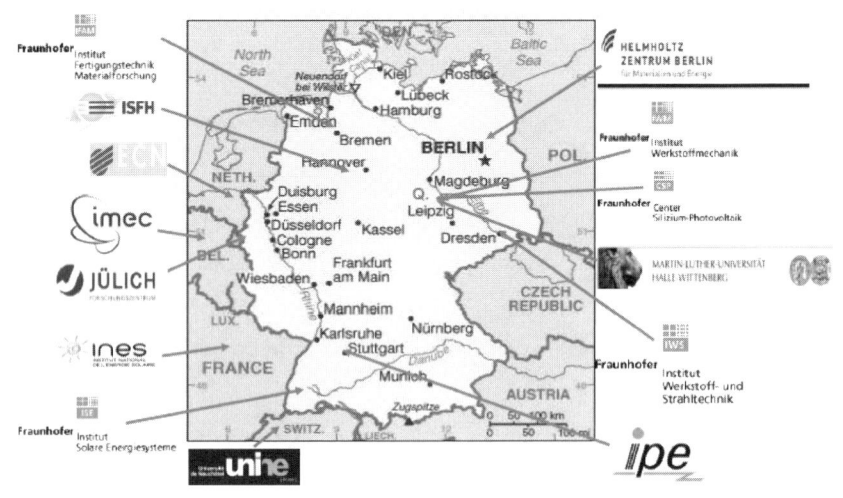

図13　Q-Cellsの共同研究開発ネットワーク

出所）　Q-Cells（2008）より抜粋

R&Dプロジェクトを手がけ，セル・テクノロジーを改善してきた。セルの表面効率（surface efficiency）向上だけでなく，新しいセル・タイプのコンタクト・フォーマットの発電効率を向上させる取り組みなどもしてきた。共同開発先として，ドイツの大学（ハレ大学，イエナ大学など），ドイツの研究所（Fraunhofer Research Instituite（複数），Jurich R&D Center，Helmholtz Centre Berlinなど）に加え，海外の大学（ヌーシャテル大学（スイス），ユトレヒト大学（オランダ）），海外の研究所（CNRS（フランス），IMEC（ベルギー），ENEA（イタリア）），この他同業種・異業種企業も含まれており，総勢30近くのパートナーがいる（図13参照）。中には，前述のドイツ政府によるR&Dインセンティブをコンペにより勝ち取ったものも含まれており，向こう5年間で4,000万ユーロ以上の補助を受け，技術開発を促進する。こうしたインセンティブもうまく活用することで，セル・テクノロジーを迅速に開発してきたのである。

このほかに，Q-CellsやSuntech Powerなど新興メーカー躍進の要因としてよく挙げられるのは，主要材料であるシリコンを長期に大量に確保した

ことである。丸川（2008）によれば，Q-Cellsの2007年2月時点におけるシリコン調達計画では，2007年から2018年までに計2,534MW分のシリコンを買い付ける契約を結んだとしている。これは，同社が2007年に生産量でシャープを逆転したことに大きく寄与しているものと考えられる。実際，シャープは2007年，葛城工場で生産能力710MWを誇る生産ラインを有していたにもかかわらず，シリコンの確保がままならず，半分程度の稼働率に留まった（丸川，2008）。

しかし，昨秋の金融危機とスペイン市場の縮小により，Q-Cellsも業績が悪化，2009年上半期は赤字決算（売上高3億6,620万ユーロ，営業赤字4,760万ユーロ）となった。これにより，シリコンの長期調達計画も見直しを迫られ，調達契約の内容も市場動向を踏まえて調達量や価格を協議決定する形に変更した。中国の太陽電池モジュール企業も2007年の200社から2008年には400社に急増したが，300社が倒産または生産停止になったとの報告もある（丸川，2009）。

こうした現状やセル専業ビジネスのリスクを予期していたのか，同社はすでに戦略転換を図っている。もともと結晶系太陽電池のセル生産に特化していたが，2006年12月には薄膜系太陽電池セルおよびモジュールの開発・生産に着手，現在CdTe型太陽電池では試作ラインを立ち上げ，CIGS（Copper Indium Gallium Selenide）型では量産ラインを稼働，135MWの生産能力を有するまでになっている。このほか，2007年にはQ-Cells Internationalsというシステム会社を設立し，システム事業，PVシステムの開発，エンジニアリング，建設，オペレーションを手がけている。このシステム事業は，ドイツの他，イタリア，フランス，スペイン，東欧，アメリカをメインターゲットとしている。こうした事業多角化は昨秋の金融危機以降，さらに強まっている。システム事業は，2008年は計26MWの発電プロジェクトを手がけたが，2009年は計150MW以上のプロジェクトを実施する予定である。この結果，現在の事業構成比は結晶系セル5割，薄膜系モジュール1割，システム4割となっており，戦略転換によるセル専業脱却は鮮明であ

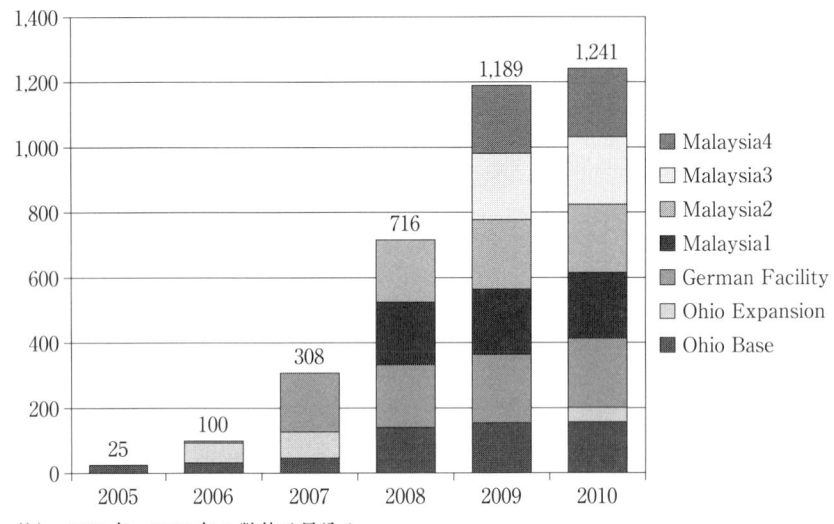

図14 First Solar の生産能力の推移（単位：MW）

凡例：
- Malaysia4
- Malaysia3
- Malaysia2
- Malaysia1
- German Facility
- Ohio Expansion
- Ohio Base

数値：2005年 25、2006年 100、2007年 308、2008年 716、2009年 1,189、2010年 1,241

注）　2009年，2010年の数値は見込み
出所）　First Solar（2009）より作成

る。Q-Cells はもはやセル専業メーカーではないのである。

【First Solar】

　First Solar, Inc. は Q-Cells と同じく 1999 年に設立（本社は米国アリゾナ州）された。前身は Solar Cells という会社で，創業者の Harold MacMaster は当初アモルファス・シリコンを使った太陽電池の製造技術開発を進めていたが，Jonh Walton の設立した VC・True North Partners に売却，社名変更して First Solar となった。設立当初は，その VC から 1 億 5,000 ドル以上の投資支援を受けている。現在の CEO は VC 出身の Michael Ahearn 氏で，2000 年に就任した。同社は 2002 年に商業生産を開始し，2006 年には株式公開を果たした。2009 年 10 月には S&P（スタンダード＆プアーズ）が S&P 総合 500 種株価指数の構成銘柄に加えることを公表している。

　同社の手がける CdTe（テルル化カドミウム）型太陽電池は薄膜型の一種

で，同製品分野で業界最大手のBP Solarが2002年に撤退した際，この技術は途絶えたかに思われたが，First Solarが技術開発・事業を継続し，今日の急成長に結びつけた。

同社はオハイオ州に工場を持ち，2005年に25MWの生産能力であったが，2006年能力拡張して100MW，2007年新規大型工場をドイツ（Frankfurt（Oder））で立ち上げて308MWとなった（図14参照）。同社は旧東独地域のブランデンブルク州に1億1,500万ユーロを設備投資したが，前述のキャッシュ・インセンティブにより，そのうち約4割もの補助金（4,550万ユーロ）を受け取っている。2008年大型生産ライン2ラインをマレーシア（Kulim）で立ち上げて生産能力716MWとなった。同社は今や薄膜系太陽電池モジュールで業界最大の生産能力を有し，結晶系太陽電池を含めてもシャープ，Suntech Powerを抜き，生産量で業界2位となった（図2参照）。2009年には，マレーシアにさらに二つの大型生産ラインを立ち上げており，2009年には1GWを超える生産能力を達成，生産量ランキングでもQ-Cellsを抜き，1位に躍り出た（日本経済新聞2010年6月8日朝刊）。

こうした生産能力拡大に呼応するように，2005年以降，同社の業績は急拡大を遂げ，2007年には売上高5億400万ドル，ROS 27.2％，2008年には売上高12億4,600万ドル，ROS 35.2％と大企業・高収益企業へと変貌を遂げた（図15参照）。

ではなぜこれほどまでに急成長を遂げることができたのか。もともと薄膜系太陽電池は結晶系に比べて変換効率が悪いとされる。業界関係者の話では，結晶系16-17％，薄膜系7-9％程度である。したがって，薄膜系はトータル・コスト，とりわけ製造コストをいかに下げられるかが重要となる。First Solarは技術開発により，2007年には薄膜系でも9％強の変換効率を達成，加えて大幅な製造コスト削減に成功した。ガラス投入からモジュール組立まで一気通貫で2時間半以内（パネルサイズ60cm×120cmの場合）で量産するラインを開発した。これにより，2004年時点では$2.94/wであった製造コストが，2007年には$1.23/wまで下がった（図16参照）。当時の結晶系

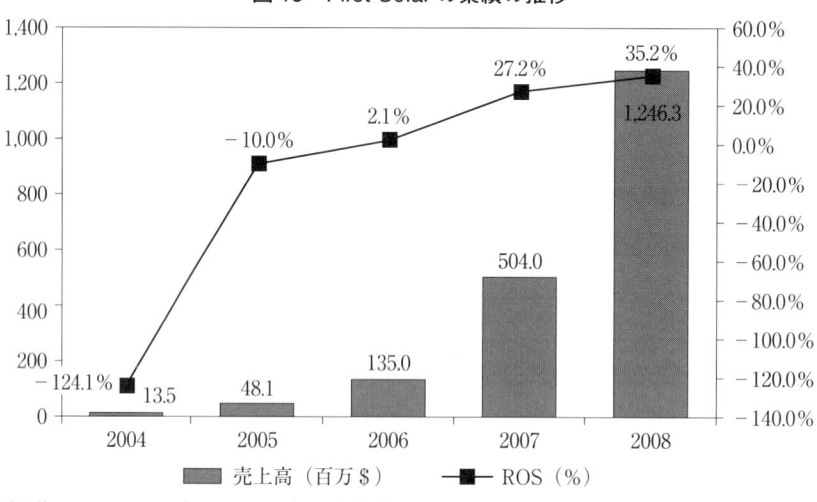

図15　First Solarの業績の推移

| 年 | 売上高（百万$） | ROS（%） |
|---|---|---|
| 2004 | 13.5 | −124.1% |
| 2005 | 48.1 | −10.0% |
| 2006 | 135.0 | 2.1% |
| 2007 | 504.0 | 27.2% |
| 2008 | 1,246.3 | 35.2% |

出所）　First Solar（2006, 2008）より作成

モジュールの製造コストが$2.5/w-$3.0/wであったことと比較すると，その半値以下であり，いかに低コストを実現したかがよく分かる。同社は2008年第一四半期には$0.93/wと$1/wの壁を越え，2009年第二四半期の製造コストは$0.87/wまでコストダウンしている。

　もちろん，いくら低コストを実現しても，それを購入・使用してくれるユーザーがいなければ意味がない。この点に関して，同社は2005年，ドイツの再生可能エネルギーのデベロッパー3社（Blitzstrom, Gehrlicher Gruppe, Juwi Solar）を大口顧客として獲得した。彼らはいずれも発電所プロジェクトの計画・ファイナンス・建設・オペレーション・メンテナスすべてを手がける，いわば電力産業のシステム・インテグレーターである。そのうちの1社Juwi Solarはザクセン州の40MWのソーラーパーク（当時世界最大級）に大型屋根を設置，そこにFirst Solarのモジュール55万個を採用した。2007年にはドイツとカナダの大手バイヤーと計685MWのモジュールを供給する長期大型契約を結んだ。2009年9月には中国内モンゴル自治区に世界最大級2GWの発電所を建設するプロジェクト計画も明らかにしている。

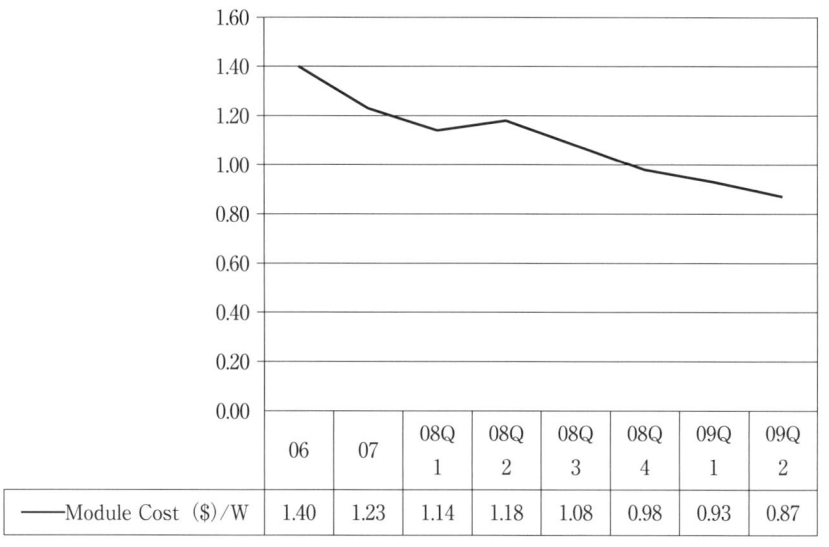

### 図16 First Solar の太陽電池モジュール・コストダウンの推移

| | 06 | 07 | 08Q1 | 08Q2 | 08Q3 | 08Q4 | 09Q1 | 09Q2 |
|---|---|---|---|---|---|---|---|---|
| ──Module Cost（$）/W | 1.40 | 1.23 | 1.14 | 1.18 | 1.08 | 0.98 | 0.93 | 0.87 |

出所） First Solar（2009）より作成

　以上の検討から，同社のビジネスモデルは「コストリーダーシップ戦略」であることが読み取れよう。すなわち，低コストを武器に大型発電所等の大口顧客と供給契約を結び，生産量拡大を続けながら，経験曲線を誰よりも早く駆け下り，利益を稼ぎ出し，その資金でまたさらなる大型契約・設備投資をして事業拡大を図っていると考えられる。

　ただし，同社の製品は人体に有害なあるカドミウムを使用しており，風雨による溶出を不安視する声も少なくない。同社は，カドミウムを完全に回収するシステムを構築したと公言しているが，それが証明されるには時間を要するだろう。

## 5. ディスカッション

　PV 産業はアーキテクチャ的な視点で見ると，Applied Materials やアルバ

ックなど大手製造装置メーカーがターンキー・ソリューションのインライン装置を提供したことで，生産工程のオープン・モジュール化が進み，新興企業の参入が促進されたとされる（小川，2009）。

加えてより重要なことは，アーキテクチャがオープン・モジュール化すると，前節で説明したような投資インセンティブ制度のもとで，投資規模が大きいほど制度活用の効果が大きくなるという点である（立本，2009）。これはPV産業が投資産業化したことを意味する。設備投資産業にとって旧東独はきわめて優位な立地であり，それはまさに近年の半導体産業や液晶パネル産業において台湾・韓国が立地優位性を発揮したことと酷似している。

一旦，投資産業化すると，発電所を作ってはそれを証券化して金融が投資する，というサイクルが循環しはじめる。こうなると，PVはもはや金融商品である。EEG法により固定価格で20年間買取が約束されているので，仮に10年15年で投資回収できるとすれば，残りの期間は丸ごと投資家の利益となる。

それを期待して，ドイツPV産業（スペインも）には中国等からの新規参入（ほとんどがモジュールメーカー），半導体，FPD，光ディスク，石油メジャー，自動車部品など異業種からの参入，金融（ファンド）系投資家の参入など入り乱れてマネーゲームの様相を呈してきている。

こうなると，日本企業の太陽電池がいくら変換効率の高さや長期出力保証で優れていたとしても，投資家はIRR（Internal Rate of Return）を基準に，いかに全体の投資コストを低く抑え，FITにより収益を得るかといった投資判断を行うことになる。そして結局のところ低価格の太陽電池が競争力を発揮しやすくなる。日本企業が欧州市場で苦しむ理由はここにある。これはドイツ産業政策の弊害とみることもできるが，PV産業の急速な普及・発展をもたらしたという点は大いに評価できる。

ものづくり環境の見地から言えば，EU統合によって欧州は，「制度由来の国家特殊的優位を持つ地域（旧東独地域）」と「長年の研究によって要素技術・生産技術が豊富に蓄積している地域（旧西独地域）」を併せ持つこと

に成功し，後者が前者の出口市場となる構造を持つに至った点が指摘できる。太陽光発電のような新規産業は，一方で要素技術や生産技術の蓄積が必要な反面，他方で巨大な投資を回収するための出口市場が必要になる。投資インセンティブや買取制度を整備することによって，旧東側地域が旧西側地域の出口市場となっている。投資優遇制度は，もともとは旧東側の市場経済化や所得格差是正を目的としたものであった。しかし，現在では，出口市場を創り出す制度となっており，巨大投資が必要な大規模イノベーションの循環サイクルの一部となっている。つまりドイツは「技術蓄積の西側」と「制度優遇の東側」という二つの異なる立地優位を1国内に併せ持つことによって，太陽光発電産業の急激な成長を促進したと言える。たとえて言えば，半導体産業における「製造装置の日米」と「大規模生産拠点の台韓」を1国に併せ持っているようなものである。

「相互補完的な国家特殊優位を同一経済域内に併せ持つ」ことは，ドイツだけに言えることではなく，実は，EU全体に対しても当てはまる。1990年代を通じてEUは東ヨーロッパ諸国を参加国として迎え入れた。その結果ドイツ内の西側・東側地域と同様の事態がEU全体についても発生している。歴史的に言えば，EUの東ヨーロッパへの拡大は所得格差問題を引き起こした元凶として捉えられている。しかし，太陽光発電産業のような大規模イノベーションを考慮した場合，旧東側地域に対して様々な制度的優遇を施策した結果，要素技術・生産技術から大規模生産・出口市場へという循環をEUは同一経済圏の中で実現させる可能性を得たのである。

巨大投資が必要な大規模イノベーションにとって「相互補完的な国家特殊優位」は，重要な成功メカニズムとして機能している。企業戦略から見た時には，この国家特殊優位を最大限に活用しながら自社のビジネスモデルを確立できた企業だけが，急成長と競争優位を両立することができた。そして一旦，大規模イノベーションの市場化が成功すると，そこに参加する様々な企業プレイヤー間のネットワークが強固なものとして確立し産業進化を促進していく。太陽光発電産業では装置企業，素材企業，パネル生産企業，発電企

業さらには研究所が産業ネットワークの中に組み込まれていった。

このような産業エコシステムが誕生に重要な役割を果たすのが，大規模イノベーションの市場化が行われる「出口市場」の存在である。出口市場の存在は，EU 委員会レベルのイノベーション政策であるフレームワーク・プログラムでも強く意識されており，各プログラムの戦略アジェンダには「どこが出口市場になるのか」「そのためにはどのような規制緩和・国際標準化が必要なのか」「どのようなトレーニングが労働市場に必要なのか」についての提言・ロードマップが含まれている。

さらに国際競争力を考慮した場合，ドイツ太陽光発電市場を念頭に置いた国際標準化が成されれば，ドイツで形成された産業エコシステムがグローバル市場へ展開する助けになるかもしれない。それは First Solar の例でも分かるように，ドイツ企業だけで成されるものではなく，この立地に参加した企業によって構成されるものである。この点は従来の立地優位性・国家特殊優位性の議論（Porter, 1990; Rugman, Lecraw, & Booth, 1985）を拡張するものであり，企業の国際展開戦略に一定の示唆を与えるものであると思われる（小川，2009；安室，2009）。

## 6. おわりに

本章ではドイツにおける産業政策に焦点を当て，同国 PV 産業急発展のプロセスと新興企業 Q-Cells, First Solar 2 社の急成長の要因を検討した。

本研究の発見事実として，①ドイツ「再生可能エネルギー法」の制定が PV 市場の急成長に大きく寄与している点，②旧東独を中心に EU，国家，州という三段階の経済振興策（特に R&D・投資インセンティブ制度）を展開し国内外の企業から投資を誘致したため，旧東独の 3 州に PV 産業集積「ソーラーバレー」が作られた点，が挙げられる。すなわち，ドイツは制度によって市場創造だけでなく生産立地としても立地優位性を確立したことが本研究から明らかとなった。ドイツ PV 産業の事例は，新産業育成やクラス

ター形成を考察する際に，制度による立地優位性・国家特殊優位性の構築が有効であることを示している。今後産業政策の観点からさらなる分析が必要であろう。

　次に個別企業の視点から，このような国家特殊優位下でどのような企業成長が戦略的に有効であるのかを明らかにした。Q-Cells, First Solar の事例分析から両者の急成長の要因は，2社いずれの場合も，これら振興策のメリットを最大限に利用し，ドイツの売電市場を利用しながら，同時に，旧東独地域に大規模設備投資を実施したことが挙げられる。加えて，Q-Cells は，セル・ビジネスへのフォーカス，大量の熟練失業者の雇用，多数の R&D ネットワーク構築，原材料の大量確保などにより，急成長を実現した。First Solar の場合，「コストリーダーシップ戦略」，すなわち低コストを武器に大型発電所等の大口顧客と供給契約を結び，生産量拡大を続けながら，経験曲線を誰よりも早く駆け下り，利益を稼ぎ出すというビジネスモデルで急成長していることが明らかとなった。

　制度を最大限活用するビジネスモデルの背景には，PV 産業が大手製造装置メーカーによってターンキー・ソリューションが進み，生産工程のオープン・モジュール化が進んだことが挙げられる（小川，2009）。投資優遇制度やインセンティブ制度といった国家特殊優位を利用したビジネスモデルは，すでに台湾や韓国の半導体産業・液晶パネル産業で観察されている。このような制度は台湾や韓国だけでなく東アジアでは一般的な制度としてすでに普及している（Jenkins, Kuo, & Sun, 2003；黄，胡，2007；立本，2009；渡辺，2008）。

　これら一連の研究に対する本研究の貢献は，制度由来の国家特殊性を利用した産業成長がドイツという先進国でも観察されたということである。すなわち，制度による国家優位性の創出は，東アジアの新興国に限定される原理ではなく，より普遍的な産業政策として有効である可能性がある。さらにドイツの事例は，「相互補完的な国家特殊優位を同一経済域内に併せ持つ」ことによって，要素技術・生産技術の開発から大規模生産・出口市場という一

連の循環を創り出した点で評価できる。特に大規模イノベーションの収益化が行われる出口市場を創造したことによって産業エコシステムが誕生し，モジュール・クラスター型の産業進化が可能となった。その背景には，従来議論されたようなアーキテクチャのオープン・モジュール化が影響している（Baldwin & Clark, 2000; Iansiti & Levien, 2004）が，同時に，本研究で明らかにしたように産業政策による国家特殊優位が大きな役割を果たしていることに留意が必要である。

　残念ながら日本の太陽光発電産業は1990年代に技術的リーダシップを発揮したにもかかわらず，現在苦境に立たされている。そして同様の事例は，液晶パネル産業，携帯電話産業，半導体産業など枚挙にいとまがない。今後，このような大規模イノベーションに対する産業政策の研究，およびそこに関わる企業の立場に立った企業戦略の研究が必要であると思われる。

注
（＊）本章は富田，立本，新宅，小川（2010）に加筆・修正を加えたものである。本研究は，平成22年度科学研究費補助金（若手研究（A））「大規模イノベーションにおける国際競争力構築メカニズム」（課題番号22683007）の成果の一部を利用している。

参考文献
Baldwin, C. Y., & Clark, K. B. (2000). *Design rules: The power of modularity.* MIT Press.
Fairley, P. (2007). The films time in the sun. *Technology Review*, (2007, July). http://www.technology review.com/business/19095/
First Solar (2006). *First Solar annual report 2006.* http://library.corporate-ir.net/library/20/201/201491/items /308757/2006AnnualReport.pdf
First Solar (2008). *First Solar annual report 2008.* http://phx.corporate-ir.net/External.File?item= UGFyZW 50SUQ9MzMzNjE4fENoaWxkSUQ9MzE2MjcyfFR5cGU9MQ==&t=1
First Solar (2009). *First Solar overview 2009 Q2.* (2009, August 13).

http://phx.corporate- ir.net/External. File?item=UGFyZW50SUQ9MTMxNj N8Q2hpbGRJRD0tMXxUeXBlPTM=&t=1

Germany Trade & Invest (2009a). *Investment guide to Germany.*

Germany Trade & Invest (2009b). *Investment opportunities in the photovoltaic industry in Germany.*

Greentech Solar (2009). When First Solar wasn't so hot. http://www.greentechmedia.com/articles/read/ when-first-solar-wasnt-so-hot/

Iansiti, M., & Levien, R. (2004). *The keystone advantage: What the new dynamics of business ecosystems mean for strategy, innovation, and sustainability.* Boston, MA: Harvard Business School Press.

Jenkins, G. P., Kuo, C., & Sun, K. (2003). *Taxation and economic development in Taiwan.* Cambridge, MA: Harvard University Press.

JETRO (2009). *Solar power generation companies' strategies for investing in Japan.* (2009, May). JETRO Investment Japan Department.

丸川知雄（2008）「太陽電池産業の現状と尚徳電力（サンテック）の日本進出」国際貿易投資研究所編『中国企業のグローバル化報告書　平成19年度』第2章。

丸川知雄（2009）「太陽電池産業における日中逆転」http://www.iss.u-tokyo.ac.jp/~marukawa/pvjapan china.pdf

小川紘一（2009）「太陽光発電システムの標準化ビジネスモデル」『国際標準化と事業戦略』（第11章）白桃書房。

小川紘一，立本博文（2009）「欧州のイノベーション政策：欧州型オープン・イノベーション・システムの構築」（MMRCディスカッションペーパー，No. 281）東京大学ものづくり経営研究センター。

黄仁徳，胡貝蒂（2007）『台湾租税奨励與産業発展』台北市：聯経。(In Chinese)。

太田雄彦（2009）「環境・エネルギー（その1）」『伯林時評』72, 1-3。

Porter, M. E. (1990). *The competitive advantage of nations.* New York: Free Press-Macmillan.

Press Journal（2009）「太陽電池メーカー動向と製造装置・部材産業」『特別調査レポート』Press Journal. http://www.semiconductorjapan.net/report/090910/index.html

Prometheus Institute for Sustainable Development & Greentech Media (2008) PV News, (2008, March).
Q-Cells (2008a). *Q-Cells Annual Report 2008*.
Q-Cells (2008b). *Q-Cells in der internationalen Photovoltaikforschung*.
Q-Cells (2009a). *Q-Cells Report as of 30 June 2009*.
Q-Cells (2009b). *Q-Cells Solar Valley Thalheim*.
Rugman, A. M., Lecraw, D. J., & Booth, L. D. (1985). *International business*. New York: McGraw-Hill.
Semiconductor International Japan（2009）「太陽光発電コスト，削減の鍵は工程の自動化にある」『太陽光発電技術レポート』Semiconductor International Japan，2009年6月19日。http://www.sijapan.com/content/l_news/2009/06/lo86kc000000hfbx.html
新宅純二郎，立本博文，善本哲夫，富田純一，朴英元（2008）「製品アーキテクチャ論による技術伝播と国際分業の分析」『一橋ビジネスレビュー』（2008年秋号），42-60。
田辺雄史（2009）「環境・新エネ産業の動き」（2009年5月）JETROデュッセルドルフセンター。
田野辺慧，戸澤真理（2009）「太陽エネルギー産業の機会と脅威—日本企業の競争環境」東京大学経済学部2008年度卒業論文。
立本博文（2009）「国家特殊優位が国際競争力に与える影響—半導体産業における投資優遇税制の事例」『国際ビジネス研究』1（2），59-73。
徳田昭雄（2009）「ドイツ連邦政府の産業技術政策」『立命館経営学』48（1），25-48。
富田純一，立本博文，新宅純二郎，小川紘一（2010）「ドイツにみる産業政策と太陽光発電産業の興隆：欧州産業政策と国家特殊優位」『赤門マネジメント・レビュー』9（2），61-88。
安室憲一（2009）「多国籍企業の新たな理論を求めて」『多国籍企業研究』（2009, Issue 2），3-20。
渡邉斉志（2005）「ドイツの再生可能エネルギー法」『外国の立法』255，61-86。
渡辺雄一（2008）「韓国主要企業に対する税制支援効果の検証」奥田聡，安倍誠『韓国

主要産業の競争力』(5章) アジア経済研究所。

■編者紹介

渡部　俊也（わたなべ　としや）

　東京大学 政策ビジョン研究センター 教授，兼 東京大学 先端科学技術研究センター 教授，兼 東京大学 大学院工学系研究科 技術経営戦略学専攻 教授

　1984 年 東京工業大学無機材料工学専攻修士課程修了，東陶機器株式会社入社

　1994 年 東京工業大学無機材料工学専攻博士課程修了（工学博士）

　1996 年 東陶機器株式会社 光フロンティア事業推進センター次長

　2001 年 東京大学先端科学技術研究センター 研究・戦略社会システム大部門 教授

　2006 年 東京大学大学院工学系研究科技術経営戦略学専攻 教授

　2008 年 東京大学先端科学技術研究センター 資源環境エネルギー政策 教授

　2010 年 東京大学産学連携本部 副本部長

　2011 年 東京大学安全保障輸出管理支援室 室長

　2012 年 東京大学政策ビジョン研究センター 教授，現在に至る

主要著作

　『光クリーン革命』シーエムシー社（1997 年）

　『光触媒の仕組み』日本実業出版社（2000 年）

　『TLO とライセンスアソシエイト』ビーケイシー（2002 年）

　『知財立国 100 の提言』日刊工業新聞社（2002 年）

　『理工系のための特許・技術移転入門』岩波書店（2003 年）

　『知財立国への道』（3 章，産学連携）ぎょうせい（2003 年）

　『知財マネジメント入門』日経文庫（2004 年）

　『イノベーターの知財マネジメント』白桃書房（2012 年）

■執筆者一覧

元橋　一之（東京大学 大学院工学系研究科 教授）

新宅純二郎（東京大学 大学院経済学研究科 教授）

小川　紘一（東京大学 政策ビジョン研究センター シニア・リサーチャー）

立本　博文（筑波大学 ビジネスサイエンス系 准教授）

富田　純一（東洋大学 経営学部 准教授）

■東京大学知的資産経営総括寄付講座シリーズ第2巻
# グローバルビジネス戦略

〈検印省略〉

■発行日──2011年9月26日　印　　　刷
　　　　　2011年11月16日　初 版 発 行
　　　　　2013年6月26日　第2刷発行

■編　者──渡部　俊也
　　　　　　わたなべ　としや

■発行者──大矢栄一郎

■発行所──株式会社　白桃書房
　　　　　　　　　　はくとうしょぼう

〒101-0021　東京都千代田区外神田5-1-15
☎03-3836-4781　ⓕ03-3836-9370　振替00100-4-20192
http://www.hakutou.co.jp/

■印刷・製本──シナノパブリッシングプレス

© Toshiya Watanabe 2011　Printed in Japan　ISBN 978-4-561-26575-7 C3034

本書のコピー，スキャン，デジタル化等の無断複製は著作権法上での例外を除き禁じられています。本書を代行業者等の第三者に依頼してスキャンやデジタル化することは，たとえ個人や家庭内の利用であっても著作権法上認められておりません。

|JCOPY|〈㈳出版者著作権管理機構　委託出版物〉

本書の無断複写は著作権法上での例外を除き禁じられています。複写される場合は，そのつど事前に，㈳出版者著作権管理機構（電話 03-3513-6969，FAX 03-3513-6979，e-mail : info@jcopy.or.jp）の許諾を得てください。

落丁本・乱丁本はおとりかえいたします。

# 好評書

渡部俊也【著】
**イノベーターの知財マネジメント**　　　　　　　　　本体 4000 円
―「技術の生まれる瞬間」から「オープンイノベーションの収益化」まで

元橋一之【編著】
**日本のバイオイノベーション**　　　　　　　　　　本体 3800 円
―オープンイノベーションの進展と医薬品産業の課題

小川紘一【著】
**国際標準化と事業戦略**　　　　　　　　　　　　　本体 3800 円
―日本型イノベーションとしての標準化ビジネスモデル

石井康之【著】
**知的財産の経済・経営分析入門**　　　　　　　　　本体 3800 円
―特許技術・研究開発の経済的・経営的価値評価

隅藏康一【編著】
**知的財産政策とマネジメント**　　　　　　　　　　本体 3800 円
―公共性と知的財産権の最適バランスをめぐって

佐藤辰彦【著】
**発明の保護と市場優位**　　　　　　　　　　　　　本体 3800 円
―プロパテントからプロイノベーションへ

西口泰夫【著】
**技術を活かす経営**　　　　　　　　　　　　　　　本体 2800 円
―「情報化時代」に適した技術経営の探求

原山優子・氏家　豊・出川　通【著】
**産業革新の源泉**　　　　　　　　　　　　　　　　本体 3000 円
―ベンチャー企業が駆動するイノベーション・エコシステム

藤野仁三・江藤　学【編著】
**標準化ビジネス**　　　　　　　　　　　　　　　　本体 2381 円

東京　白桃書房　神田

本広告の価格は本体価格です。別途消費税が加算されます。